背离技术分析

江南小隐◎著

中国宇航出版社
·北京·

图书在版编目(CIP)数据

背离技术分析/江南小隐著.--北京:中国宇航出版社,2013.3(2025.4重印)

ISBN 978-7-5159-0394-1

Ⅰ.①背… Ⅱ.①江… Ⅲ.①股票投资－基本知识 Ⅳ.①F830.91

中国版本图书馆CIP数据核字(2013)第042225号

策划编辑 田方卿 **装帧设计** 文道思
责任编辑 卢 珊 **责任校对** 刘江力

出版 发行 **中国宇航出版社**

社 址	北京市阜成路8号 (010)68768548	**邮 编**	100830
网 址	www.caphbook.com		
经 销	新华书店		
发行部	(010)68767386 (010)68767382		(010)68371900 (010)88100613(传真)
零售店	读者服务部 (010)68371105		北京宇航文苑 (010)62529336
承 印	三河市君旺印务有限公司		
版 次	2013年3月第1版		2025年4月第19次印刷
规 格	787×960	**开 本**	1/16
印 张	14.25	**字 数**	205千字
书 号	ISBN 978-7-5159-0394-1		
定 价	29.80元		

本书如有印装质量问题，可与发行部联系调换

前 言

K线图表是市场运行轨迹的直接描述，无论是股票、外汇、黄金、期货，所有的证券K线图表，只要其绘制的原理和机制相同，必然会遵循同一基本规律。

K线图表中价格走势的起起落落，是多空双方较量的真实结果。以股票交易为例，在一个多方力量占主导地位的市场，行情展现出来的就是牛市，在一个空方力量占主导地位的市场，行情展示出来的就是熊市。

市场中的任何趋势，都必然表现为一定空间上的牛尽熊来，或熊尽牛来。牛熊之间的相互交替，就像自然界的四季轮回，构成了股票市场运行的最基本规律。

聪明的投资者，他所需要采取的操作，仅仅是依据这一规律，在牛市的末期退出，在熊市的末期进入。如果能做到这一点，就等于找到了一把获取股市财富的金钥匙。如何做到这一点，关键的是对市场牛熊阶段的准确识别。

古人审堂下之阴，而知日月之行，阴阳之变；见瓶水之冰，而知天下之寒，鱼鳖之藏。那么，在证券市场，怎样透过公平、公正、公开的K线图表，预先判断出牛熊走势是否将要反转，提前作出正确的投资决策呢?

笔者以为，其中直接且有效的手段，就是观察K线图表中出现的背离或背驰走势。

目　录

第一章　背离总述

第二章　几何形态背离

第一节　趋势K线背离 / 3

第二节　趋势幅度背离 / 11

第三节　时间度背离 / 15

第四节　均线背离 / 26

第五节　均线相交面积背离 / 39

第六节　趋势形态背离原则 / 45

第三章　MACD技术指标背离

第一节　MACD金叉与死叉 / 57

第二节　黄白线背离 / 64

第三节　彩柱线长度背离 / 74

第四节　彩柱线面积背离 / 105

第五节　黄白线相交面积背离 / 115

第六节　技术指标背离原则 / 121

第四章　背离与背驰

第一节　背离了又背离 / 129

第二节　背离与背驰 / 135

第三节　背离背驰操作原则 / 148

第五章　其他背离

第一节　KDJ指标背离 / 157

第二节　CCI指标背离 / 181

第三节　RSI指标背离 / 197

第四节　量价背离 / 204

第五节　非技术面背离 / 215

尾　声

第一章 背离总述

公元前684年，齐国出动军队攻打鲁国。鲁庄公带着谋士曹刿同坐一辆战车，在长勺这个地方与齐军交战。两军相遇，鲁庄公迫不及待地下令击鼓进军，却被曹刿制止了。直等到齐军击完三次军鼓，部队士气已渐显懈怠时，曹刿这才说：可以进攻了！于是鲁庄公命令战士猛击战鼓，养精蓄锐的鲁军立时士气如虹，一路冲杀过去，把齐军打得落花流水，四散奔逃。

战后，鲁庄公诚心向曹刿请教鲁国能够以弱胜强的原因。曹刿解释说：作战，依靠的主要是士气。第一次击鼓，对提振部队的士气作用最大；第二次击鼓时，士气就会相对低落；等到第三次击鼓时，士气便已消耗殆尽了。对方的士气已经衰退，而我方的士气非常旺盛，所以一交手，齐军顷刻就败下阵来。

从这段对话可以看出，两千多年前，曹刿就已经懂得了“一鼓作气，再而衰，三而竭”的道理，看到齐军士气逐步衰落，从而抓住战机，轻松地打败对手。这一场战役中，曹刿战胜敌人的法宝，便是等待敌人士气出现背离，也即敌人士气由强转弱的时候，乘机发动攻击，从而战胜敌军。由此可见，曹刿无疑是中国古代精通背离理论的高手。

那么，到底什么是背离呢？

所谓背离，如果从字面上来理解，就是违背、偏离或脱离。违背、偏离或脱离什么呢？违背、偏离或脱离原来正常的、公认的轨道、常规及习惯，或原有趋势和力量。

背离是一种异乎常理的现象，它往往通过对前面阶段与后面阶段的趋势或力量的特征进行比较，发出原趋势或力量衰竭的信号。比较前面阶段与后面阶段的特征，则是判断背离的唯一手段。没有比较，就没有背离！大凡有预见性的先知先觉者，都可以通过某一事物前后发展趋势的详细对比，得出事物进入背离的结论，从而提前预测该事物下一步的走势和方向。

背离在现实生活中比比皆是。一个学生，原来学习成绩一直高居全班前三名，在无其他特殊原因的情况下，这次忽然跌到了十几名，那么这个学生的学习成绩就出现了背离；一个拳击手，上一场比赛很轻松地打败了对方，这一场却反被对方轻易打败，那么这个拳击手的拳击生涯就出现了背离。

证券市场同样也存在各种各样的背离，只不过证券市场的背离，表现在K线图表中，是指在长期趋势运行中，股票价格虽然前进的动能在逐渐衰减，行情已近尾声，趋势即将发生反转，但由于原有行情所蓄积的势能和惯性作用，仍能在之后的一个阶段创出新高或新低。不过从形态、量价、各类技术指标等方面来全面分析，创出这种新高或新低的力量已是强弩之末，仔细甄别，就能看出明显的前兆或端倪。

由于证券市场的背离现象代表一种扭曲了的不正常的运动趋势，与常态条件下的自然运动原理相违背，因此凡是背离现象，之后都必然会得到修正，直至回归自然状态。这就像被压缩的弹簧，一旦作用力消失，则必然会恢复其原有的长度。

背离是预示变盘的强烈信号。我们研究股票市场背离的目的，就是要从这种股票价格趋势发出的变盘信号中，得出趋势将要走向反转的结论，从而指导实际交易。一叶知秋。如果懂得和掌握了识别背离的方法与技巧，就能够从任何K线图表、技术图表所展示出的公开信息中，解读股票价格未来新的运行趋势，从而提前作出有利于投资的买卖决策和操作。从这一点来说，背离的意义和价值无疑是十分巨大的。

本书分析研究的背离，分为几何形态背离（K线、均线走势），技术指标背离（以MACD为主，兼及RSI、KDJ、CCI、成交量），及其他非技术面背离等三大类型。以上背离分析，虽然基本涵括了证券市场背离的最主要途径，但也并不排斥任何人从其他角度入手去研究背离。殊途同归，不同的背离研究方式，也同样能起到指导投资者进行投资决策和交易的作用。

第二章　几何形态背离

形态背离是从K线图中股价走势或均线走势所呈现的走势图形入手，运用几何学工具，通过对股价运行趋势的速率、幅度、力度及均线位置等前后情况的对比分析，来确定行情是否衰竭，从而判断是否产生背离的一种方法。几何形态背离主要包括趋势K线背离、趋势幅度背离、趋势时间度背离、均线背离、均线相交面积背离等五种不同的情况。

第一节　趋势K线背离

所谓趋势K线背离，是指K线图中，走势正朝某一方向正常运行时，突然出现一根有悖于原走势方向的强力度K线，股价在原走势方向上猛然遇到强有力的狙击，从而表现出的一种初级背离。这种背离就好比一支进攻中的常胜部队，突然间遭到了一次被对手迎头痛击的惨败，虽不敢据此断定攻守双方态势将因此改变，但也足以引起警惕。

简单地说，趋势K线背离就是上涨行情中突然出现长阴K线，或下跌行情中突然出现长阳K线。这种背离方式是一种最初级、简单的背离，一眼即可识别。

出现趋势K线背离，一方面代表反趋势一方的力量突然增强，另一方面也说明趋势一方的力量衰减。出现这种K线背离，就要加以重视，亦有深入分析的必要。

如图2-1所示，上涨行情中，多方一直处于进攻态势，空方虽小有抵抗，但总是节节败退。在这一时期，K线图上除了收出大量阳线外，只有少量小阴线点缀其间。

市场运行至图中A处，突然出现强力阴K线，表明空方的反击很突然且强势、有力，原上涨方向上首度出现较强力度的K线，说明行情走势出现背离，上涨行情有从此转折向下的可能，投资者应当引起注意。图中所示这根阴K线A，便称为趋势K线背离。

特别说明：为保证K线图表中趋势及技术指标的分析具有连贯性，本书引用的所有K线图表，都系前复权下的K线图表。

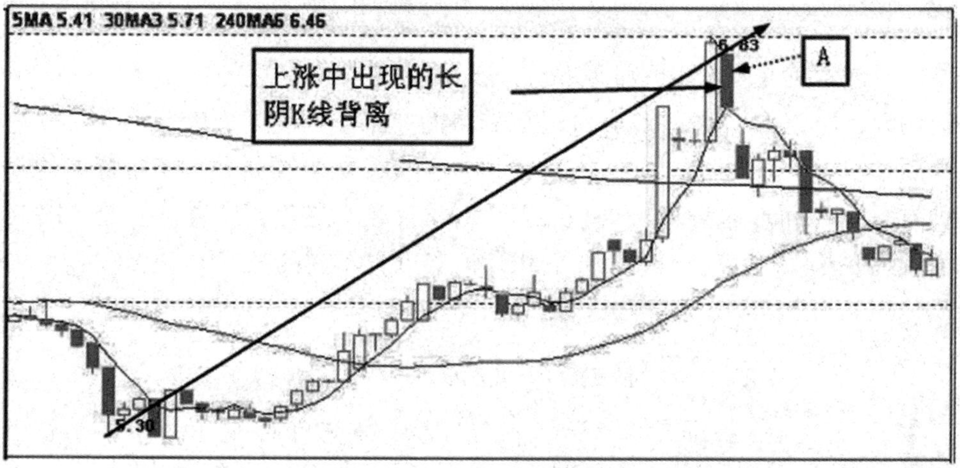

图2-1

如图2-2所示，上涨趋势中，多方一直处于进攻态势，空方虽小有抵抗，但抵抗力度较弱。当行情在3.73元处创出新高时，突然出现一根强力阴K线，说明趋势出现K线背离，行情向下转折的可能性极大，应当引起警觉。图中接着又出现数根强力阴K线，说明背离越来越强烈。

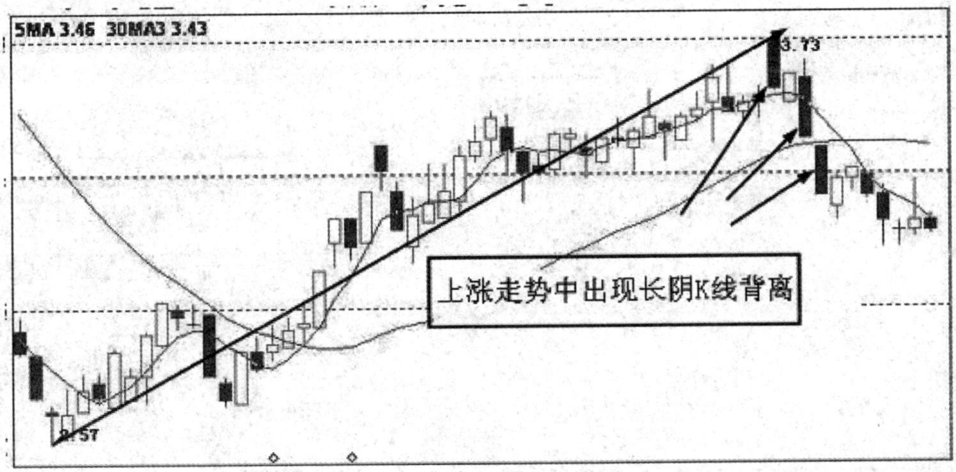

图2-2

如图2-3所示，下跌趋势中，行情再创新低后，低点处突然出现数根强力阳K线，说明下跌趋势显示出较强的K线背离走势，行情向上反转的可能增大，应当引起注意，此后可以寻机买入。

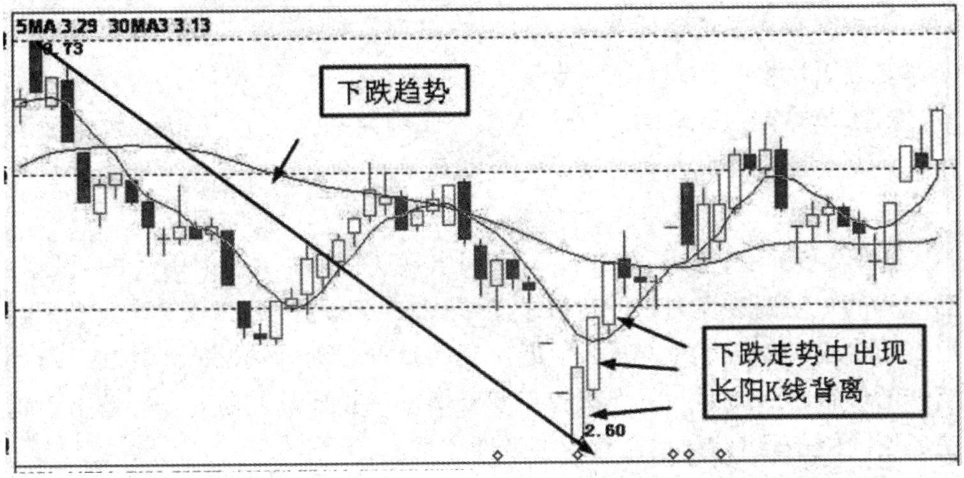

图2-3

如图2-4所示，下跌行情中，新低处突然出现强力阳K线，表明下跌趋势出现强烈的K线背离，行情有向上转折的可能，应当引起重视并注意寻找买入机会。

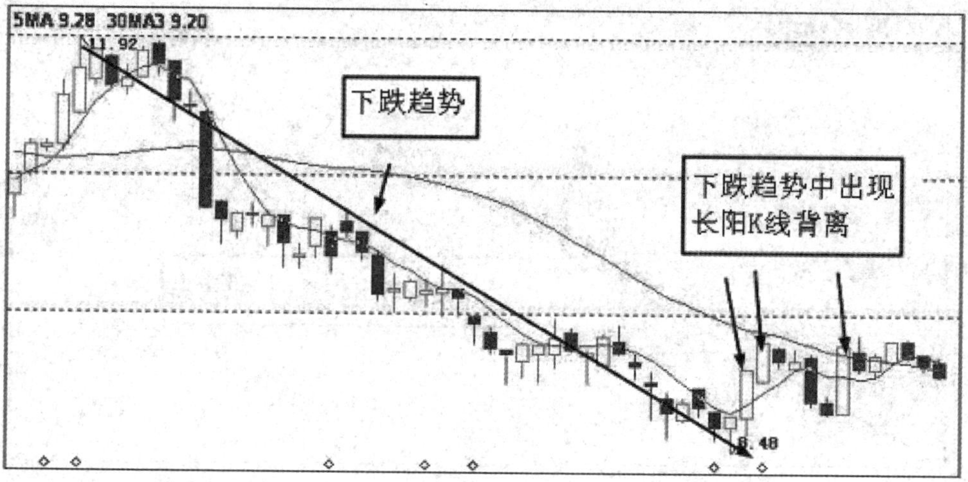

图2-4

小结：

趋势K线背离是一种最简单、最初级的背离形式，这种背离易于识别，能起到很明显的警示作用。但应当看到，K线背离很多时候引发的仅是原趋势短期的调整，并不一定引发原趋势的反转。

判断趋势K线背离对于市场走势的最终影响，关键还应从两方面入手，一是看操作级别上的行情是处于起始阶段还是顶部阶段，二是观察有无其他更高级别的背离出现。

如图2-5所示，行情第一波上涨期出现了背离K线，但引发的只是上涨趋势的短期调整，之后股价继续上涨。在4.68元处创出第二波上涨新高后，再次出现K线背离，那么后期出现的这种强力背离K线，引发原趋势反转的概率就会加大，应当引起高度警惕。一般来说，在上涨行情中，越是后期的K线背离，预示变盘的可靠性越强。

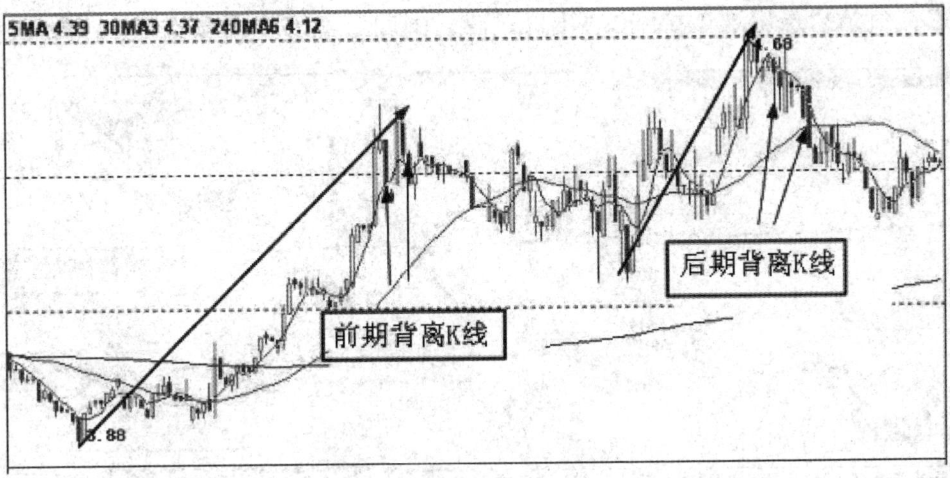

图2-5

如图2-6所示，行情第一波上涨期，出现了强力背离K线A，但引发的只是短期调整。之后股价继续上涨，至B处创出新高后，再次出现强力背离K线B。那么后期出现的这种强力背离K线B，引发原上涨趋势反转的概率就会加大，应当引起高度警惕。如若同时出现其他更高级别的背离，就要考虑迅速卖出以规避风险。

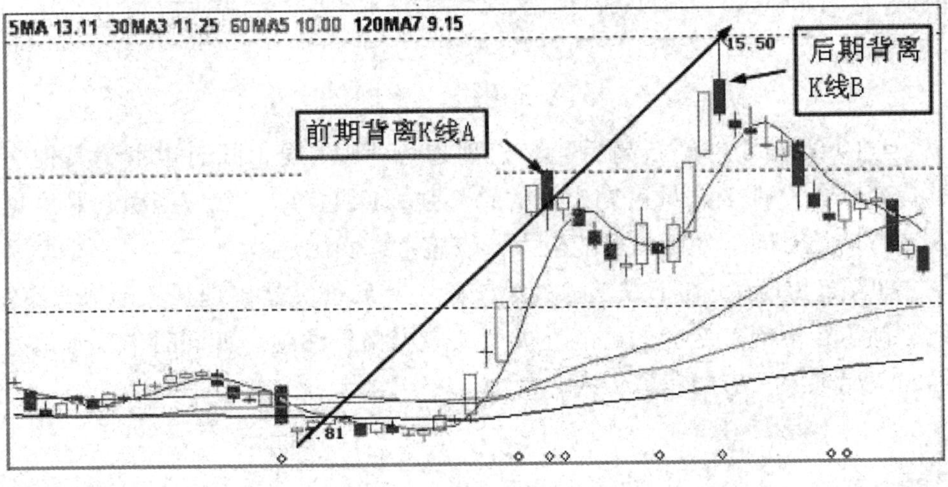

图2-6

如图2-7所示，上涨行情第一次出现长阴K线时，其他方面未见背离现象，行情只是出现了小幅度的K线背离，因此可以视为正常的技术调整。

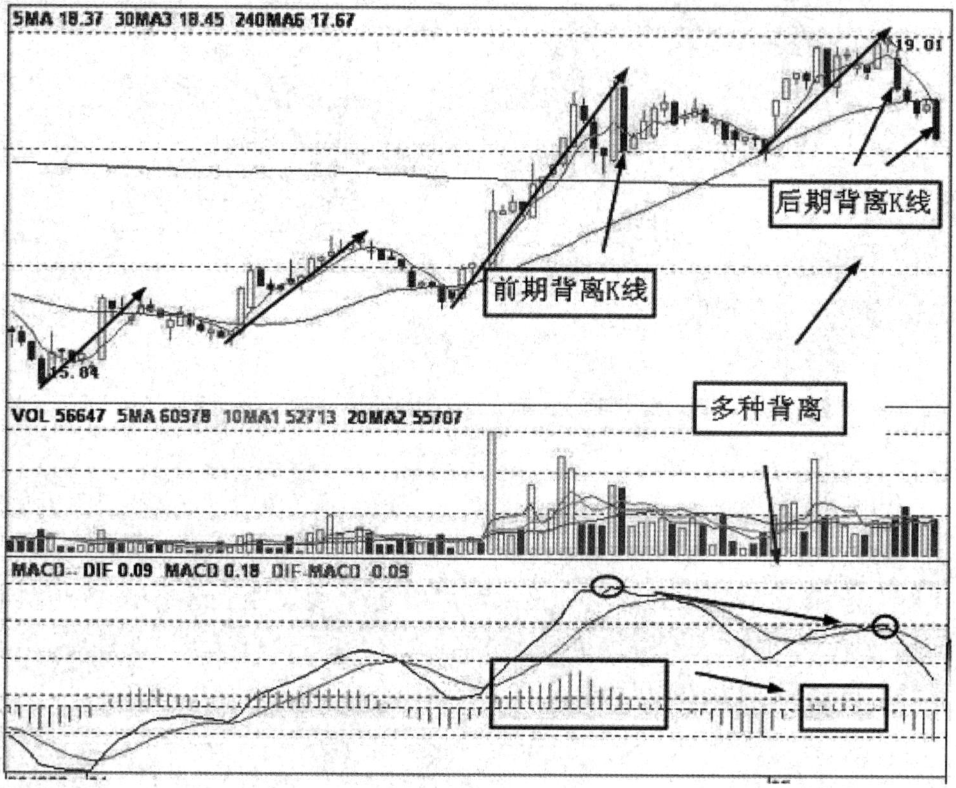

图2-7

至19.01元处再创新高后，又出现趋势背离K线，同时也发生其他多种背离现象，那么这种后期出现的趋势强力K线背离，就应当引起高度重视，行情随时向下变盘的可能极大，应该考虑卖出。

如图2-8所示，在下跌趋势的第三阶段，底部突然出现强力趋势背离K线，预示行情向上变盘的可能性极大，应当格外注意。如同时出现其他方面的背离现象，应当考虑买入。

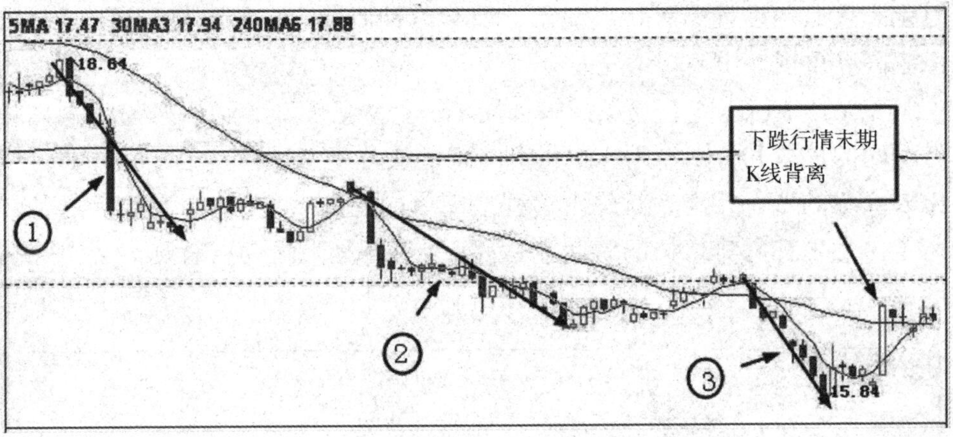

图2-8

如图2-9所示，在下跌趋势的第3阶段，底部连续出现强力趋势背离K线，行情向上变盘的可能性极大，应当格外警觉。如同时出现其他方面的背离现象，应当考虑买入。

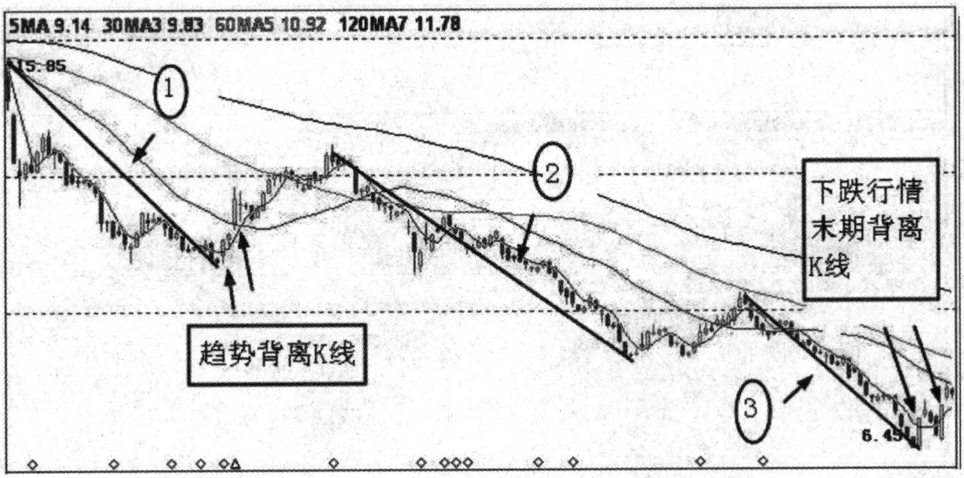

图2-9

如图2-10所示，下跌行情第1阶段出现长阳背离K线时，其他方面未见背离现象，说明行情走势只是出现了小幅度简单背离，属下跌中的中继反弹；但至7.38元处再创新低后，下跌第3阶段又出现强烈趋势背离K线，同时也发生其他多种高级背离现象，那么这种后期出现的趋势背离K线就当引起高度重视，说明行情随时有可能向上反转，可以考虑买入。

总之，趋势K线背离虽是一种简单、初级的背离，但因较易识别，具有鲜明的提醒和警示作用，也具有一定的实际参考价值。很多时候，一些比较高级的形态背离，就是由这种最简单的趋势K线背离引发的。这种背离越是发生在趋势行情的后期，背离K线形态越是强劲，就越应当引起高度重视。

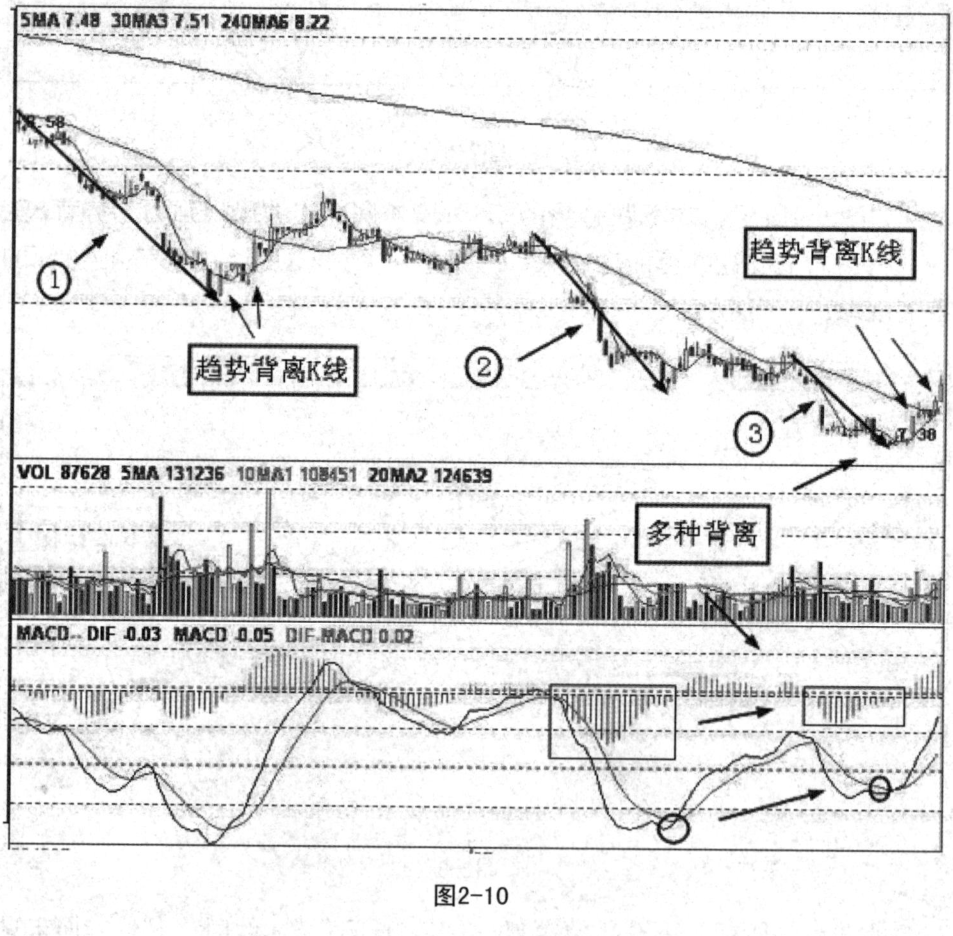

图2-10

第二节 趋势幅度背离

所谓趋势幅度背离，是指操作级别K线图上，股价创出新高或新低，但此上涨或下跌段对比前一上涨或下跌段幅度减小，表明前进动能衰歇比较明显，从而形成几何形态上的一种走势背离形式。

注意：这里所说的涨跌幅度，是指某上涨或下跌段的垂直幅度，即笔者在《磁区理论》一书中所定义的垂直度。为方便理解，这里简要介绍一下。

图2-11是垂直幅度的示意图。注意，箭头所指的虚线就是垂直度，也即幅度。

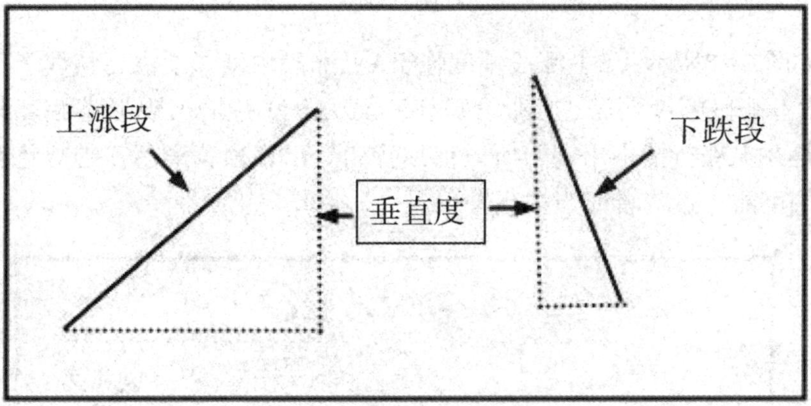

图2-11

图2-12是对垂直幅度的实例说明。图中上涨段A的垂直幅度是CD，下跌段B的垂直幅度是CE。读者可以对照图例，好好理解一下。

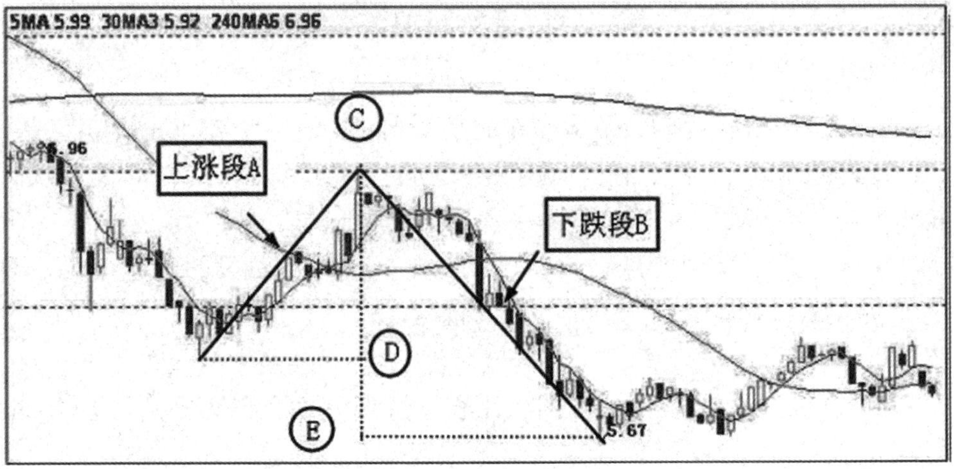

图2-12

如图2-13所示，B上涨段幅度强于A上涨段幅度，上涨行情属于正常发展，C上涨段幅度弱于B上涨段幅度，说明上涨行情出现形态幅度背离，因为是在上涨行情中出现，所以称顶背离。出现顶背离后，趋势将有向下反转的可能，投资者应当提高警惕。

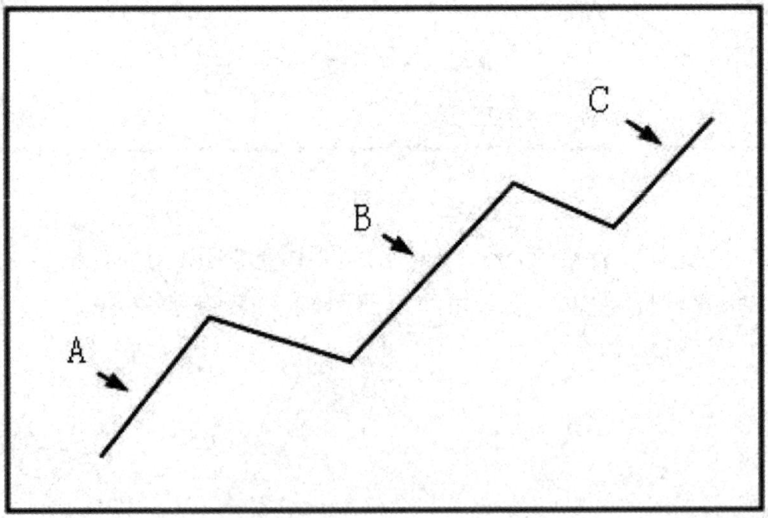

图2-13

如图2-14所示，B下跌段幅度强于A下跌段幅度，下跌行情属于正常发展。C下跌段幅度弱于B下跌段幅度，下跌行情出现形态幅度背离，因为在下跌行情中出现，亦称底背离。底背离后，趋势将有向上反转的可能，投资者应当引起注意。

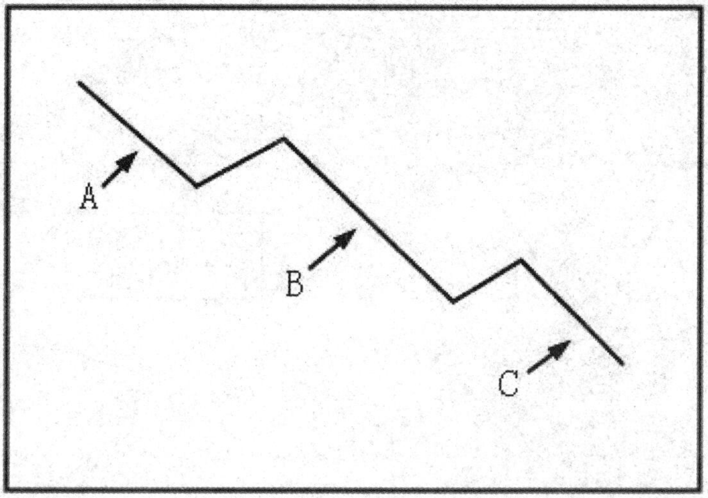

图2-14

图2-15为形态幅度背离K线走势图。B上涨段幅度对比A上涨段幅度，上涨幅度明显增大，表明行情未出现背离。C上涨段幅度对比B上涨段幅度明显减小，说明构成上涨形态幅度背离中的顶背离，应当引起警惕，可以考虑卖出。

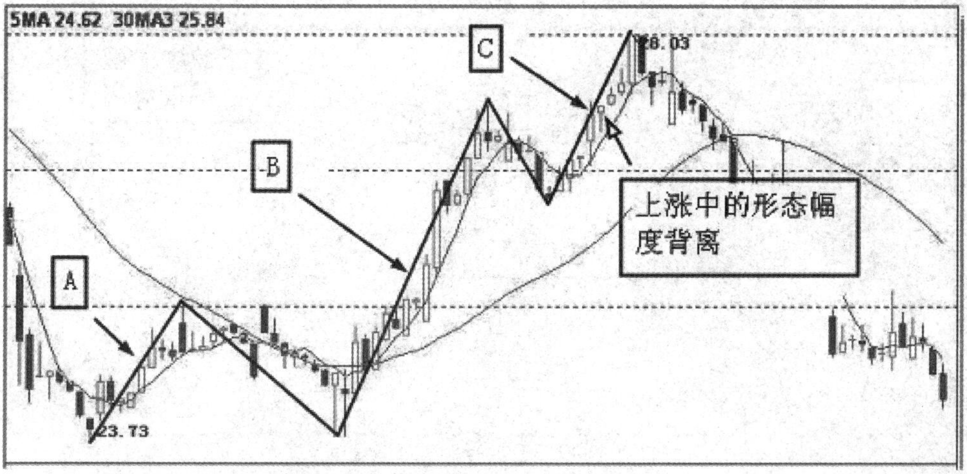

图2-15

图2-16为上涨形态幅度背离K线走势图。B上涨段幅度对比A上涨段幅度明显增大，表明行情未出现背离。C上涨段幅度对比B上涨段幅度明显减小，表明构成上涨形态幅度背离中的顶背离，应当考虑卖出。

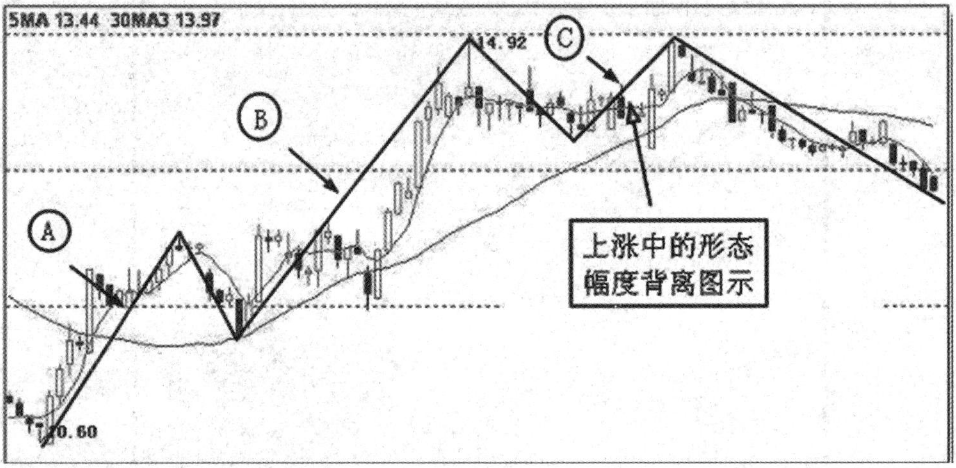

图2-16

图2-17为下跌形态幅度背离K线走势图。B下跌段幅度对比A下跌段幅度区别不大，表明行情未出现背离或背离不明显。C下跌段幅度对比B下跌段幅度明显减小，表明下跌动能趋于衰竭，构成下跌形态幅度背离中的底背离，此时下跌行情已进入准备买入阶段。

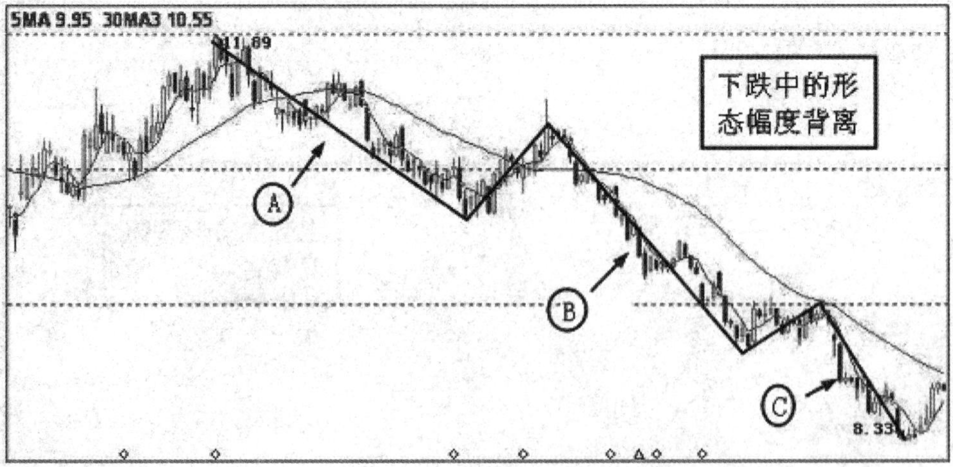

图2-17

图2-18为下跌形态幅度背离K线走势图。B下跌段幅度对比A下跌段幅度区别不大，表明行情未出现背离。C下跌段幅度对比B下跌段幅度有所减小，表明下跌动能开始衰竭，构成下跌形态幅度背离中的底背离，已进入买入考虑期。

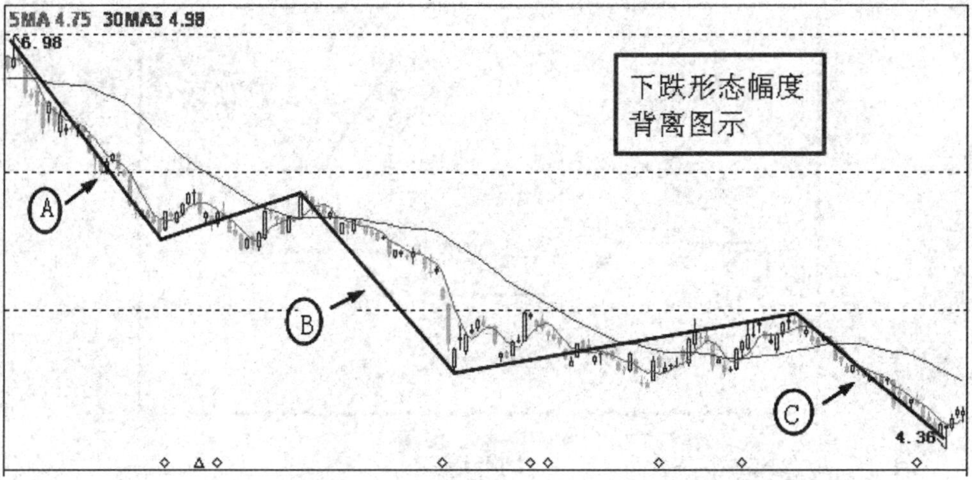

图2-18

小结：

形态幅度背离是从走势的几何形态入手，判断行情是否背离的一种最主要的方法。判断形态背离时，一般应先考察幅度背离。一旦出现幅度背离，再综合观察其他背离情况，然后制定操作策略。

第三节 时间度背离

除了趋势幅度背离，趋势时间度背离也可以作为判别形态背离的一种常用方式。所谓时间度背离，是指操作级别K线图上，股价创出新高或新低，但比较前一上涨段或下跌段的时间长度却相对减少，从而表现出来的一种走势几何形态上的背离形式。

时间度亦是笔者在《磁区理论》一书中提出的一个新概念，意指某上涨段或下跌段的时间长度（即包含的K线数量）。

图2-19是时间度示意图。时间度实际上就是某上涨段或下跌段内包含的K线数量。注意，箭头所指的虚线即时间度。

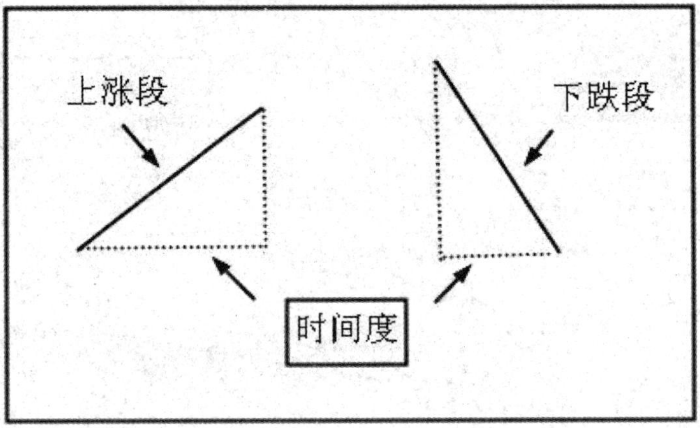

图2-19

图2-20是说明时间度的K线走势实例。时间度是每一走势段内的K线数量。如上涨段1的时间度对应虚线A，下跌段2的时间度对应虚线B，上涨段3的时间度对应虚线C。

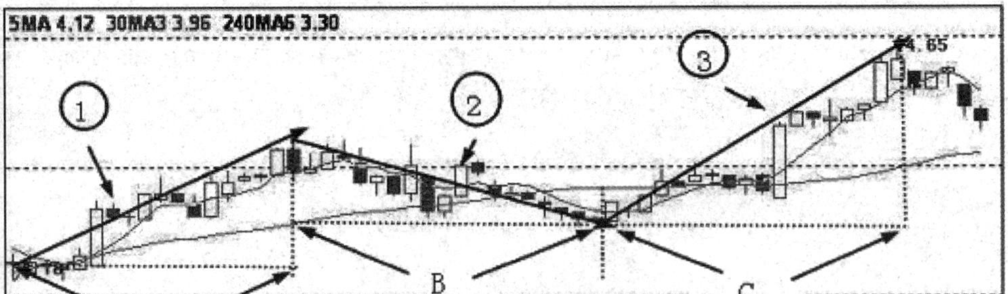

图2-20

如图2-21所示，上涨走势中A、B、C三段，C段时间长度3相比B段时间长度2明显缩小，即形成上涨时间度上的背离。

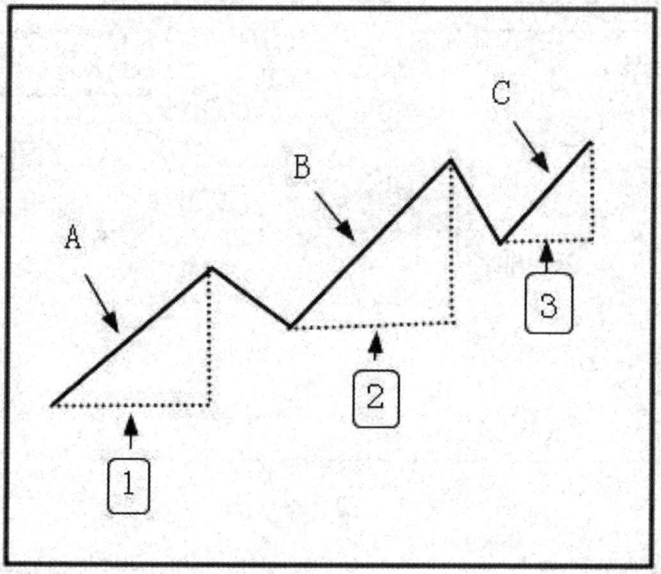

图2-21

如图2-22所示，下跌走势中A、B、C三段，C段时间长度3相比B段时间长度2明显缩小，即形成下跌时间度上的背离。

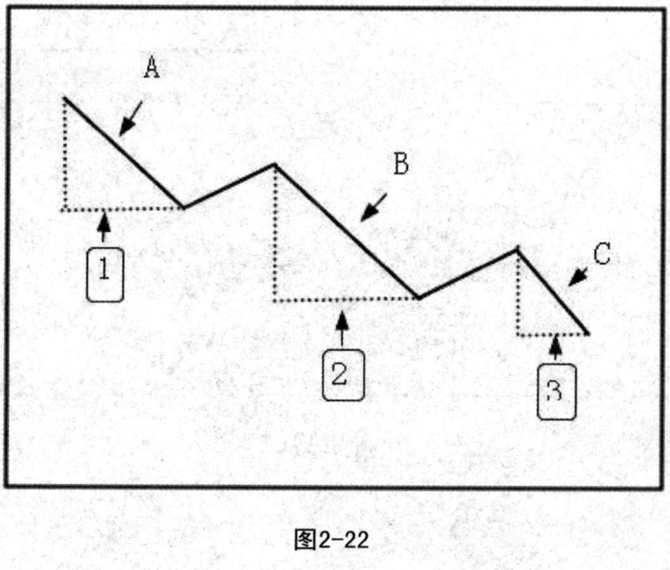

图2-22

图2-23是上涨形态中的时间度背离。图中B上涨段时间度2对比A上涨段时间度1，明显收缩得厉害，表明构成上涨走势中的时间度背离。

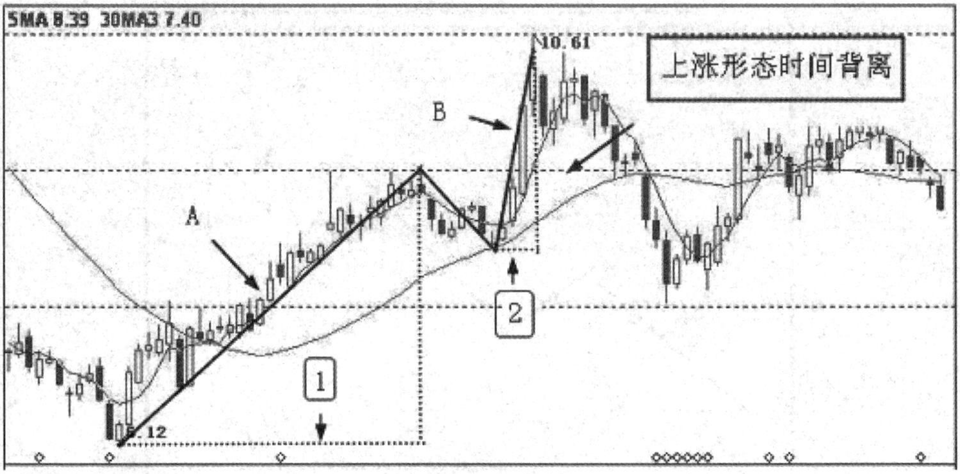

图2-23

图2-24为下跌走势中的时间度背离图示。图中B下跌段时间度2对比A下跌段时间度1，看起来无明显差别，表明下跌时间度未出现背离；C下跌段时间度3对比B下跌段时间度2明显缩小，表明构成下跌走势中的时间度背离。

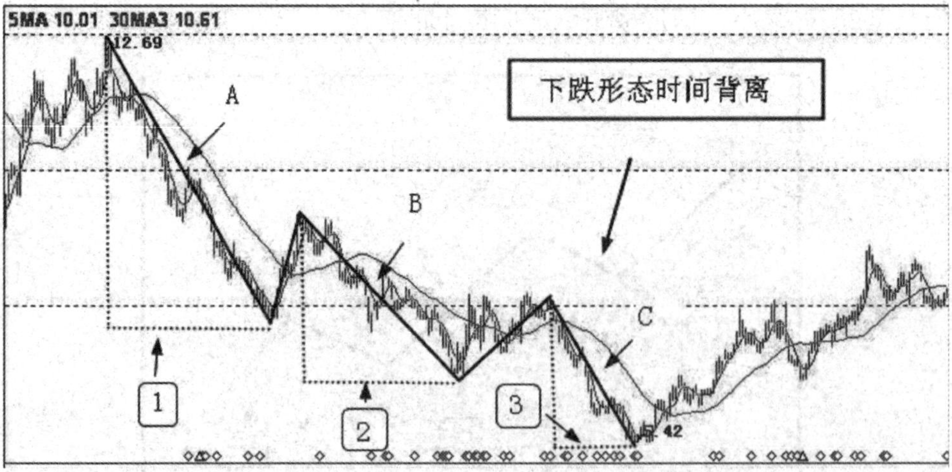

图2-24

小结：

时间度背离说明原趋势在时间上已无法维持趋势走势的长度，与幅度背离无法维持原来的上涨或下跌幅度一样，都是原趋势衰竭在不同视角下的具体表现形式，都应当引起重视。

值得注意的是：大多数情况下，如果出现形态幅度背离，时间度上亦会出现相应背离。但也有下面两种情况比较特殊，必须特别指出。

（1）幅度背离时间度不背离。

如图2-25所示，C上涨段对比B上涨段幅度背离，但C上涨段时间度3对比B上涨段时间度2并未出现背离。这种情况称为幅度背离时间度不背离。

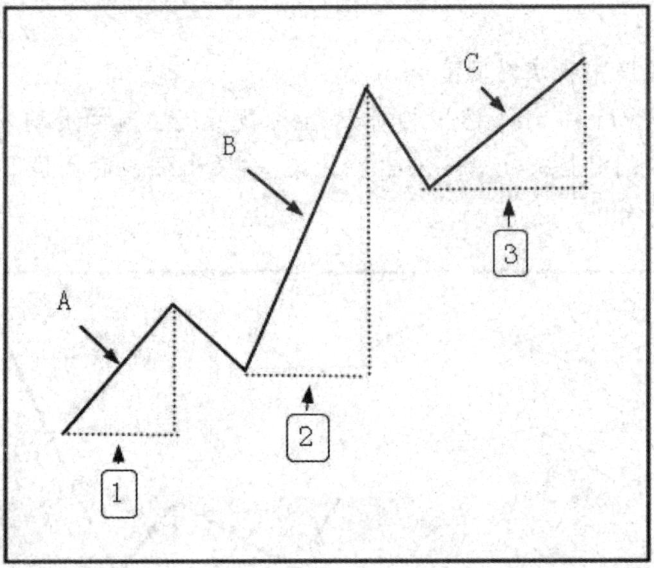

图2-25

图2-26是幅度背离时间度不背离的K线走势。图中B下跌段对比A下跌段明显出现幅度背离，但B下跌段时间度2对比A下跌段时间度1却并未出现背离。实战中应当注意有这种情况存在。

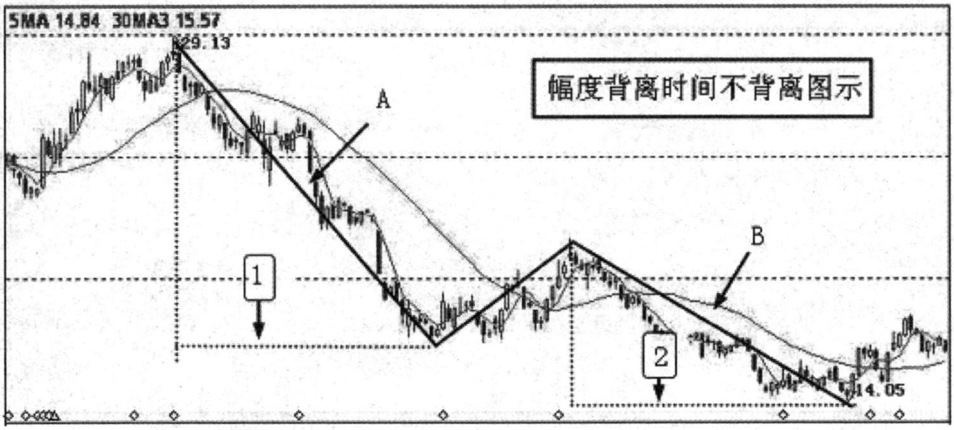

图2-26

（2）幅度未背离时间度背离

如图2-27所示，B上涨段相对于A上涨段幅度、时间度均未出现背离，C上涨段相对于B上涨段幅度未出现背离，但C上涨段时间度3对比B上涨段时间度2，已出现明显背离。

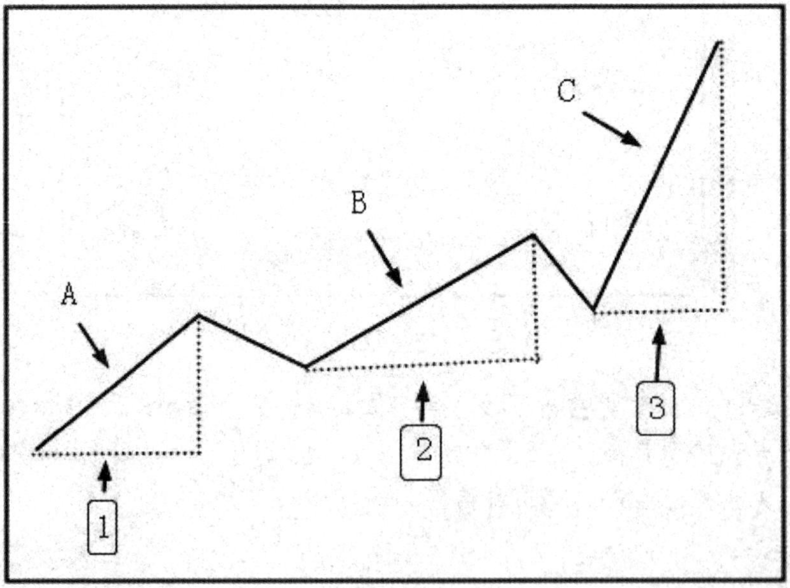

图2-27

图2-28为幅度未背离时间度背离K线走势。B上涨段相对于A上涨段幅度未出现背离，但B上涨段时间度2与B上涨段时间度1相比已明显缩小，表明上涨趋势出现时间度背离。

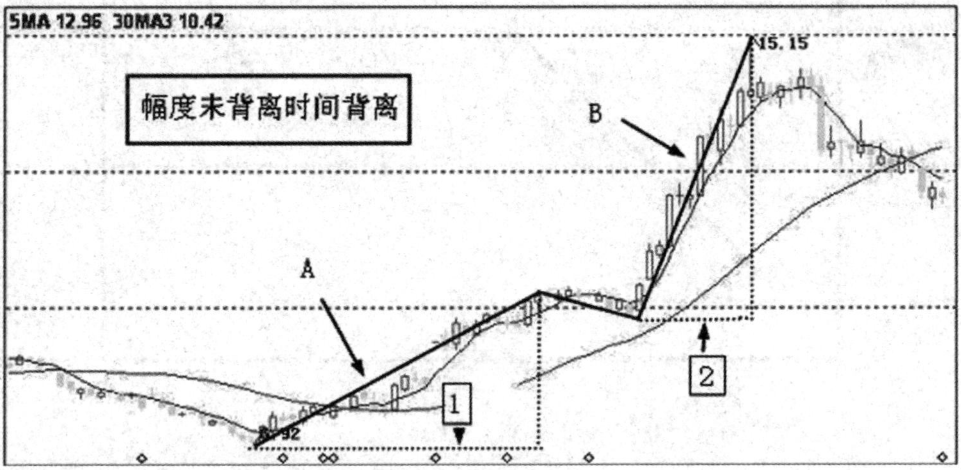

图2-28

上述两种幅度背离与时间度背离不统一的情况，若出现在上涨走势中，应当引起重视，实战中不妨当作背离对待，作好卖出的准备；若在下跌走势中出现，一般不以背离对待，实战中暂不考虑买入。

判断形态背离时，无论是上涨段还是下跌段，都要求上涨或下跌已经完成或即将完成，这样才能通过前后比较来确定行情走势是否出现背离。如果某上涨段或下跌段仍在延伸中，那么此时判断形态背离就为时过早，判断结果也会差之毫厘，失之千里，失去实战参考意义。

如图2-29所示，上涨段A和上涨段B进行比较，判断是否出现形态背离，就要求确认上涨段B即将结束或已经结束。如果上涨段B仍在向前延伸中，尚无结束迹象，那么此时就没有必要进行判断，判断出的结果也不具备实战指导意义。

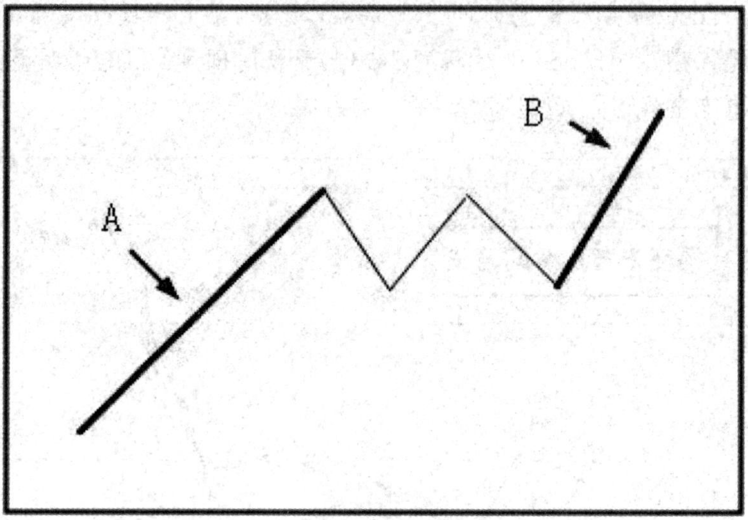

图2-29

那么，怎样确定图2-29中上涨段B是否结束或即将结束，从而提前将上涨段B与上涨段A进行比较，得出上涨段B是否构成形态背离的结论呢？要解决这一问题，可以从以下两个步骤着手。

步骤1：考察上涨段B是否已形成结构性顶部，亦即上涨段B是否产生峰线，这是判别上涨段B即将结束的最起码条件。如果上涨段B还没有形成顶部，则上涨段B还没有结束；如果已经形成顶部，产生了峰线，则具备结束的可能。

这里涉及到结构性顶部、底部及峰线、谷线的识别问题。《磁区理论》一书中曾经作了详细的讲解，为方便读者理解，这里再说明一下。

结构性顶部。如图2-30所示，三根相邻K线，中间那根K线的高点是三根K线中最高的，同时低点也是三根K线中最高的，那么这种形态就称为结构性顶部。中间那根K线像山峰一样高高突出，故谓之峰线。

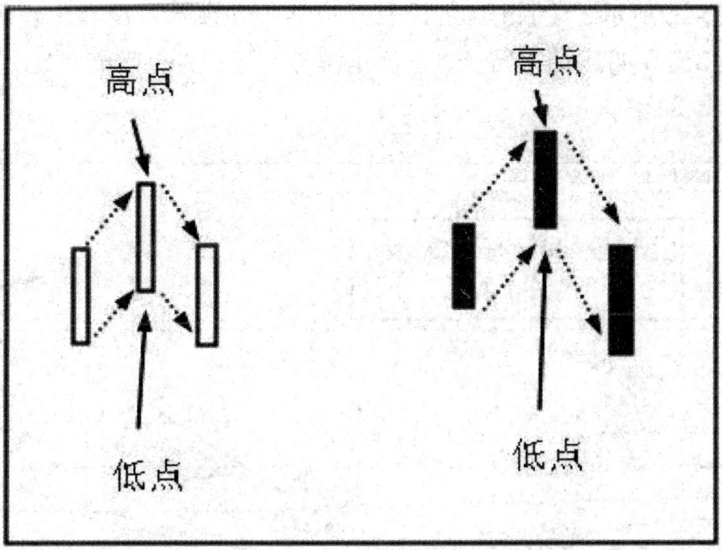

图2-30

结构性底部。如图2-31所示，三根相邻K线，中间那根K线的高点是三根K线中最低的，同时低点也是三根K线中最低的，那么这种形态就称为结构性底部。中间那根K线像山谷一样下探，故谓之谷线。

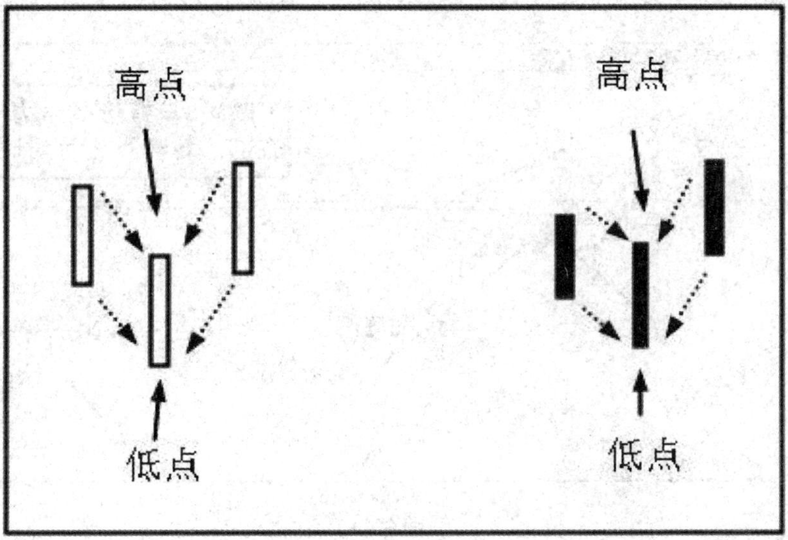

图2-31

如图2-32所示，上涨段B还没有形成结构性顶部，没有出现最高K线峰线，因此B尚无明显结束特征，上涨段B与上涨段A的背离对比分析就暂不进行。

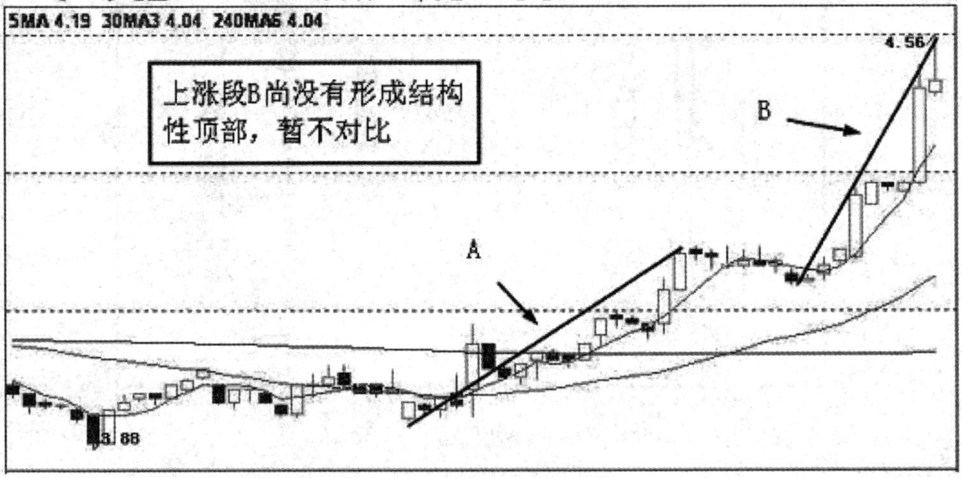

图2-32

如图2-33所示，下跌段B还没有形成结构性底部，谷线尚未形成，B尚无结束的特征，故下跌段B与下跌段A的背离对比分析就暂不进行。

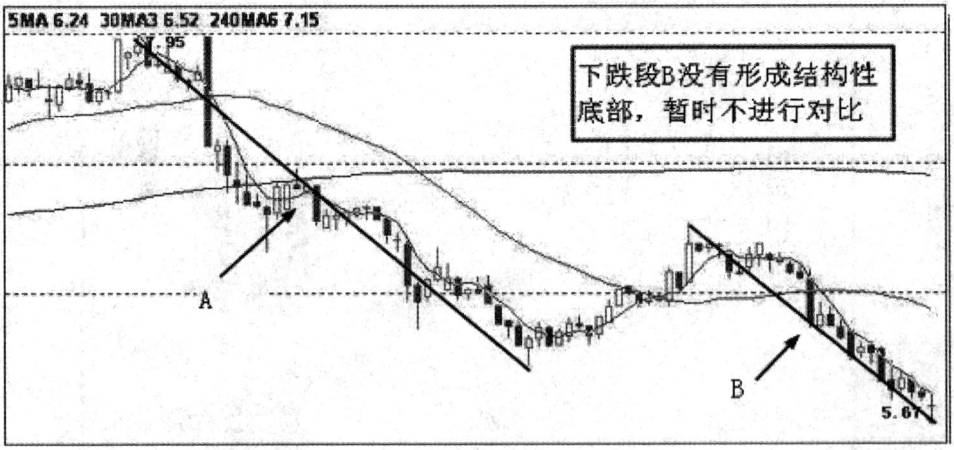

图2-33

步骤2：对于图2-29中上涨段B已经形成结构性顶部的，须继续分析产生的顶部是中继型还是结束型。如果是中继型，那么背离分析仍不必进行。只有当顶部分析结果是结束型时，与前上涨段A的背离比较分析才可以开始。

判断图2–29中上涨段B的顶部是不是结束型，可以通过分析B的内部结构，即从低级别K线图中，对上涨段B的内部情况进行细致考察，看是否已构成内部形态背离。若构成内部形态背离，说明上涨段B结束的可能性极大，就可以将上涨段B与上涨段A进行对比，来判断整个走势是否出现形态背离。

如图2–34所示，上涨趋势发展至图中这种情况，创出15.50元新高的这根K线明显成为峰线，上涨段B已有结束的可能。这时就要求对上涨段B的内部结构进行考察，以确定上涨段B是否真正结束。

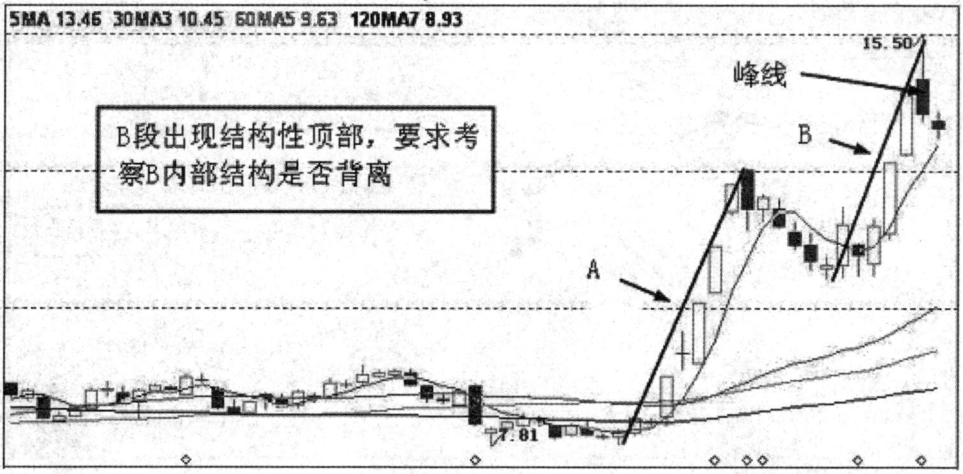

图2–34

要考察图2–34中上涨段B内部结构是否背离，可采用《磁区理论》中讲述的“微观观察法”，即打开操作级别的次级别或次次级别K线图，考察上涨段B相对应部分在次级别或次次级别K线图中的细微走势。若在次级别或次次级别K线图上表现出背离，那么上涨段B即将结束的几率大增。这时，上涨段B与上涨段A的背离对比分析就可以进行了。

这里需要说明一下操作级别与次级别的关系：以日线为例，考察日线级别上涨段B的内部结构，可以分析30分钟级别K线图；考察30分钟级别上涨段B的内部结构，可以分析5分钟级别K线图。这种方法就如同用显微镜来观察物体，可以看得更细微和清晰。

如图2–35所示，下跌趋势发展至图中这种情况，出现结构性底部，5.75元这根K线成为明显的谷线，表明下跌段B已有结束的可能。但此处的谷线是中继型还是结束型，仍需进一步甄别。这时就要求继续对下跌段B的内部结构进行考察，以确定下跌段B是否真正结束。

其考察方法和考察图2–34一样，可以采用“微观观察法”，即打开操作级别的次级别或次次级别K线图，考察下跌段B相对应部分在次级别或次次级别K线图中的细微走势，确定下跌段B内部是否出现背离。若下跌段B构成内部背离，那么下跌段B业已结束或离结束已不远。此时就可以与下跌段A来进行比较，以确定整个下跌趋势是否出现背离。

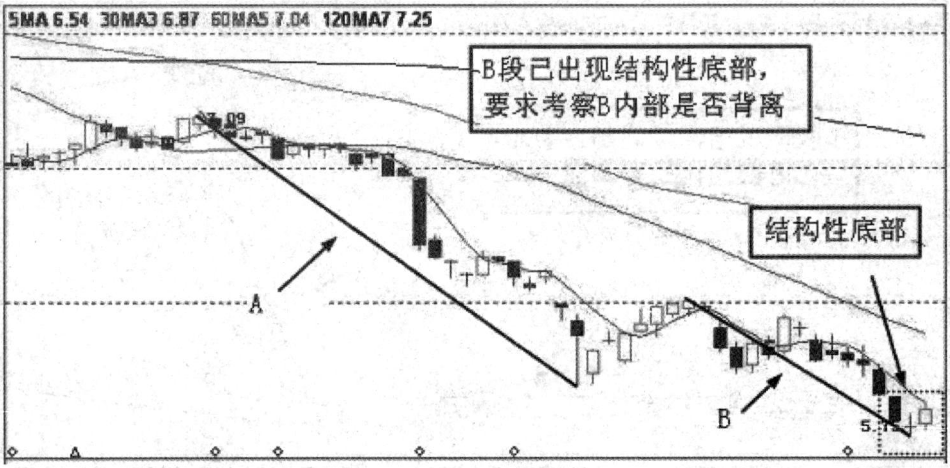

图2–35

第四节　均线背离

前面从K线走势形态着手，对趋势的几种背离形式进行了分析，这里则就均线形态与趋势之间的背离进行分析。

K线图中的均线，实际上就是某一时段内的价格移动平均线。价格移动平均线是把某一时段内的各个收盘价相加后再平均所得的结果，其轨迹代表着市场当前的运行趋势。

根据参照的时间周期不同，均线可分为5日、10日、30日、60日、120日、240日等多种，比如5日均线，就是连续5日内的收盘价相加后再平均，所得的结果为一个数值点，然后连接许多个这样的数值点，就形成5日均线。

按均线周期的长短分类，均线又可以分为短周期均线、中周期均线、长周期均线三大类型。

相对来说，短周期均线的灵敏度较高，但是稳定性较低；长周期均线灵敏度较低，但稳定性和准确度相对较高。例如5日均线的灵敏度比60日均线的灵敏度高得多，但60日均线的稳定性比5日均线的稳定性要强。

如图2-36所示，短周期的5日均线灵敏度明显高于长周期的60日均线。图中5日均线有许多上上下下的起伏，而60日均线却一直在向下，几乎没什么变化，表明其稳定性要远高于5日均线。

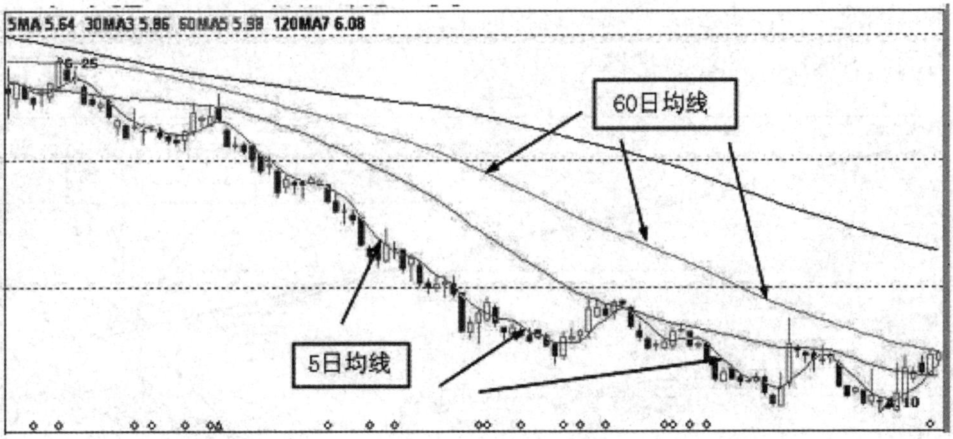

图2-36

由于长周期均线的稳定性明显强于短周期均线，这样当短周期均线与长周期均线的运行方向相矛盾时，稳定性较强的长周期均线就容易迫使稳定性较差的短周期均线进行修复，从而形成短期的顶部或底部。

当短周期均线与长周期均线的运行方向相反，短周期均线和长周期均线发生交叉时，一般就容易形成均线背离。

均线背离是根据K线图中短周期均线与长周期均线交叉时的具体关系和形态，来确定目前短期行情是否见顶或见底的一种特殊背离形式，其在短线操作方面有较为突出的参考价值和指导意义。

均线背离分为向上交叉背离和向下交叉背离。

1.向上交叉背离

趋势长期下跌的空头排列中，短周期均线长期居于长周期均线之下，当股价触底后引发一波强势反弹，股价向上升破某条长周期均线时，股价的运行方向与所突破的均线运行方向相反，二者形成交叉关系，就称为向上交叉背离。

向上交叉背离时，由于长周期均线运行方向是向下的，其强大的稳定性容易迫使股价改变方向，重新向下，从而在长周期均线之上形成短期顶部，所以向上交叉背离一般都是短线卖出的大好时机。

如图2-37所示，下跌趋势中，股价从底部5.30元处上涨，向上升破240周期均线，而此时240周期均线的运行方向却是向下的，双方形成交叉关系，因此称为向上交叉背离。这种向上交叉的均线背离，一般都是短线卖出的大好时机，应注意把握。

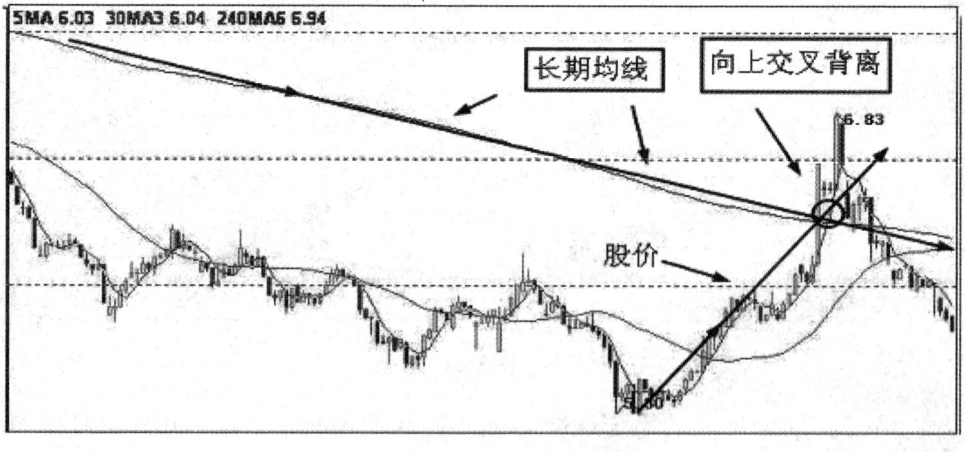

图2-37

如图2-38所示，下跌趋势中，股价从底部3.97元处上涨，升破30周期均线向上运行。此时30周期均线方向是向下的，双方形成交叉关系，因此称为向上交叉背离。这种向上交叉的均线背离，一般都是短线卖出的大好时机，应注意把握。

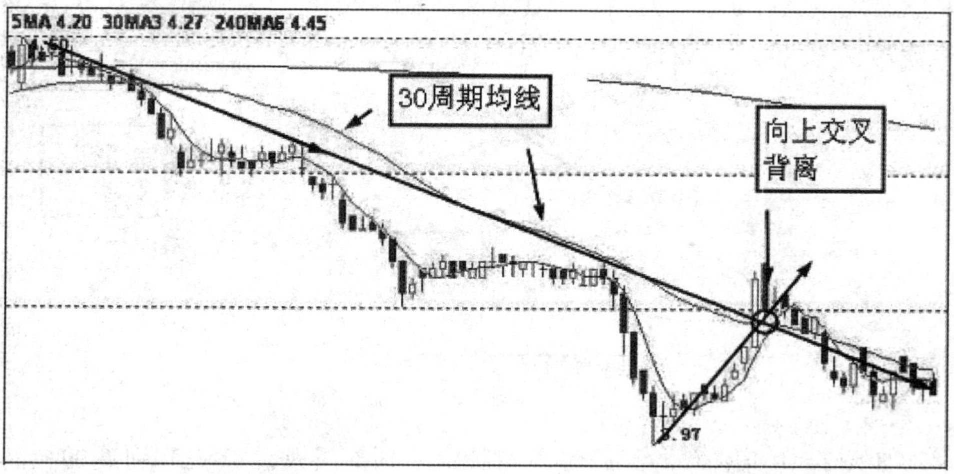

图2-38

2.向下交叉背离

趋势长期上涨的多头排列中，短周期均线长期居于长周期均线之上，股价见顶后引发一波强势调整，向下跌破某条长周期均线时，股价的运行方向与所跌破的长周期均线的运行方向相反，二者形成交叉关系，就称为向下交叉背离。

向下交叉背离时，由于长周期均线的方向是向上的，其强大的稳定性容易迫使股价改变方向，重新向上，从而在长周期均线之下形成短期底部，所以向下交叉背离一般都是短线买入的大好时机。

如图2-39所示，上涨趋势中，股价从顶部下跌，跌破30周期均线向下，此时30周期均线方向却是向上的，双方形成交叉关系，因此称为向下交叉背离。

向下交叉背离是短线买入的大好时机，应注意把握。但如果走势发生第二次向下交叉背离时，就要特别警惕“均线扭转”的情况出现（关于均线扭转，后面会有讲解），因此要谨慎介入。

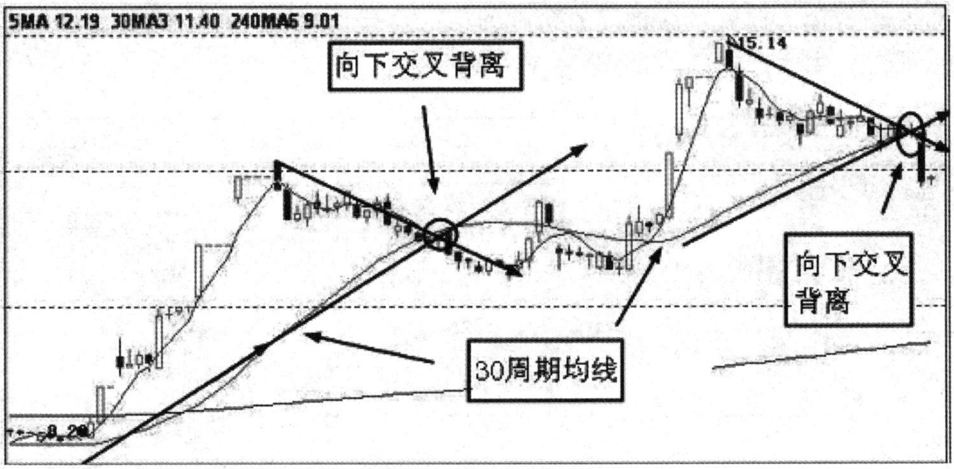

图2-39

如图2-40所示，上涨趋势中，股价从顶部下跌，跌破30周期均线向下，而此时30周期均线方向却是向上的，双方形成交叉关系，因此称为向下交叉背离。向下交叉背离是短线买入的大好时机，应注意把握买入的机会。

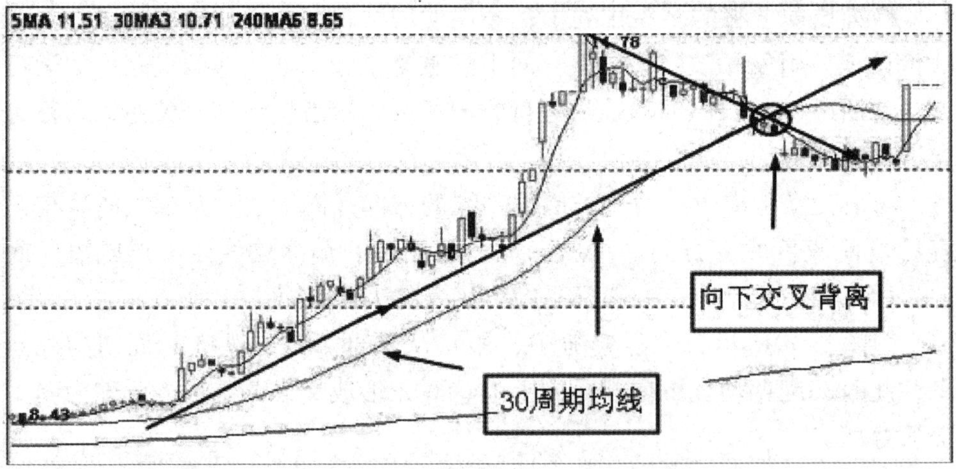

图2-40

值得注意的是，均线背离现象出现在暴涨暴跌行情中时，对判断短期顶部或底部有较显著的参考价值。比如说，在一个长期均线向下的趋势里，股价从底部向上快速上涨，升破长期均线，此时股价对长期均线就会产生一个向上的拉力，拉动长期均线向上运行；同时长期均线也会有一个向下的趋势力，反过来拉动股价向下运行。双方力的方向相反，发生向上交叉背离。这种南辕北辙的现象是无法长久维持的，市场最终会使双方得以修正。

由于长周期均线代表大的趋势方向，原趋势方向上的力度较强，容易迫使暴涨的股价回头向下，从而在长期均线附近形成顶部。因此，向上的交叉背离对判断短期顶部会有显著的效果。

相反，在一个长期均线向上的趋势里，股价从顶部向下快速暴跌，跌破长周期均线，此时股价对长周期均线就会产生一个向下的拉力，拉动长周期均线向下运行；同时长周期均线也会有一个向上的趋势力，反过来拉动股价向上运行。双方力的方向相反，发生向下交叉背离。这种双方南辕北辙的现象也是无法长久维持的。

由于长周期均线代表着大的趋势方向，原趋势方向上的力度较强，容易迫使暴跌的股价回头向上，在长周期均线附近形成底部。因此，向下的交叉背离对判断短期底部会有显著的效果。

均线交叉背离在暴涨暴跌的走势中发生，会有很好的判断效果。否则用均线交叉背离来判别临时的顶和底，效果并不显著。

如图2-41所示，下跌趋势中，股价以暴涨方式快速升破240周期均线，形成向上交叉背离，结果在240周期均线附近形成短期顶部。操作上这里就是一个短线的卖点。

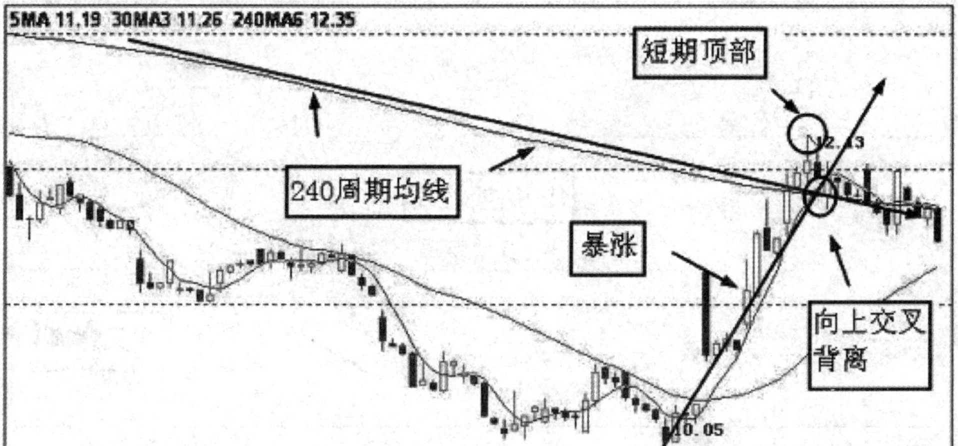

图2-41

图2-42与图2-41不同。图2-42中，股价是以较平缓的方式慢慢升破240周期均线的，虽也形成向上交叉，但这种情形下的背离，判断效果不明显，市场不一定会形成短期顶部，这是需要特别提醒的地方。

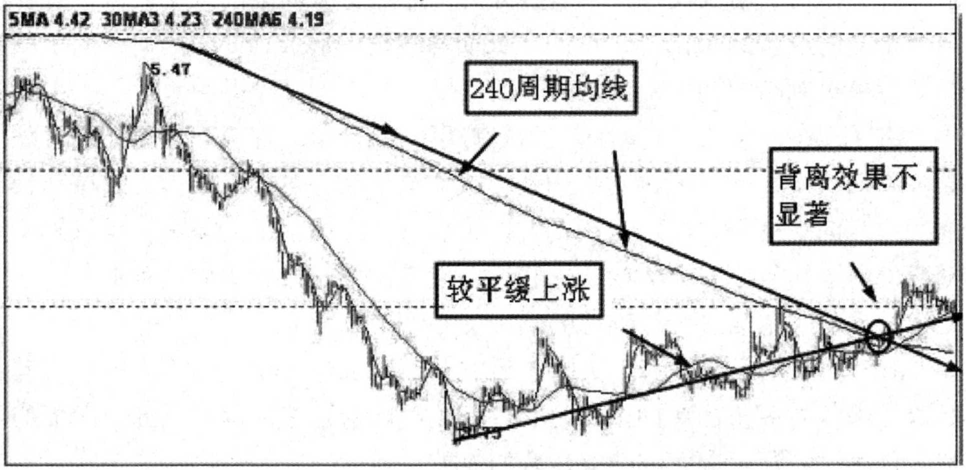

图2-42

如图2-43所示，股价以暴跌的方式快速跌向120周期均线，形成向下交叉背离，结果在120周期均线附近形成短期底部。这就产生一个短线的买入点。

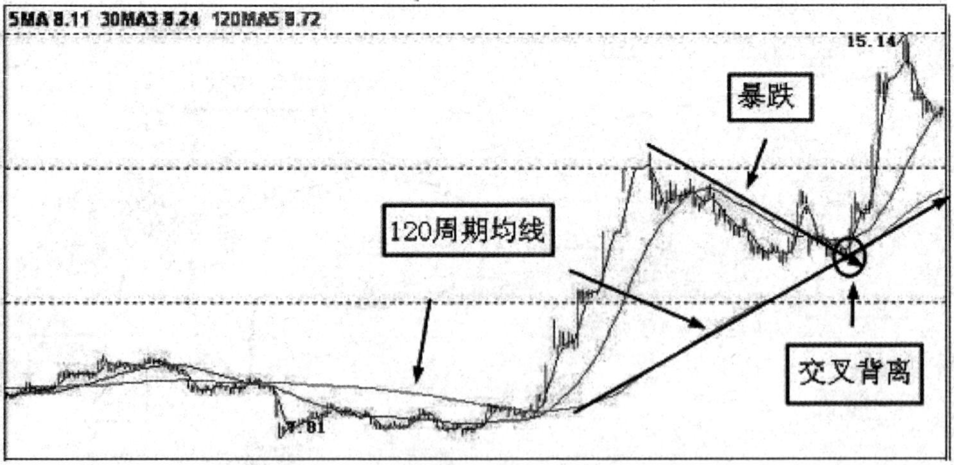

图2-43

图2-44与图2-43不同。图2-44中，股价是以较平缓的方式慢慢跌破120周期均线的，虽也形成向下交叉，但这种背离的判断效果不明显，市场不一定会形成短期底部，这是需要特别提醒的地方。

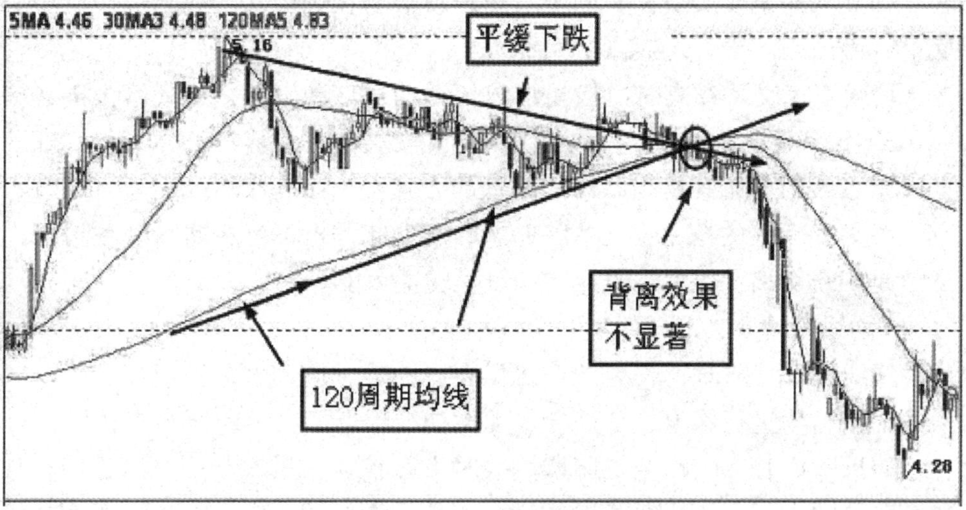

图2-44

3.均线背离时的顶底形成原理

长周期均线运行的方向，代表着市场的主流方向。如果把短周期均线比喻成船，那么长周期均线就好比河中的流水。船的方向如果和水流的方向一致，前进就会顺风顺水，很少有阻力。一旦船的方向和水流的方向相反，水流又湍急，那么逆水行舟，前进就必然十分困难。

发生向上交叉背离时，长周期均线是向下的，此时股价要逆流而上，必然要受到长周期均线的压制。当股价刚刚升破长周期均线时，一个要向上，一个仍向下，这种南辕北辙的市场状态，是一种极不正常的市场状态，必然是不能长久的，市场最终会使其中一方的行为得到修正。

由于长周期均线代表的原趋势力量较强大，稳定性也远超短周期均线，因此容易迫使暴涨的股价回头向下，这样就极易在长周期均线之上形成短期顶部，因而为短线卖出提供了大好的机会。

同理，向下交叉背离中，长周期均线是向上的，股价要逆流而下，必然会受到长周期均线的支撑。当股价刚刚跌破长周期均线时，一个要向下，一个仍向上，这种南辕北辙的市场状态，是一种极不正常的市场状态，也是不能长久维持的，市场最终会使其中一方的行为得到修正。

由于长周期均线代表的原趋势力量较强大，稳定性也远超短周期均线，因此容易迫使股价回头向上，这样就极易在长周期均线之下造成短期底部，因而为短线买入提供了大好机会。

均线发生交叉背离时，极易形成短期的顶部和底部，这就给投资者提供了绝佳的短线操作机会。这种因为均线交叉背离形成短期顶部与底部的几率是很大的，尤其是当以暴涨暴跌的方式发生第一次均线交叉背离时，其产生短期顶底的概率在80%以上。即便如此，也不可忽略另一种情况，那就是均线交叉背离后，也存在均线扭转的可能。

4.均线扭转及其形成原理

均线交叉背离时，长周期均线代表原趋势方向，大多数情况下会对股价的短期行为进行修复，从而在长周期均线附近形成短期顶部或底部。

如果股价升破或跌破长周期均线时力度较强，量能充分，而且能在长周期均线之上或之下进行强势整理，拒绝向下回调或向上回抽，那么随着时间的推移，股价的短期行为就会反过来对长周期均线产生修复作用，迫使长周期均线最终改变方向，从而形成均线扭转。

如图2-45所示，下跌趋势中，股价从底部上涨，强力突破30周期、120周期等均线，之后在120周期均线之上强势整理，最终迫使30周期、120周期等均线改变原来方向，由向下变为向上，从而形成均线扭转。

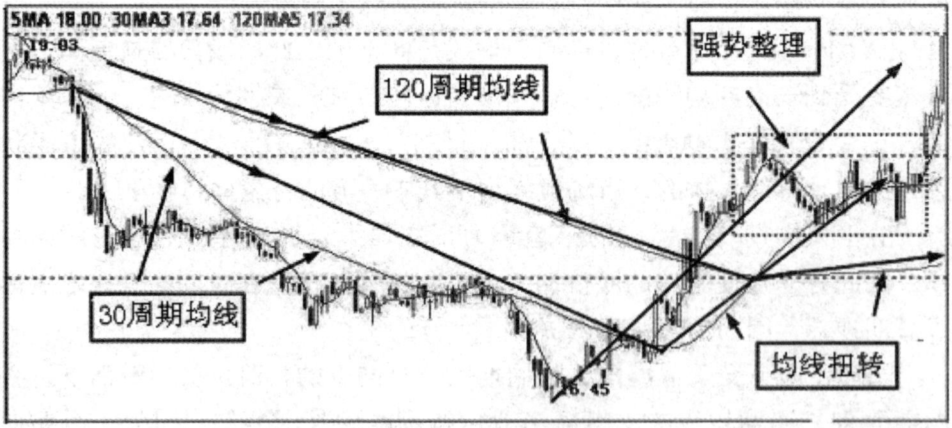

图2-45

如图2-46所示，上涨趋势中，股价从9.99元处下跌，向下跌破30周期、120周期均线，之后在30周期、120周期均线之下强势整理，最终迫使30周期、120周期等均线改变原来运行的方向，由向上变为向下，从而形成均线扭转。

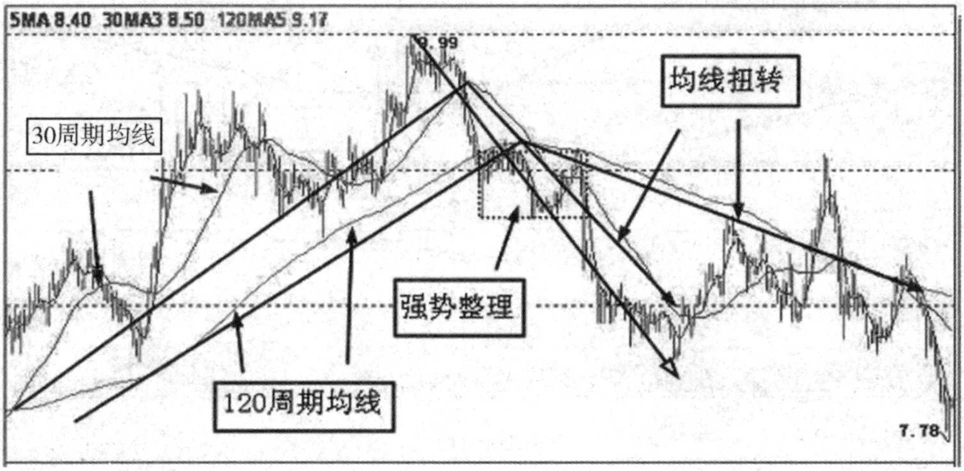

图2-46

均线扭转一般发生在短期趋势极强的市场里：向上交叉时连续带量突破长周期均线，之后多方在长周期均线之上强势横盘整理；向下交叉时连续带量突破长周期均线，之后空方在长周期均线之下强势横盘整理，这两种情况下，就极易引发均线扭转。

如图2-47所示，股价从底部带量突破30周期均线后，再次带量突破120周期均线，然后在120周期均线之上强势横盘整理，形成一个短期多头极强的市场，最终拉动长周期均线并使之向上扭转。

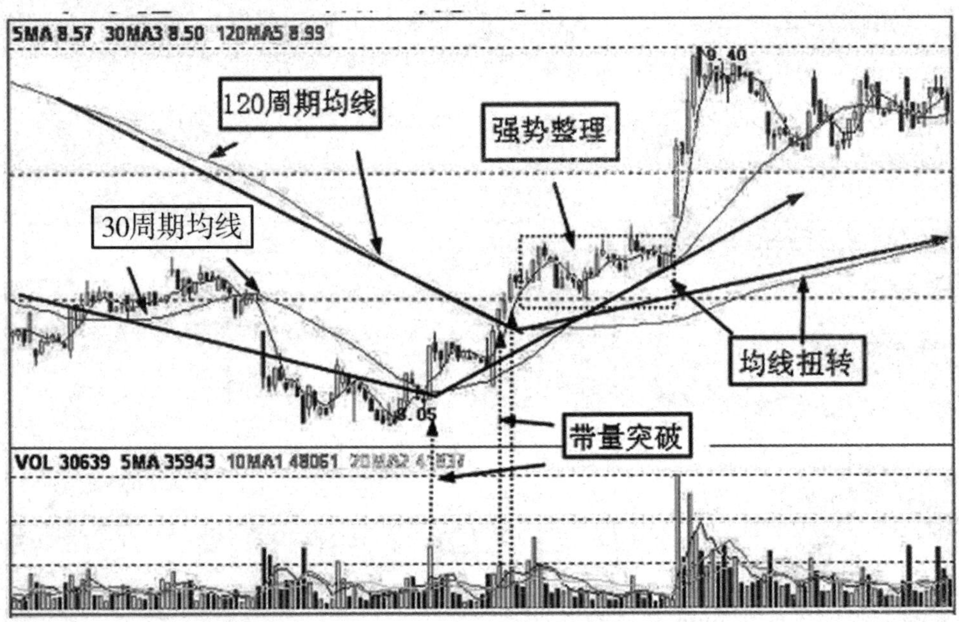

图2-47

如图2-48所示，股价从顶部带量向下跌破30周期均线后，在30周期均线之下，120周期均线之上横盘整理，使30周期均线发生向下扭转。之后股价再次带量突破120周期均线，形成一个短期空头极强的市场，最终拉动120周期均线并使之向下扭转。

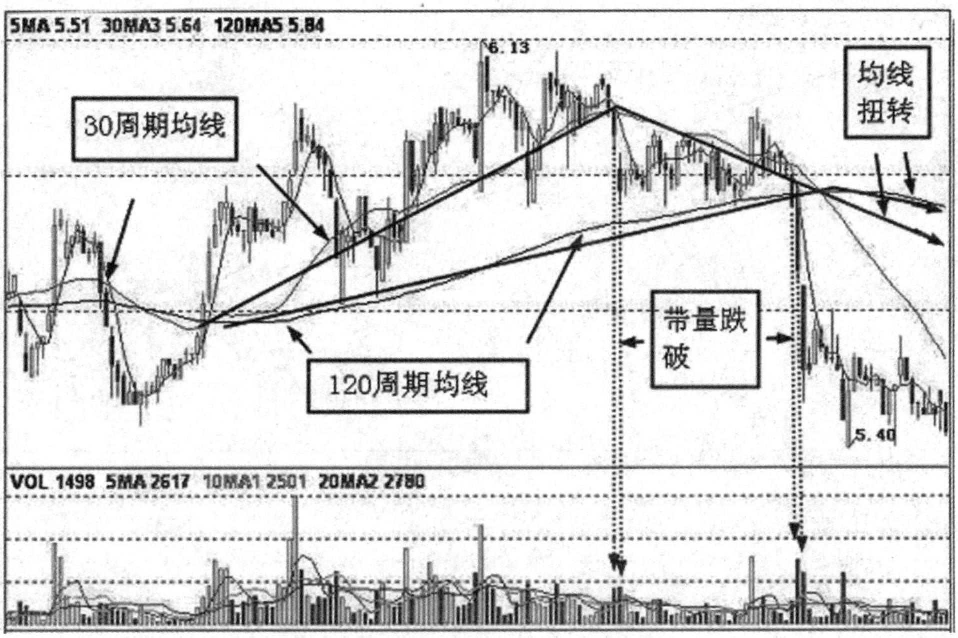

图2-48

小结：

均线交叉背离是一个很好的短线操作机会，向上交叉时寻找临时顶部卖出，向下交叉时寻找临时底部买入，但在操作时也需要防范出现均线扭转的情况。一旦均线交叉背离引发均线扭转，就需要即时调整操作策略，卖出的要即时回补，买入的要即时清仓。

如图2-49所示，下跌趋势中，股价向上突破240周期均线，形成向上交叉背离。如果在A处卖出，之后股价在240周期均线之上强势整理，出现均线交叉背离转化为均线扭转的迹象，就应于图中B处即时回补，以免踏空。

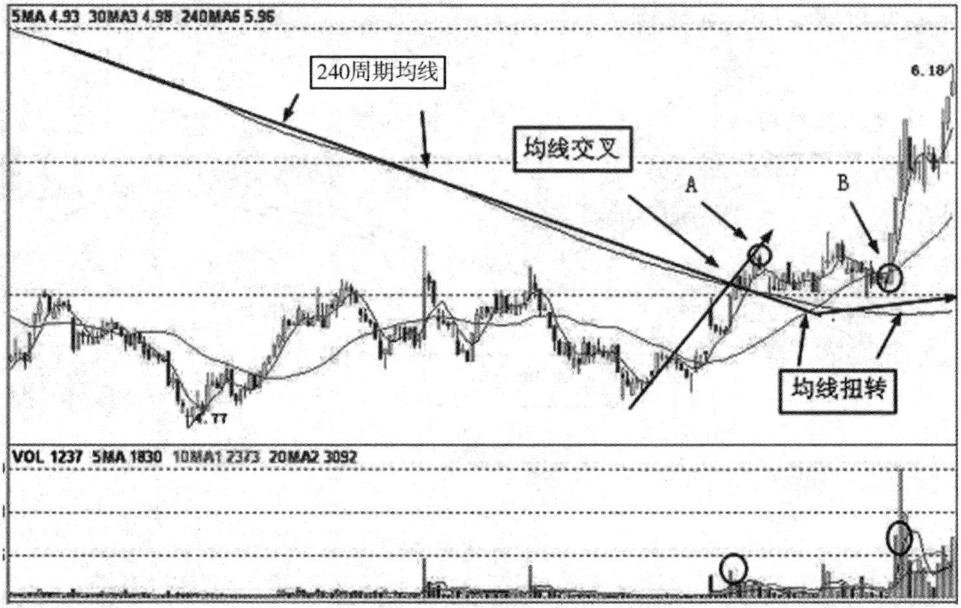

图2-49

如图2-50所示，上涨趋势中，股价向下跌破120周期均线，形成向下交叉背离。如果在A处买入，之后股价在120周期均线之下徘徊，出现均线交叉背离转化为均线扭转的迹象，就应于图中B处即时清理，以免被套。

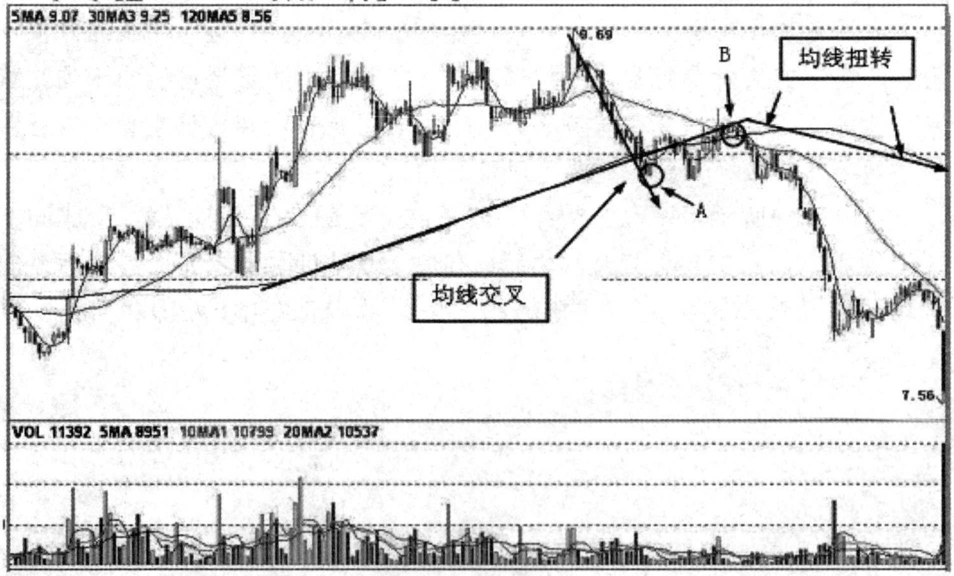

图2-50

第五节　均线相交面积背离

均线形态上的背离，除了前面讲述的均线交叉背离外，还可以利用不同周期均线相交面积对比来确定走势背离。由均线相交面积背离，可以确定中期、长期操作的买卖点。

均线相交面积背离，是指操作级别K线图上，股价创出近期新高或新低，但短期均线与长期均线相交产生的面积，对比前一波段的相交面积有所萎缩，从而表现出一种均线系统形态上的背离形式。

判断均线相交面积背离，存在多种不同的均线体系。喜好短线交易者，主要用5周期均线和10周期均线进行操作；喜好中线交易者，主要用5周期均线和30周期均线进行操作；喜好长线交易者，主要用5周期均线和60周期或120周期均线进行操作。选用何种均线系统最为适当，应当结合个人的交易风格来确定。但无论选用哪种均线系统，万变不离其宗，其判断均线相交面积背离的基本原理都是一样的。本书选用5周期均线和30周期均线组合来进行分析。

均线相交面积萎缩，说明短周期均线与长周期均线的差值在缩小，股价已无力再较大幅度地离开长周期均线，原趋势方向的运行能量在缩减。在这种情况下，当股价突破长周期均线时，就像船儿行进在水流平缓的河中，即使逆流而上，遇到的阻力也不会太大。此时一旦股价突破长周期均线，不但不会再产生均线背离，而且极易形成均线扭转，从而为操作上提前介入提供保障，为提前退出提供依据。

如图2–51所示，上涨趋势中，5周期均线与30周期均线相交面积2相比面积1有所扩大，行情发展正常。而面积3相比面积2有所萎缩，股价离开30周期均线上冲幅度有所下降，行情显示顶背离。一旦股价跌破30周期均线，形成均线向下扭转的几率大增，应当提前考虑卖出。

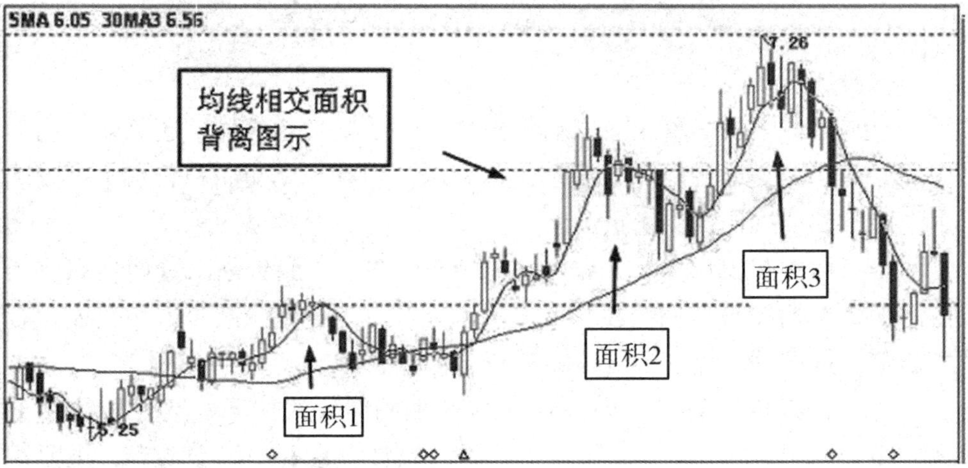

图2-51

图2-52为上涨行情中的均线相交面积背离图。5周期均线与30周期均线相交面积2相比面积1扩大，行情不背离。而面积3相比面积2明显缩小，说明顶背离严重，向下变盘风险大增。实战中应当以此为依据，提前考虑卖出。

图2-52

图2-53为下跌行情中的均线相交面积背离图。5周期均线与30周期均线相交面积越来越小，面积2小于面积1，面积3小于面积2，股价离开30周

期均线向下冲击幅度越来越萎缩，底背离现象已十分突出。股价一旦向上升破30周期均线，形成均线向上扭转的几率大增，实战中应当提前考虑买入。

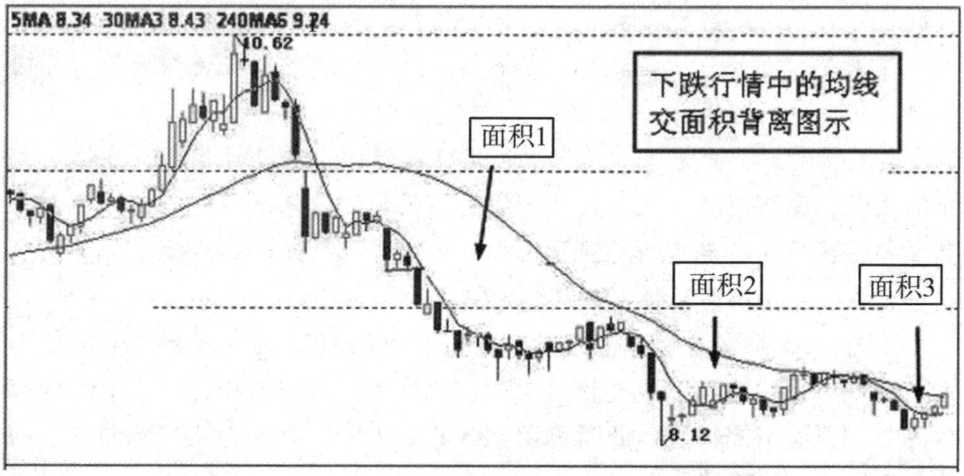

图2-53

图2-54为下跌行情中的均线相交面积背离图。从5周期均线与30周期均线相交面积来看，面积2相比面积1不背离，但面积3相比面积2萎缩严重，底背离明显。当股价向上升破30周期均线，形成均线向上扭转的几率大增，实战中应当提前考虑买入。

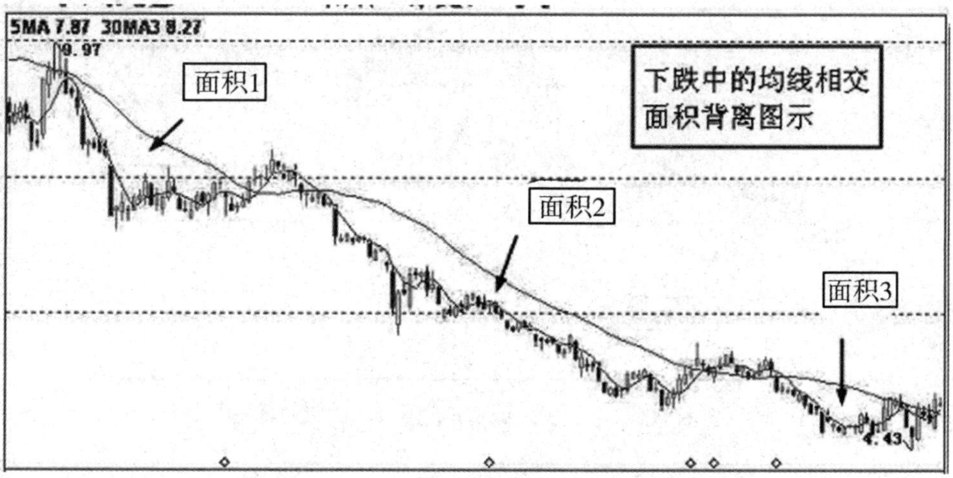

图2-54

小结：

采用均线相交面积方法来判断股价背离，若等相交面积完全出来后，再通过比较指导实战操作，有时候行情已经下跌或上涨了相当幅度，从而失去绝佳的买入或卖出机会。对于这一弱点，可以采取提前预判当下面积的方法来进行弥补。只要对这一方法运用熟练，就可以取得很好的实际操作效果。

提前预判当下面积，是指当后一走势段产生出结构性顶部、底部后，根据顶部、底部短期均线与长期均线的距离远近，来预估此一走势段的完整面积，从而提前与前一走势段面积进行比较，判断是否产生走势背离。这一方法可以参照前面讲解的“背离对比段”中提供的思路。

如图2–55所示，上涨趋势中，面积2相对面积1虽未背离，但增长不大，因此对下一波上涨就要格外关注。当9.99元处创出新高，产生结构性顶部时，更应引起警惕。此时可用“背离对比段”中的方法，判断此上涨段是否有结束的可能。

若判断上涨段即将结束，可以峰线之后的首根K线的垂直线（图中虚线）为参照，按2倍稍强的原则对整个面积3预先估算。若判断面积3无法超越面积2，则行情出现顶背离，可以据此提前作出卖出决策。

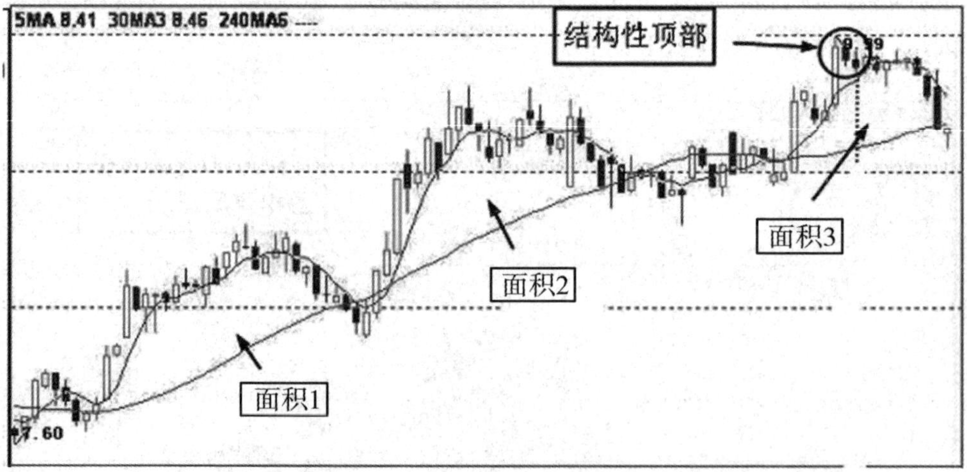

图2–55

如图2-56所示，上涨趋势中，15.14元处创出新高后，产生结构性顶部，应当引起警惕。此时可用“背离对比段”中的方法，判断此上涨段是否有结束的可能。若判断上涨段即将结束，可以峰线之后首根K线的垂直线（图中虚线）为参照，按2倍稍强的原则对整个面积2预先估算。若判断面积2将比面积1萎缩，则说明行情出现顶背离，可以据此提前作出卖出决策。

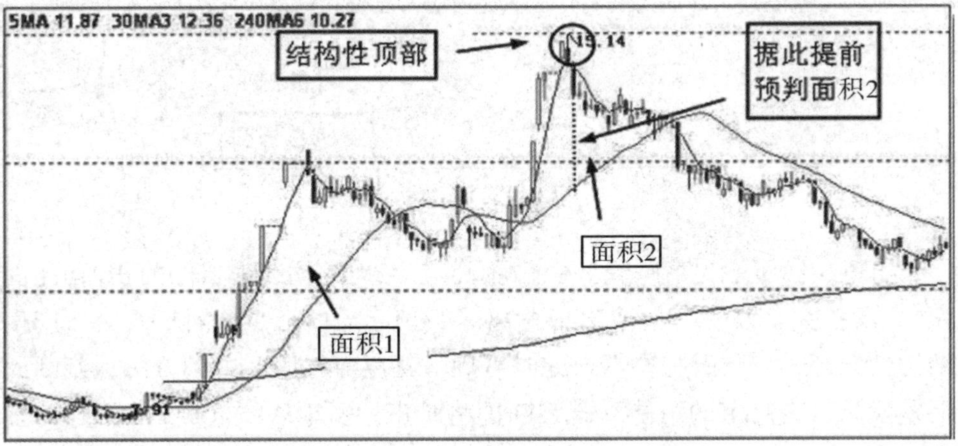

图2-56

如图2-57所示，下跌趋势中，3.75元处创出新低后，产生结构性底部，应当引起警惕。此时可用“背离对比段”中的方法，判断此下跌段是否有结束的可能。若判断即将结束，可以谷线之后首根K线的垂直线（图中虚线）为参照，按2倍稍强的原则对整个面积3提前估算。若判断面积3比面积2萎缩，则表明行情走势进入底背离，可以据此提前作出买入操作。

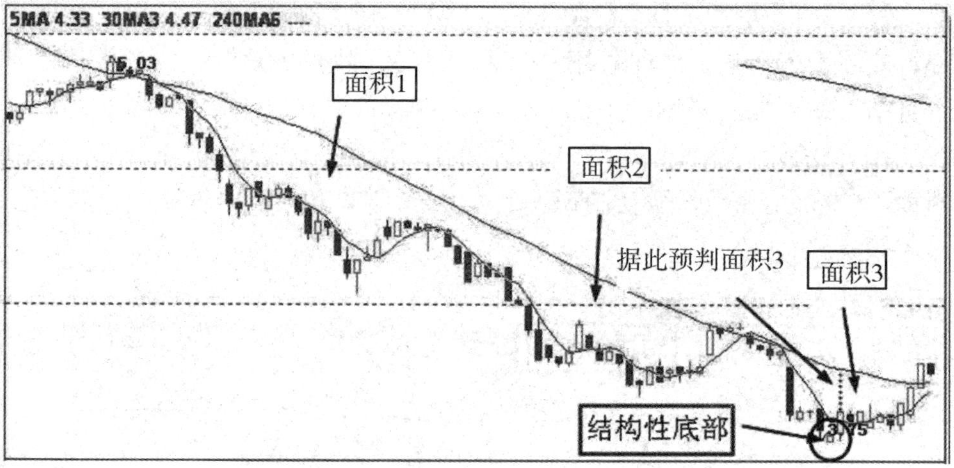

图2-57

如图2-58所示，下跌趋势中，股价与120周期均线形成的面积2相比面积1有所扩大，表明行情未出现背离。股价至5.37元处再创新低后，产生结构性底部，应当引起警惕。此时可用“背离对比段”中的方法，判断此下跌段是否有结束的可能。若判断即将结束，可以谷线之后首根K线的垂直线（图中虚线）为参照，按2倍稍强的原则对整个面积3提前估算，若判断面积3将比面积2萎缩，则表明行情进入底背离，可以据此提前作出买入考虑。

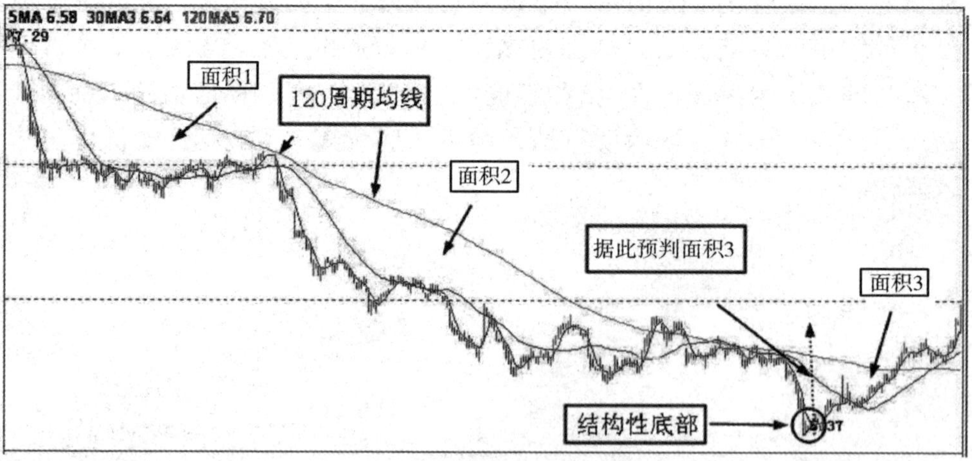

图2-58

短期均线与长期均线的差值缩小时，短期均线与长期均线出现交叉背离，极易发生均线扭转。均线相交面积背离主要是利用这一原理，提前介入操作。

在下跌趋势中，利用均线相交面积背离提前介入后，如果如期发生均线扭转的走势，就应当继续持有；一旦出现均线交叉背离走势，就应即时清仓。在上涨的趋势中，操作则正好相反。

第六节　趋势形态背离原则

用形态来判别背离，不管采用哪种方法，万变不离其宗。除了均线交叉背离比较特殊之外，其他无论是趋势K线背离、趋势幅度背离、时间度背离，还是均线相交面积背离，都是通过K线图中走势的几何形态，经过前后阶段的分析对比，来判断行情在原方向力度上的衰减情况，从而为决策和操作提供依据。

采用不同的判断方法，大多数情况下都可以殊途同归，得出相同结论，但亦不排除某些时候会得出不同结论的可能，因此在用形态判断走势背离的时候，采用多种方法来综合考察，会使得分析结果更具备操作可行性。

这里应牢记两个趋势形态背离划分的总原则。

（1）当多种分析方法得出的结论高度一致，走势以背离对待。

图2-59是对下跌趋势采用趋势幅度背离分析的结果。B下跌段相比A下跌段幅度更大，行情未出现背离；C下跌段相比B下跌段幅度显著缩小，表明行情在幅度上出现明显的底背离。

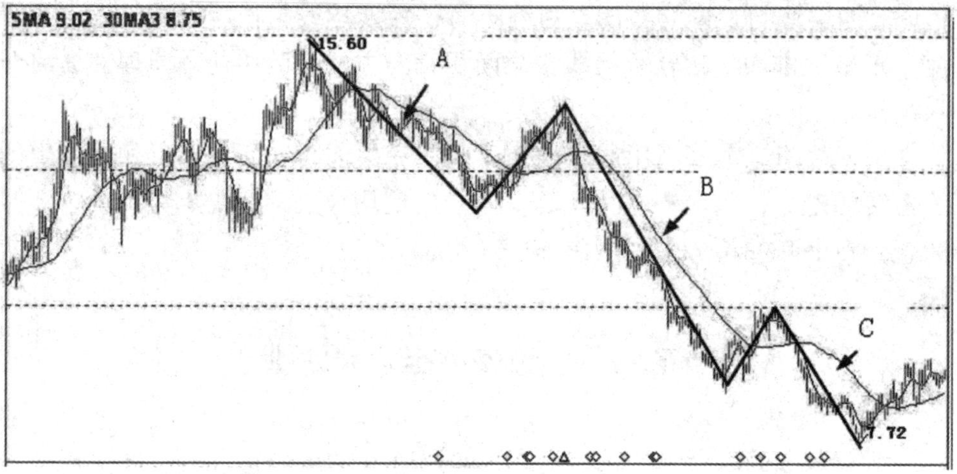

图2-59

图2-60是对图2-59下跌走势采用时间度背离分析的结果。B下跌段时间度2相比A下跌段时间度1无明显差别，表明行情未出现背离；C下跌段时间度3相比B下跌段时间度2显著缩小，表明行情在时间度上出现明显的底背离。

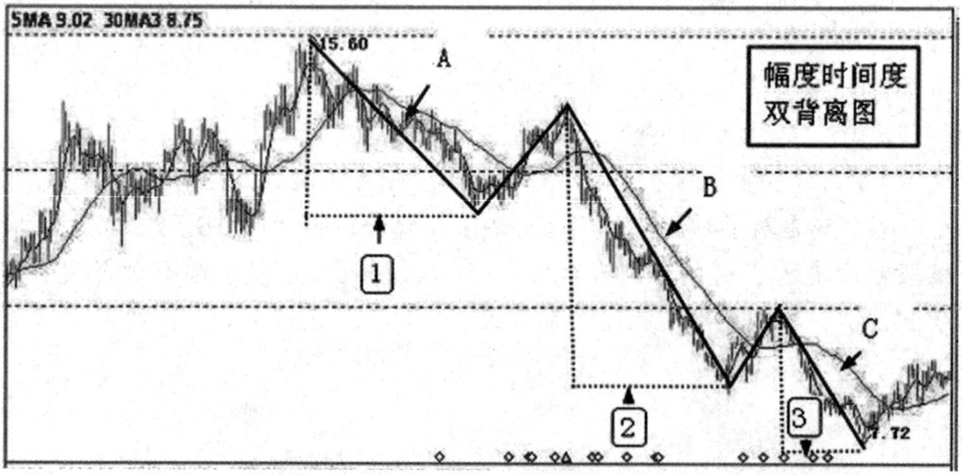

图2-60

图2-61是对图2-59下跌走势采用均线相交面积背离分析的结果。B下跌段对应的面积2相比A下跌段对应的面积1有所扩大，表明行情未出现背

离。C下跌段对应的面积3相比B下跌段对应的面积2明显缩小，表明行情走势在均线相交面积上进入底背离。

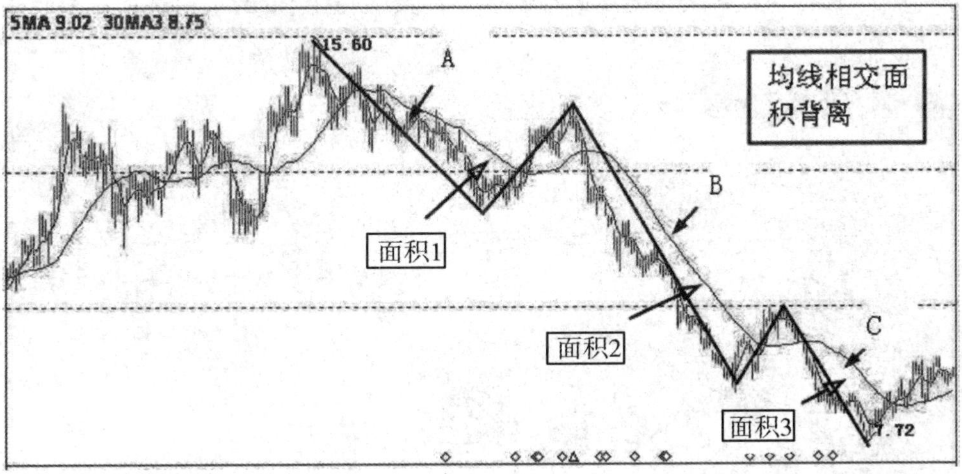

图2-61

采用三种不同的方法对同一下跌走势进行背离分析，得出的结论均为底背离，则图中行情可确认为形态上已经出现底背离了。

图2-62是对上涨趋势采用趋势幅度背离分析的结果。B上涨段相比A上涨段幅度更大，表明行情未出现背离；C上涨段相比B上涨段幅度显著缩小，表明行情在幅度上出现明显的顶背离。

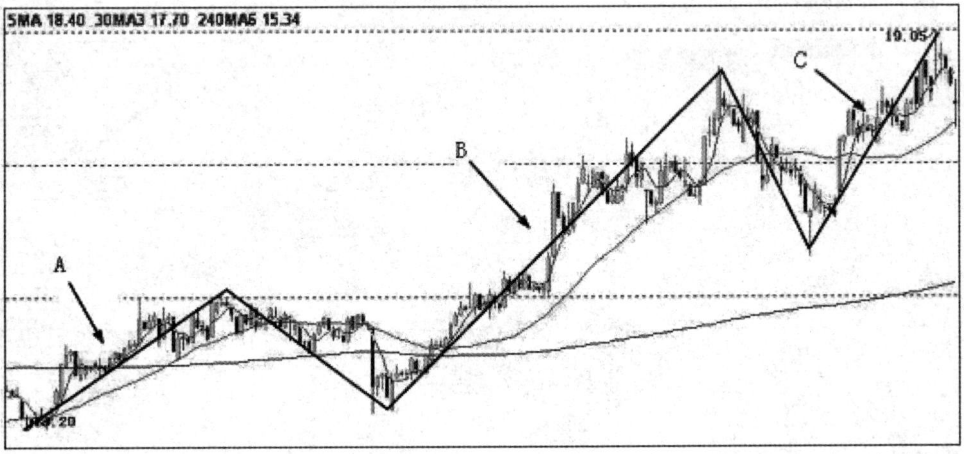

图2-62

图2-63是对图2-62中上涨趋势采用时间度背离分析的结果。B上涨段时间度2相比A上涨段时间度1继续增加，表明行情未出现背离；C上涨段时间度3相比B上涨段时间度2显著缩小，表明行情在时间度上出现明显的顶背离。

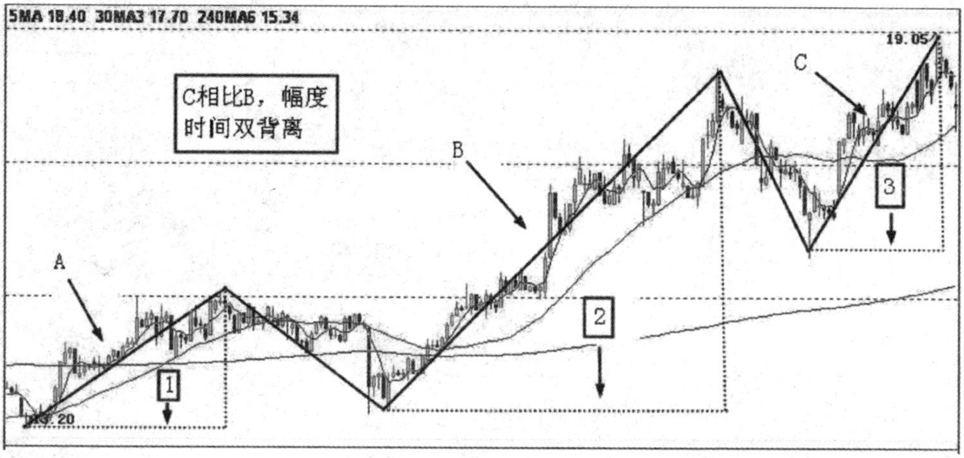

图2-63

图2-64是对图2-62中上涨趋势采用均线相交面积背离分析的结果。B上涨段对应的面积2相比A上涨段对应的面积1显著扩大，表明行情未出现背离。C上涨段对应的面积3相比B上涨段对应的面积2明显缩小，表明行情均线相交面积上进入顶背离。

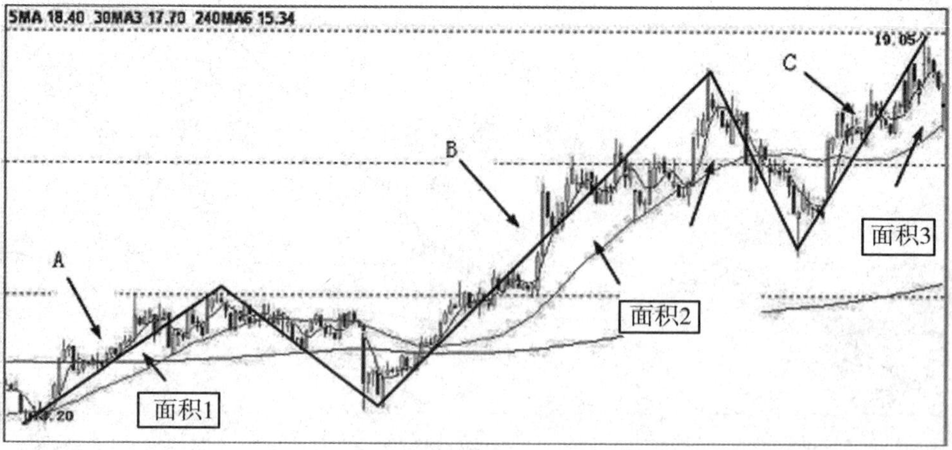

图2-64

采用三种不同方法对同一上涨趋势进行分析，得出结论均为顶背离，则图中行情可以确认为形态上已经出现顶背离了。

（2）当多种分析方法得出的结论存在分歧，一种方式背离而另一种方式不背离，一般在下跌走势中欲买入时，暂不作为背离看待；而在上涨走势中欲卖出时，可以作为背离看待。

如图2–65所示，用趋势幅度和均线相交面积两种方法分析，行情尚未出现背离。但用时间度方法分析时，对比时间度2和时间度1，行情已明显背离。因为这种情况是发生在上涨行情中，如果需要作出卖出决策时，可以按背离对待，先卖出以规避变盘风险。

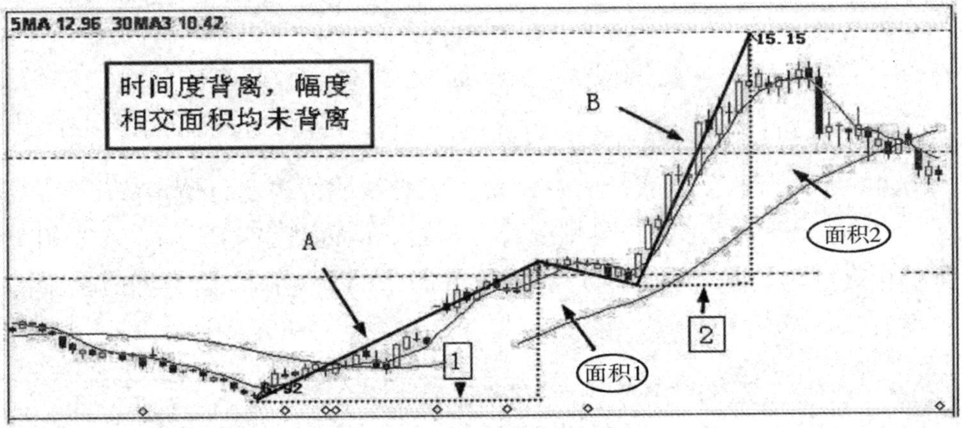

图2–65

如图2–66所示，用趋势幅度方法分析，B段趋势幅度明显背离；用均线相交面积方法分析，B段相交面积相比A段相交面积亦有背离迹象。但用时间度方法分析时，对比时间度2和时间度1，走势背离尚不明显。因为行情处在下跌趋势中，如果要作出买入决策，暂时可按未出现背离的情况对待，不必急于买入。

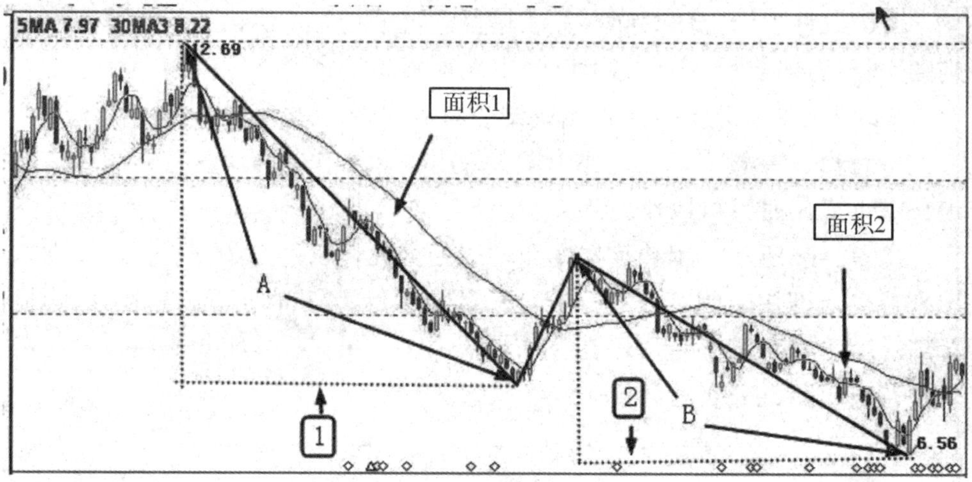

图2-66

（3）走势形态背离越严重，越应引起警觉。

如图2-67所示，上涨行情中，32.77元处长阴线表示行情走势出现K线背离，同时C段对比B段趋势幅度背离严重，时间度背离严重，均线相交面积背离严重，这种各方面形态都十分严重的顶背离，就有即时卖出的必要。

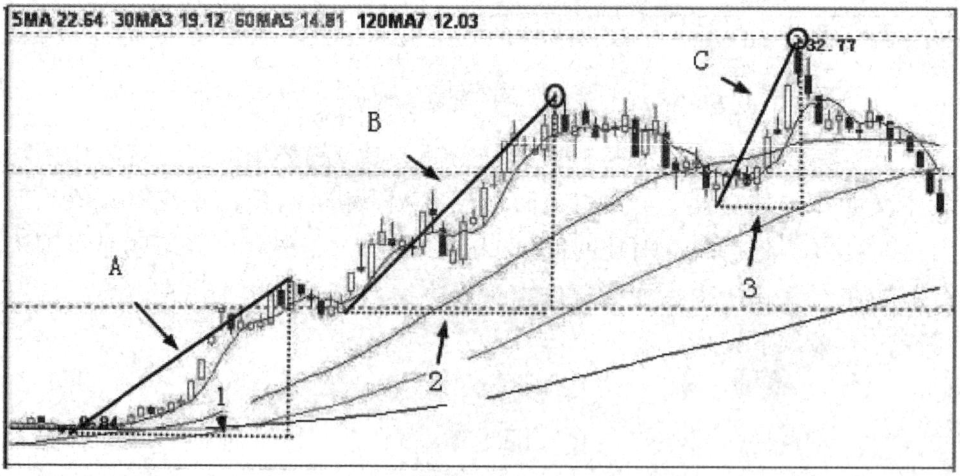

图2-67

如图2-68所示，上涨行情中，8.52元处B段对比A段趋势幅度背离严重，时间度2对比时间度1背离严重，均线相交面积2对比面积1背离严重，这种各方面形态都十分严重的顶背离，就有即时卖出的必要。

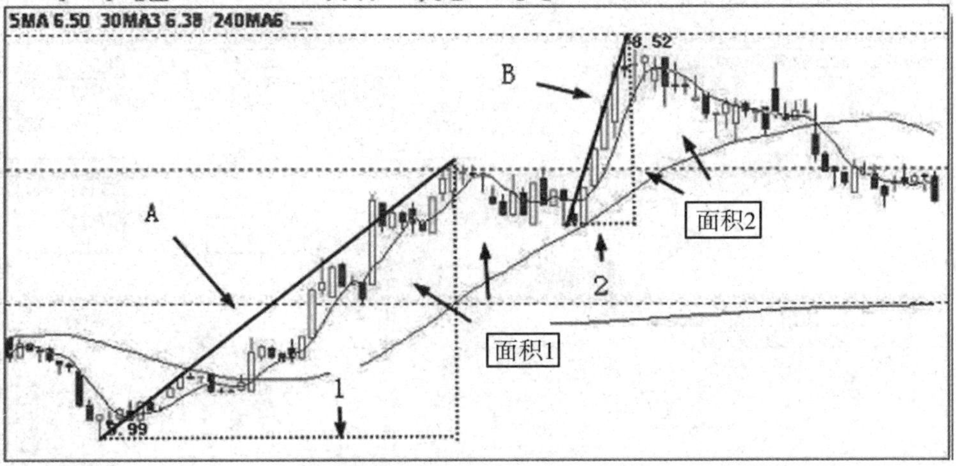

图2-68

如图2-69所示，下跌行情中，下跌段B对比下跌段A趋势幅度背离严重，时间度背离严重，均线相交面积背离严重，之后又出现长阳K线背离，这种各方面形态都非常显著的底背离，是非常好的介入时机。

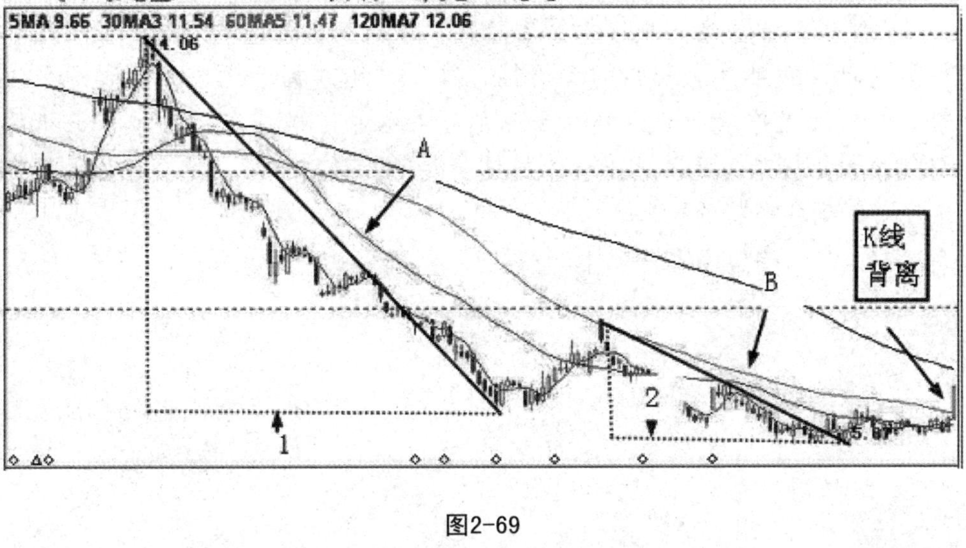

图2-69

如图2-70所示，下跌行情中，下跌段B对比下跌段A有轻微背离，但各方面背离均不太严重。下跌段C对比下跌段B趋势幅度背离严重，时间度背离严重，均线相交面积背离严重，之后又出现长阳K线背离，这种各方面形态都显著背离的底背离，是非常好的介入时机。

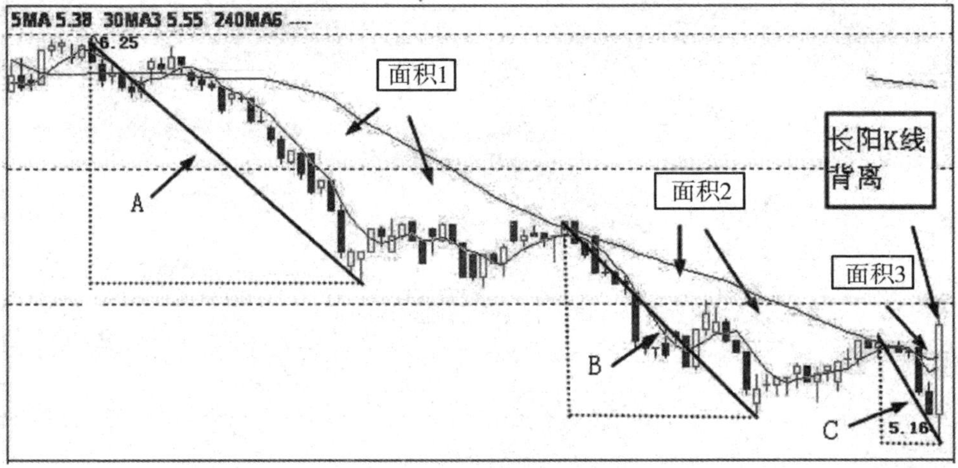

图2-70

总结：

趋势形态背离是一种仅依据走势几何形态判断背离的方法，使用起来非常简单，而且具有较强的实用性，只要熟练掌握了比较原理和运用诀窍，对实际操作就能起到显而易见的指导效果。若能与后面重点分析的MACD技术指标背离及其他指标背离结合使用，取长补短，就会让你的投资水平飞跃到一个新的台阶。

图2-71为趋势形态背离中的5种基本背离形式。

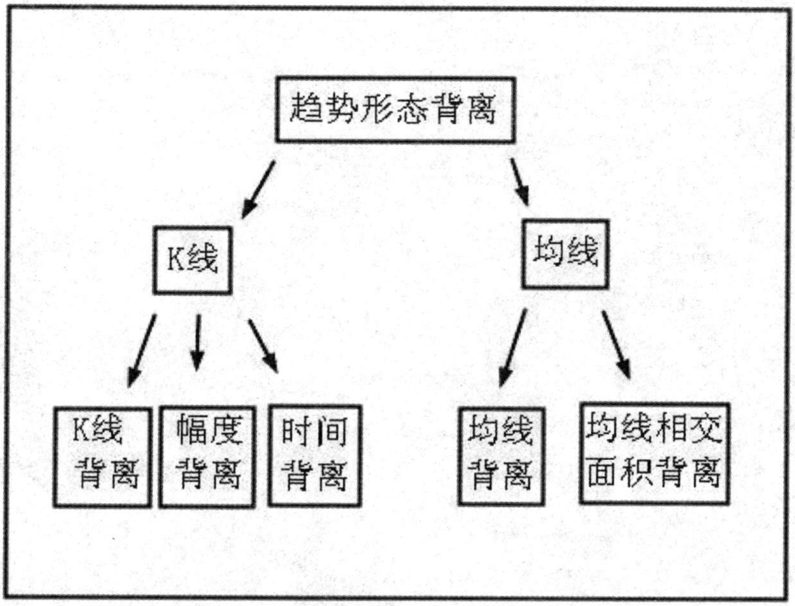

图2-71

第三章 MACD技术指标背离

技术指标主要包括MACD、KDJ、BOLL、SAR、CCI、RSI等多种，其中MACD为技术分析的首选指标，该指标为广大投资者所青睐，使用最为普遍。本书主要侧重分析MACD技术指标背离及背离操作原则。

MACD又称为指数平滑异同移动平均线，是由美国人查拉尔·阿佩尔（Geral Appel）根据移动平均线原理，于1979年设计出来的一种新的技术分析工具。它既克服了移动平均线假信号频繁的缺陷，又能确保移动平均线的最大成果，因而被投资者广泛接受和使用。

MACD的常用参数是：快速平滑移动平均线参数设为12，慢速平滑移动平均线参数设为26。由快的移动平均线减去慢的移动平均线，得出其离差值DIF线（白线）。再计算出DIF线的M日指数平滑移动平均线DEA（黄线）。由DIF线与DEA线的差，得出MACD彩色柱状线BAR（红绿柱）。

DIF线（白线）：短期移动平均线和长期移动平均线的离差值。

DEA线（黄线）：DIF线（白线）的M日指数平滑移动平均线。

BAR线（彩色柱状线）：DIF线（白线）与DEA线（黄线）的差值。当DIF线（白线）低于DEA线（黄线）时，其差为负值，彩色柱状线BAR表示为绿色，低于0轴；当DIF线（白线）高于DEA（黄线）线时，其差为正值，彩色柱状线BAR表示为红色，高于0轴。0轴是多空双方趋势力量的分水岭，当彩色柱状线为绿色时，代表空方较为主动；彩色柱状线为红色时，代表多方主导走势。

如图3-1所示，白线指DIF线（因制图原因一律表现为黑色），黄线指DEA线，彩色柱状线指BAR线。当DIF线在DEA线之上时，彩色柱状线表现为红色；当DIF线在DEA线之下时，彩色柱状线表现为绿色。0轴线是红绿柱的分水岭。

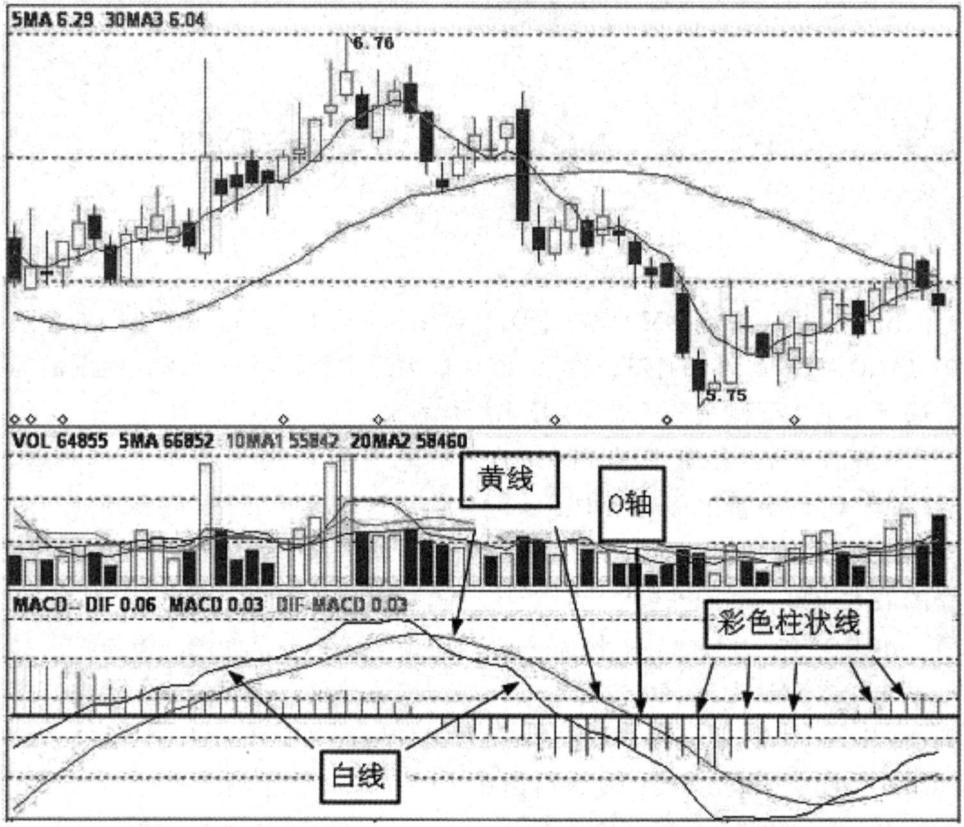

图3-1

如图3-2所示，DIF线与DEA线的差即BAR线（彩色柱状线）在0轴之上时，表示为红色，代表多方趋势较强，空方趋势较弱，行情正在上涨；DIF线与DEA线的差即BAR线在0轴之下时，表示为绿色，代表多方趋势较弱，空方趋势较强，行情正在下跌。

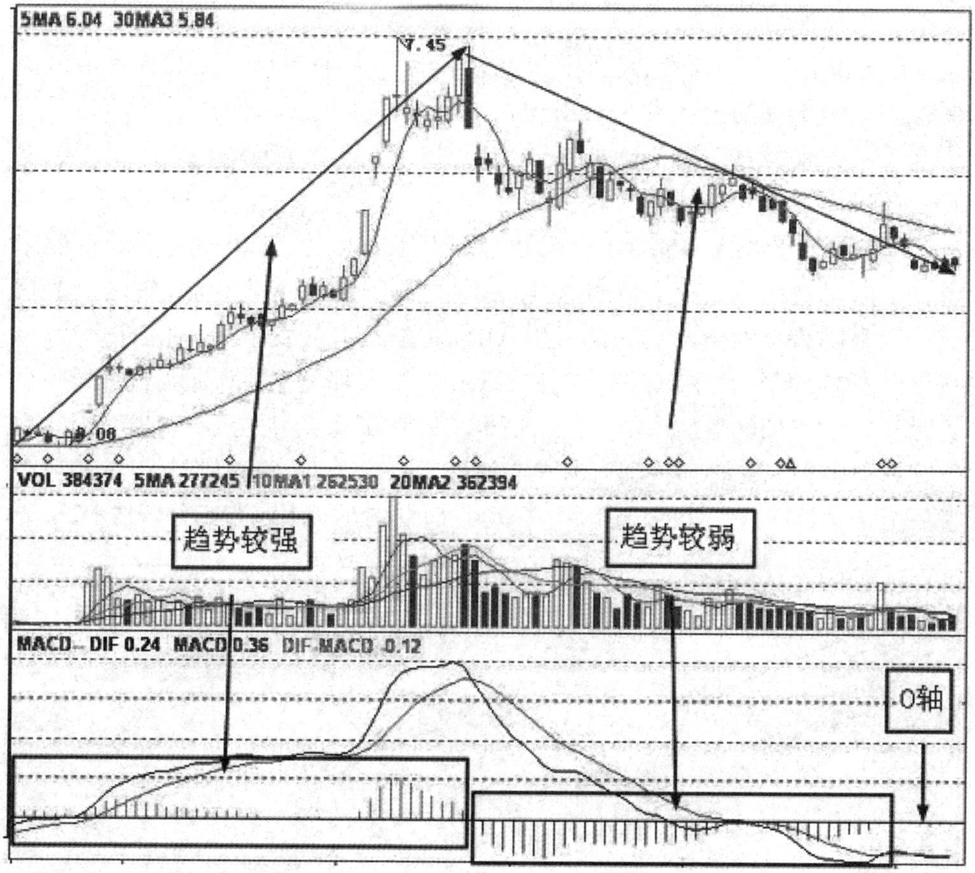

图3-2

第一节 MACD金叉与死叉

在分析MACD背离之前，简单介绍一下MACD的金叉和死叉，这有助于加深对MACD指标背离的理解。

1.MACD金叉

当DIF线的数值由小于DEA线的数值变为大于DEA线的数值时，在MACD技术图上，就会表现为DIF向上穿过DEA线，彩柱线BAR则由绿转红，谓之MACD金叉。MACD金叉是多方趋势短线转强的信号，原则上只考虑买，不考虑卖。但对于何种情形下的金叉最具买入价值，应在理论上加以分析和探讨。

在上涨趋势中的回档走势中出现金叉时，大都具有一定的买入价值。下跌趋势中出现的金叉，只有出现在下跌行情末期（底背离后）的最后一个金叉，方具备真正意义上的买入价值。这是上涨和下跌趋势中出现金叉时，在操作上应注意的本质区别。

以0轴为分水岭，MACD金叉可以发生在0轴之上或0轴之下。一般来说，下跌趋势中的金叉，大都发生在0轴之下，很少有发生在0轴之上的情况；上涨趋势中的金叉，有的发生在0轴之上，有的发生在0轴之下。

如图3-3所示，下跌趋势中，MACD金叉大都发生在0轴之下。这些金叉除了行情末期的最后一个金叉，很少具有真正意义上的买入价值。因此在下跌趋势中买入，必须找到行情末期的最后一次金叉。而要判断下跌趋势中哪一个金叉是行情末期的最后一个金叉，则有必要使用底背离分析技术。

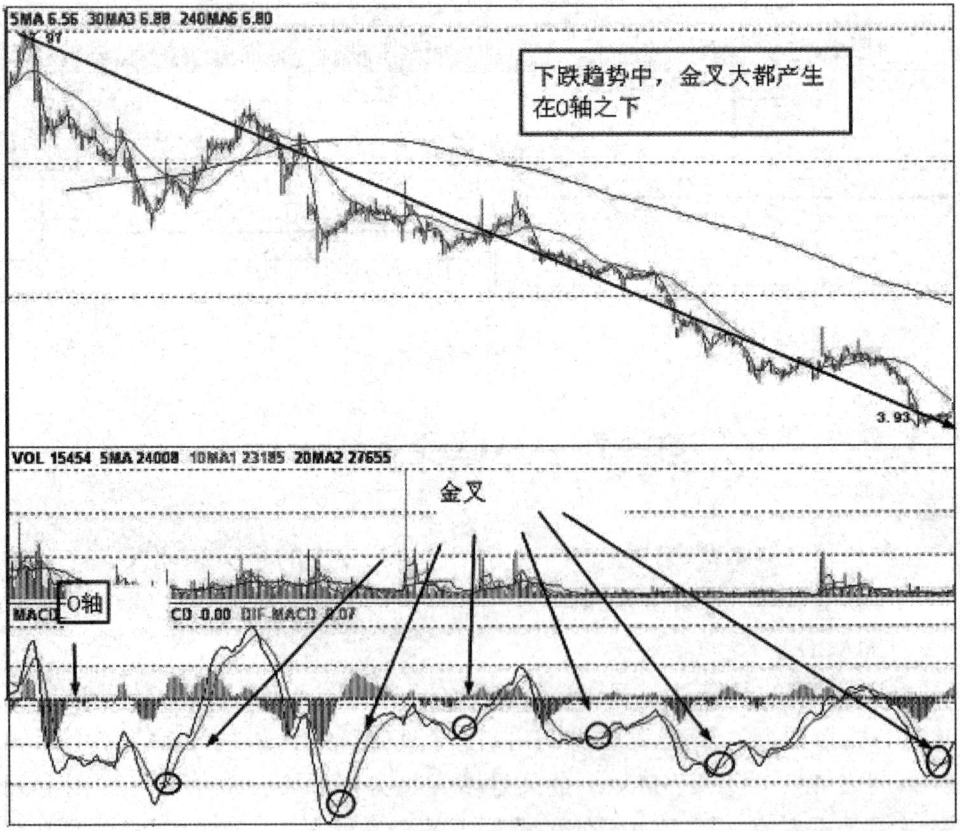

图3-3

如图3-4所示，上涨趋势中，MACD金叉有的发生在0轴之下，也有的发生在0轴之上，这些金叉大都具有一定的买入价值。

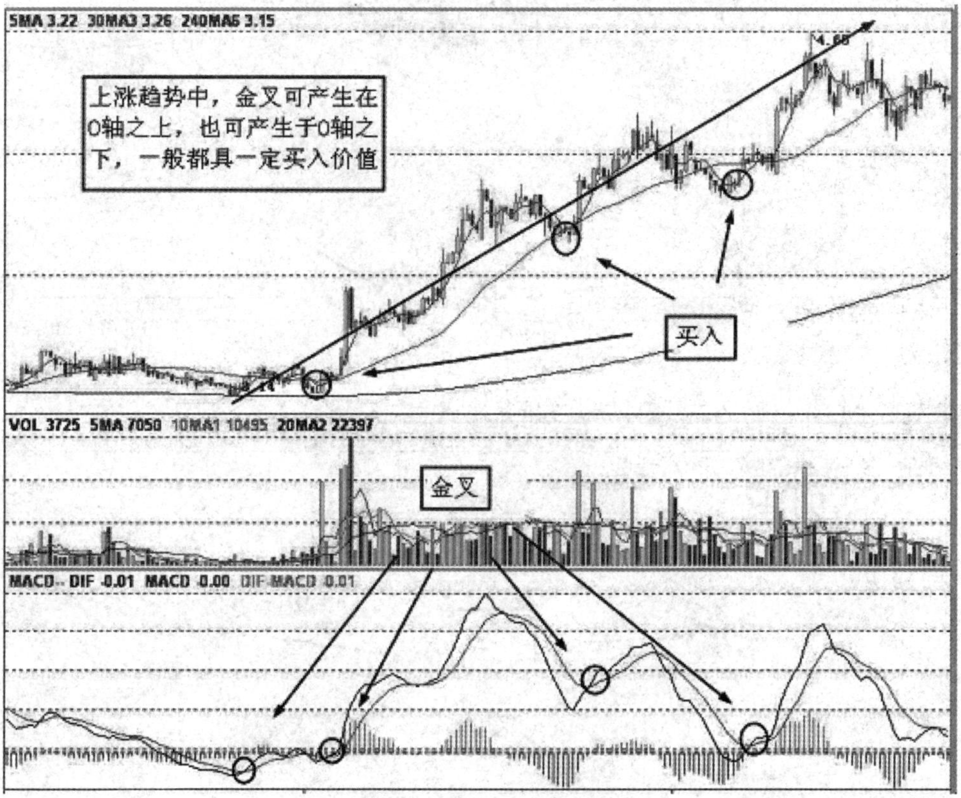

图3-4

如图3-5所示，上涨趋势中，A处DIF线上穿DEA线，彩柱由绿转红，MACD金叉。B处DIF线重新上穿DEA线，MACD金叉。A处的金叉发生在下跌行情的末期（背离点），B处的金叉发生在上涨行情的回档期，这两次金叉虽然都处在0轴之下，但都具备买入价值。

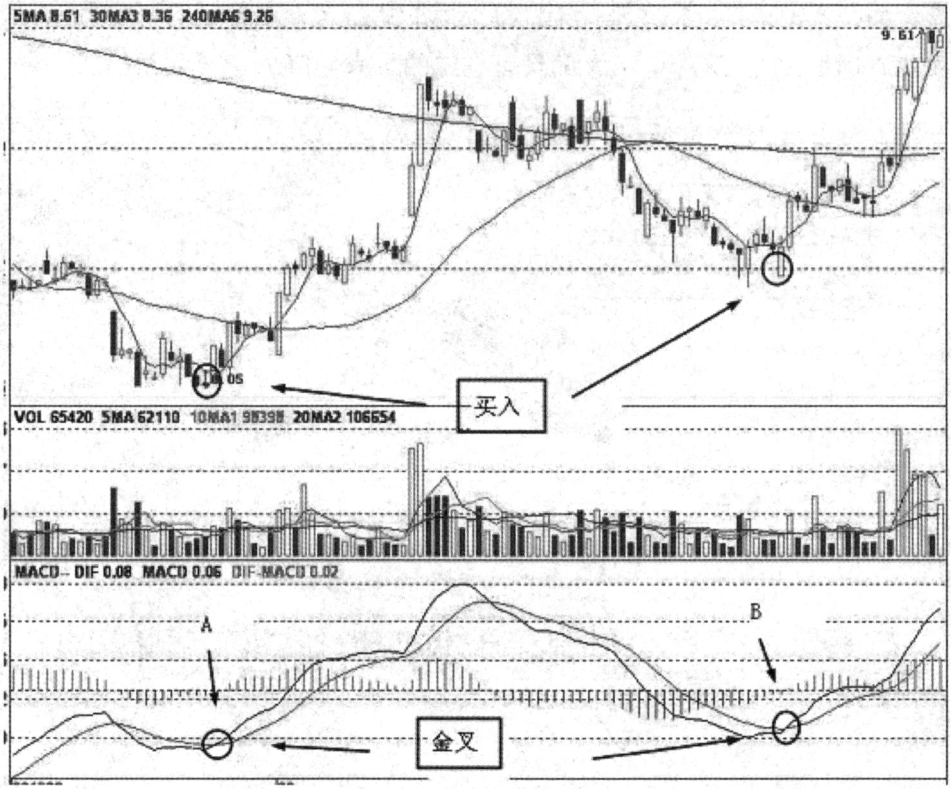

图3-5

小结：

下跌趋势中，只有下跌行情末期的最后一次MACD金叉，才具备真正意义上的买入价值。因此在下跌趋势中，切不可贸然买入，只有当确认目前发生的金叉极有可能是行情末期最后一次金叉时，方可买入。

上涨趋势的金叉都有一定的买入价值，因此如果没有来得及在下跌趋势最后一次MACD金叉位置买入，面对上涨趋势回档形成的MACD金叉，投资者就可以大胆介入。这里，上涨趋势中越是靠前的金叉，买入的安全性和可靠性越强。

2.MACD死叉

当DIF线的数值由大于DEA线的数值变为小于DEA线的数值时，在MACD技术图上，就会表现为DIF向下穿过DEA，彩柱线BAR由红转绿，谓之MACD死叉。MACD死叉大都是多方趋势转弱的信号，出现死叉时只能考虑卖出，不能考察买入，这是MACD死叉的操作原则。

在下跌趋势中出现的死叉，大都有卖出的价值。在上涨趋势中出现的死叉，一般来说，只有下跌行情末期（顶背离后）最后一个死叉，才具有真正意义上的卖出价值。这是上涨趋势和下跌趋势中出现死叉时，在操作上应注意的本质区别。

以0轴为分水岭，MACD死叉可以发生在0轴之上或0轴之下。一般来说，下跌趋势中的死叉可以发生在0轴之上，也可以发生在0轴之下；上涨趋势中的死叉，则大都发生在0轴之上。

如图3-6所示，上涨趋势中，MACD死叉大都发生在0轴之上。这些死叉除了上涨行情末期（顶背离后）最后一个死叉，一般都不具备真正意义上的卖出价值。要判断上涨趋势中哪一个死叉是最后一个死叉，有必要用到顶背离分析技术。

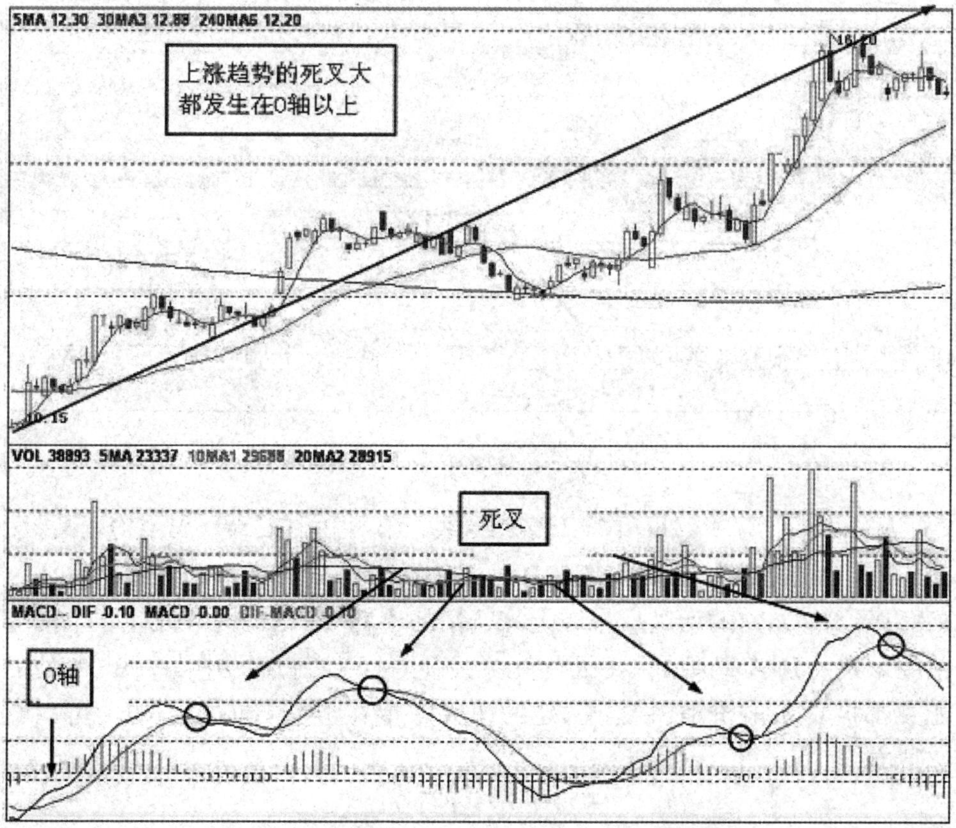

图3-6

如图3-7所示，下跌趋势中，死叉可以发生在0轴之上，也可以发生在0轴之下，但无论死叉发生在0轴之上还是0轴之下，都具有卖出价值，这是下跌趋势中短线操作时应特别注意的地方。任一死叉都是逃命点。

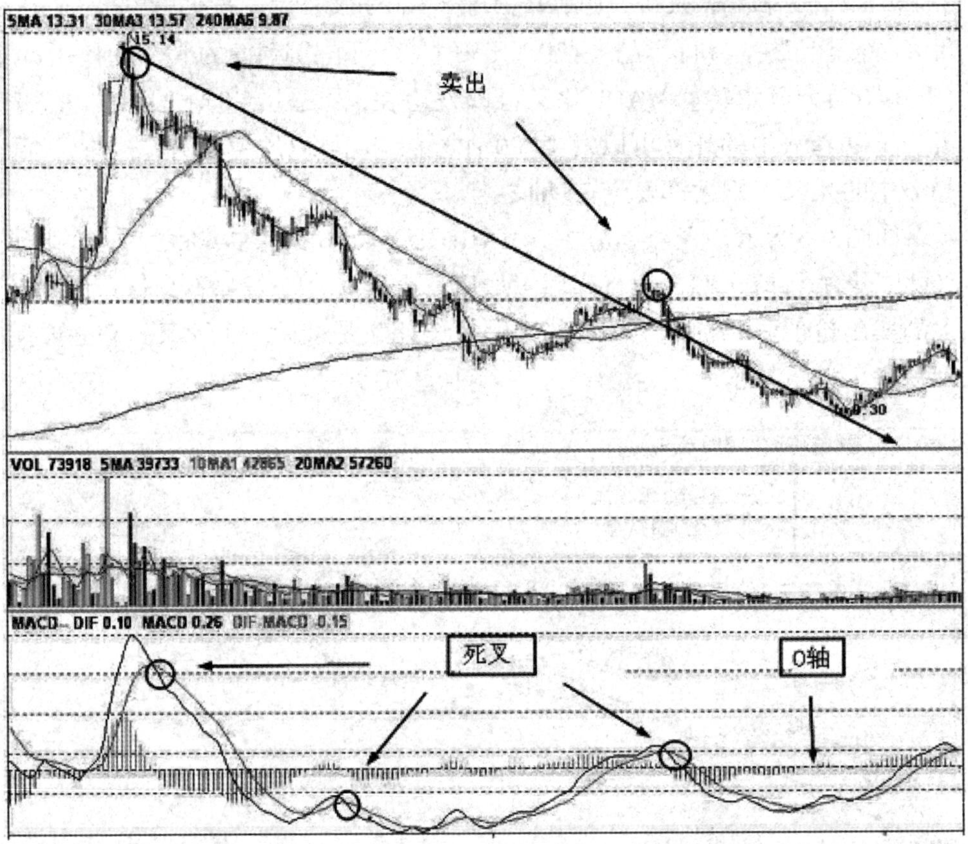

图3-7

如图3-8所示，A处DIF线下穿DEA线，彩柱由红转绿，MACD死叉。B处DIF线重新下穿DEA线，MACD死叉。C处DIF线再次重新下穿DEA线，MACD死叉。A处的死叉发生在上涨行情的中期，B处的死叉发生在上涨行情的末期（顶背离后），C处的死叉发生在下跌行情的中期，B、C处的死叉都极具卖出价值，唯有A处的死叉发生在上涨行情的中期，可以继续持有。

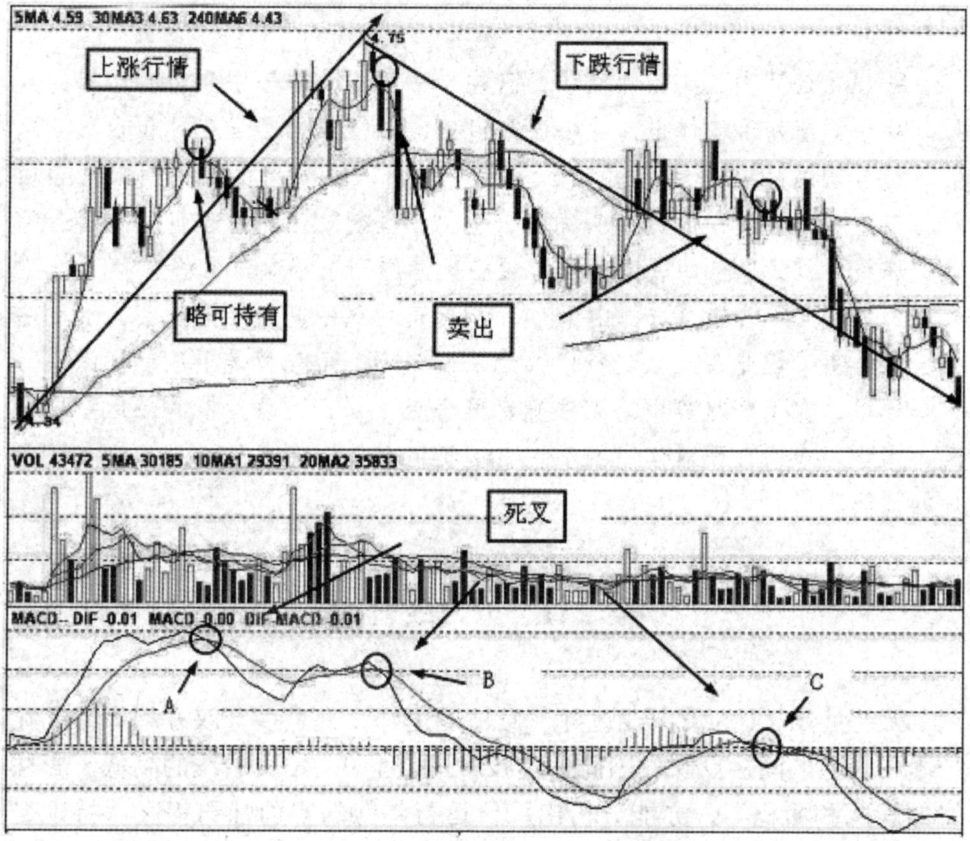

图3-8

小结：

下跌趋势中的MACD死叉，大都是逃命点。因此对于下跌趋势已经确立，却仍滞留市场的投资者来说，每一个死叉都是卖出离场的绝佳机会，应当珍惜。

上涨趋势的死叉，只有最后一个死叉（顶背离后出现的死叉）才具备真正意义上的卖出价值。因此在上涨趋势刚刚确立的初期，对于前一两次MACD死叉，大多情况下仍可持有。上涨趋势的后期，MACD发生了多次死叉，或行情已出现顶背离迹象，这种情况下再出现MACD死叉，就应格外警觉，尽快离场以规避风险。

总结：

用MACD金叉和死叉指导操作，只在十分强烈的趋势中才会有显著的效果。如果行情处于箱体振荡的牛皮市道中，MACD常常会发生钝化现象，这个时候出现的MACD金叉和死叉，若按金叉买入、死叉卖出原则来指导操作，投资者就会疲于应付，实际效果也很不理想。因此对于盘整行情，除非是周线、月线以上的较高级别出现金叉，原则上不参与为好。

即使在强烈的趋势中，由于MACD指标黄白线的变动十分频繁，加之趋势没有结束，因此在上涨趋势中，无法确定哪一个死叉是上涨行情的最后一个死叉，在下跌趋势中，无法确定哪个金叉将是下跌行情的最后一个金叉，操作起来仍会面对诸多困难。在这种情况下，就需要深入了解MACD指标的顶底背离。

第二节　黄白线背离

无论是MACD的黄白线也好，彩柱线也好，都是多空双方趋势力度在技术图表上的间接反映，因此透过技术图表上MACD黄白线的高低、彩柱线的长度和面积等，亦能分析出股价运行趋势的当前强弱程度。特别是通过前后情况的详细对比，也能找出运行趋势背离的蛛丝马迹。这种在MACD技术图表上表现出来的背离，称为MACD技术指标背离，以区别于其他情况的背离。

MACD指标背离是指当股价创出近期新高或新低时，相对应的MACD各项指标却表现出没有同步发展的异常现象。MACD指标背离主要包括黄白线背离、红绿柱长度背离、红绿柱面积背离、黄白线相交面积背离等多种形式，下面逐一进行分析。

当K线图中股价创出近期新高或新低时，相对应部位的MACD技术指标黄白线（DIF和DEA）却不肯创出新高或新低，从而形成股价与MACD技术指标黄白线不肯同步的背离现象。黄白线与股价背离，这是MACD技术指标背离的最基本形式。

如图3-9所示，上涨趋势中，股价在10.55元处创出第二波新高，但对应的MACD黄白线却不创新高，反而有所下降。这种黄白线与股价不同步，甚至背道而驰的走势现象，说明上涨行情已进入顶背离阶段。顶背离是考虑卖出的信号。

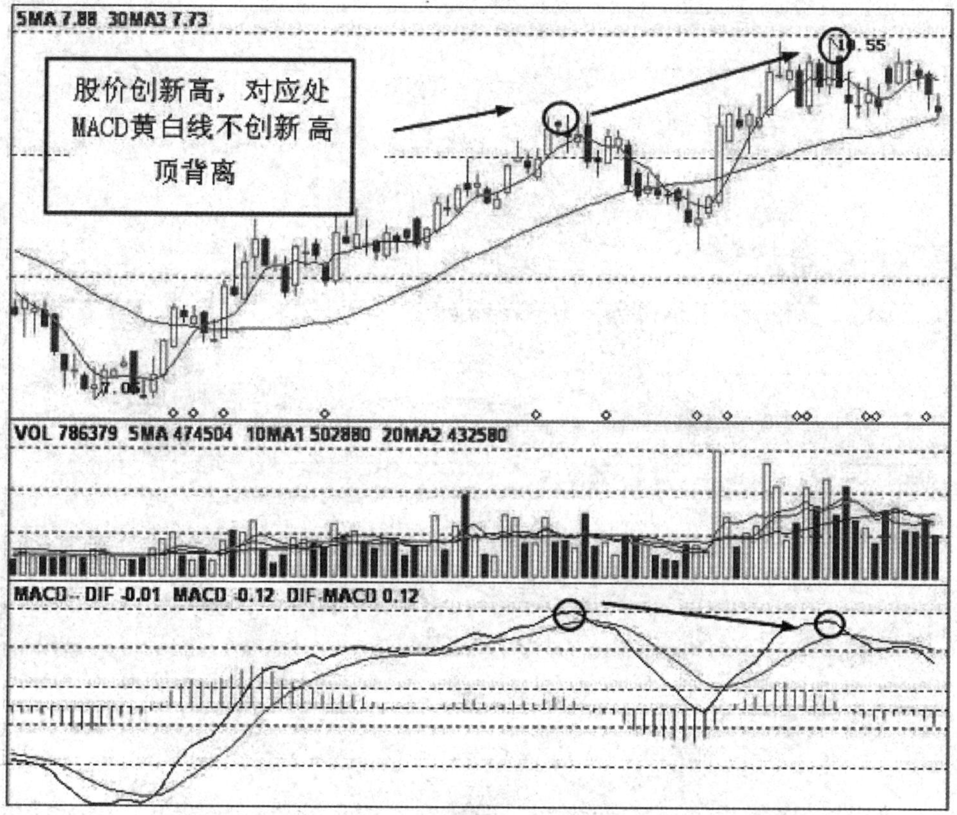

图3-9

如图3-10所示，上涨趋势中，股价在86.80元处再创出新高，但对应的MACD黄白线不但不创新高，反而明显下降，表明上涨行情出现顶背离，是考虑卖出的信号。

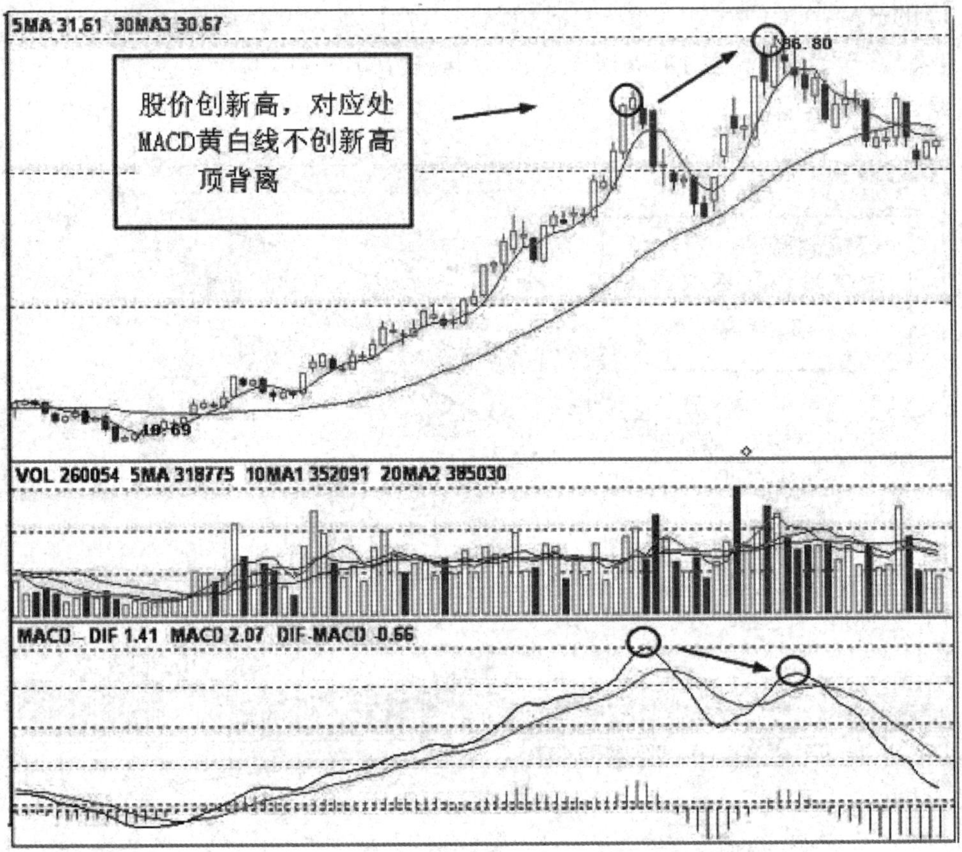

图3-10

如图3-11所示，下跌趋势中，股价在3.52元处再创出新低，但对应的MACD黄白线不但不创新低，反而向上抬升，表明下跌行情发生底背离，市场已具有向上变盘的可能，应当考虑寻找机会买入。

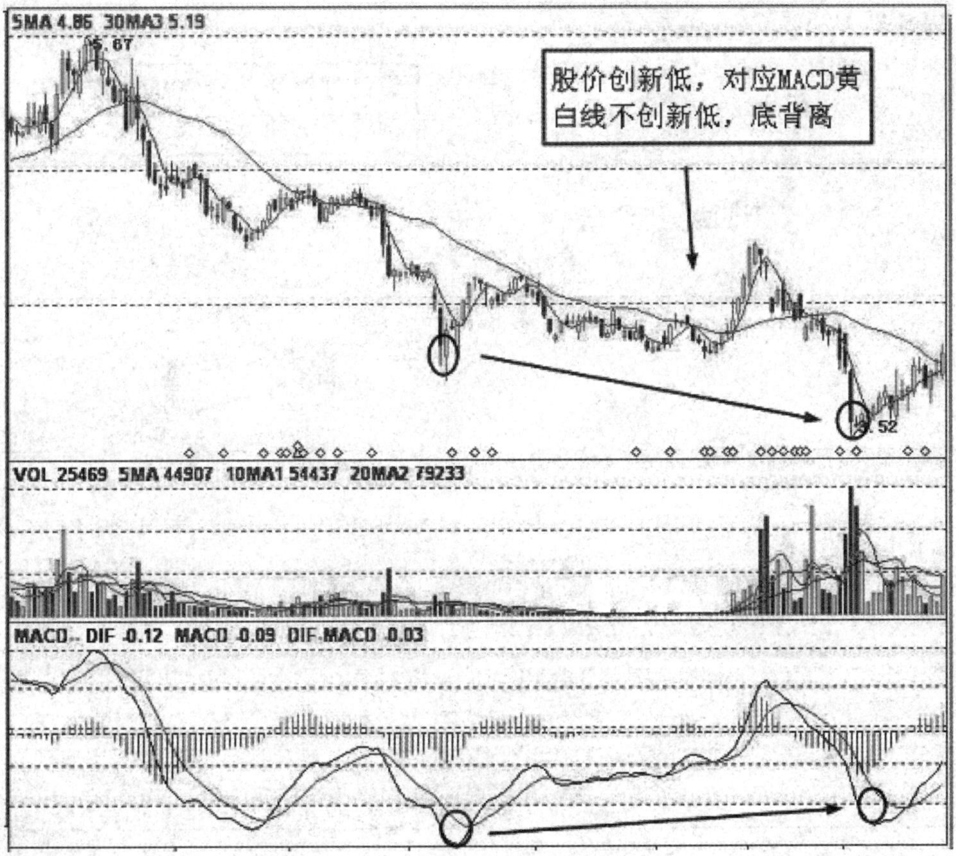

图3-11

如图3-12所示，下跌趋势中，股价在5.37元处再创出新低，但对应的MACD黄白线不但不创新低，反而向上抬升，表明下跌行情进入底背离，市场有向上变盘的可能，应当考虑寻找机会买入。

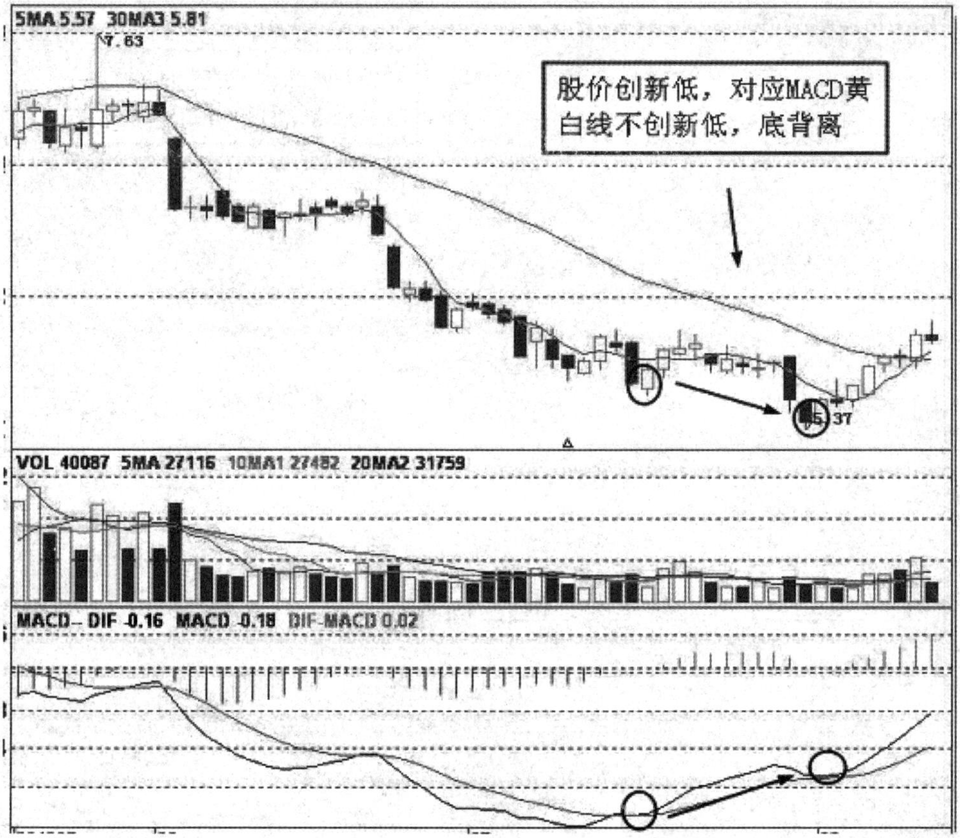

图3-12

行情出现背离时，还存在背离强度的问题。同样是背离，一般来说，形成的反差越大，说明背离越严重。背离越严重，趋势反转的可能性就越大。因此对严重背离的股票，就应当密切跟踪。

如图3-13所示，上涨行情在3.09元处创出新高，相对应的MACD黄白线高度相比前高对应处却有大幅度下降，表明顶背离严重，应当引起注意，尽早卖出为宜。

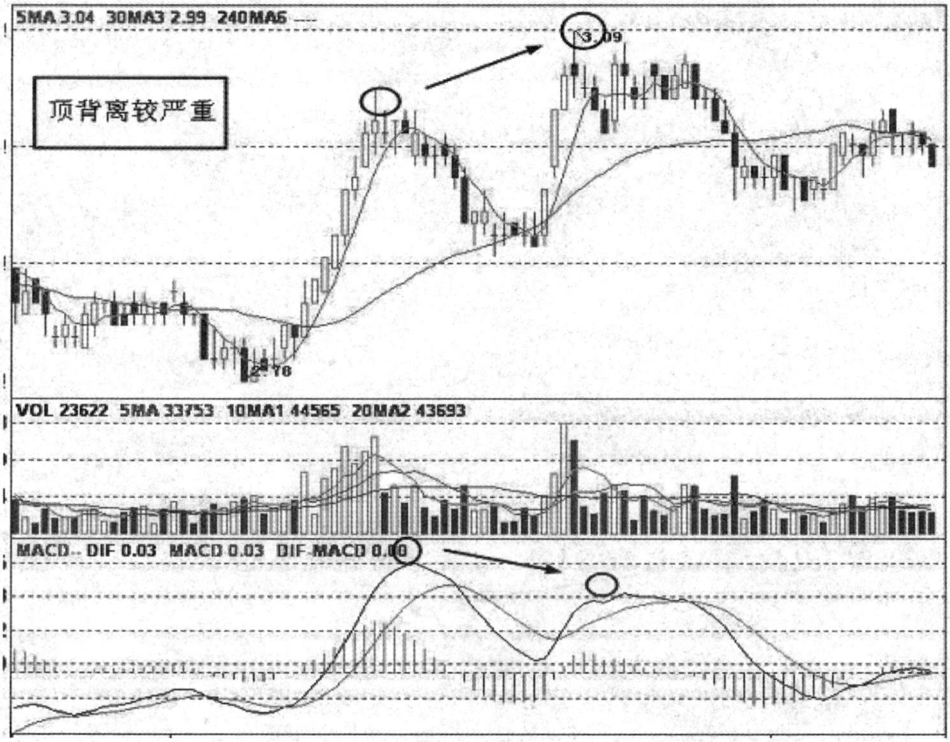

图3-13

如图3-14所示，上涨行情在4.68元处再创新高，相对应的MACD黄白线高度相比前高对应处而大幅下降，表明顶背离严重，应当引起重视，尽早卖出为宜。

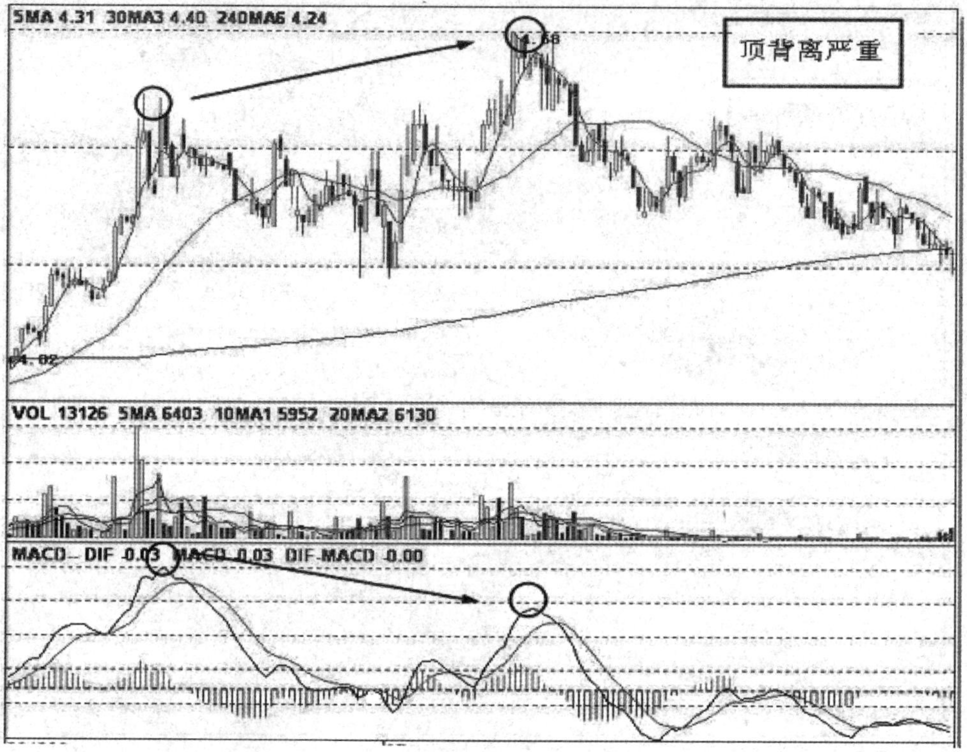

图3-14

如图3-15所示，上涨行情在19.00元处创出新高，相对应的MACD黄白线高度相比前高对应处虽有下降，但幅度不是太大，这种顶背离较为平缓，虽应引起警惕，但若其他方面无明显背离迹象时，不妨继续持股观察。

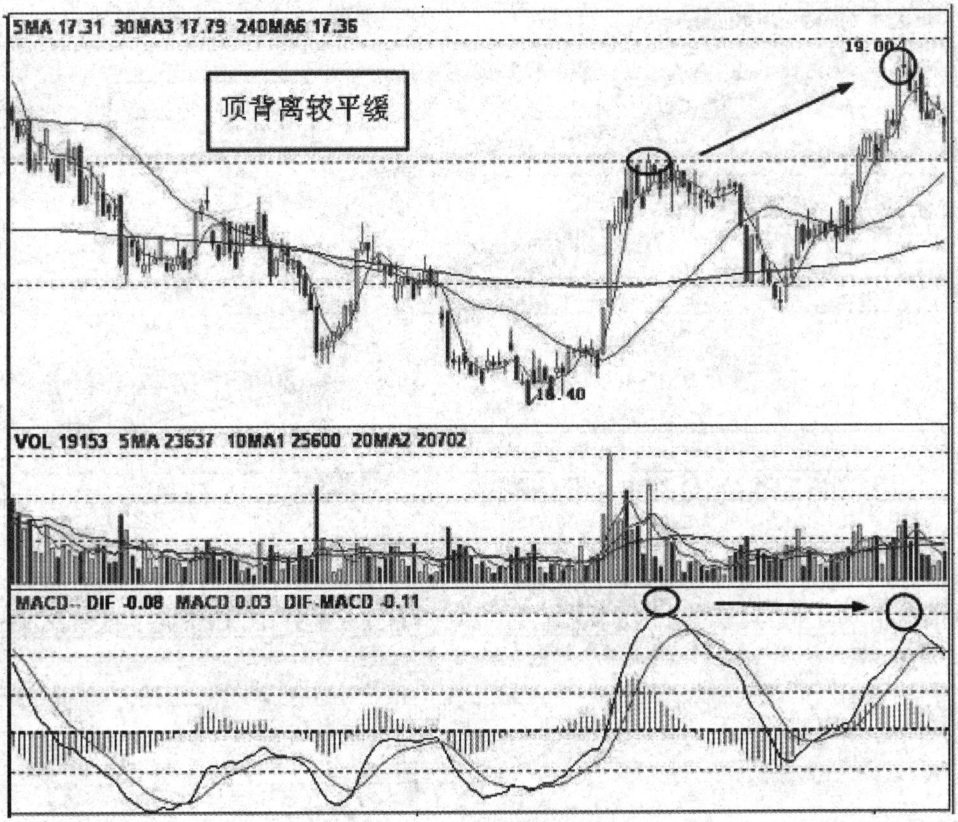

图3-15

如图3-16所示，下跌行情在2.17元处创出新低，相对应的MACD黄白线相比前低对应处不仅不创新低，反而大幅向上抬升，表明底背离较为严重，应当引起重视，注意跟踪观察并寻找买入时机。

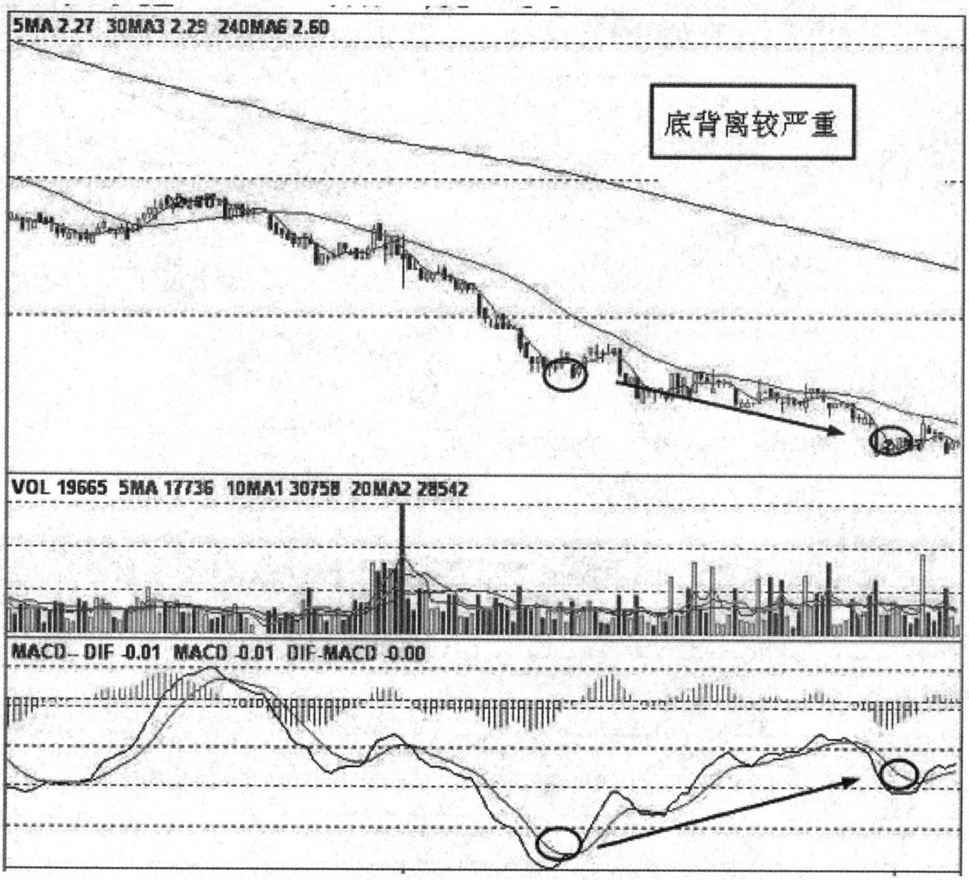

图3-16

如图3-17所示，下跌行情在4.86元处创出新低，相对应的MACD黄白线相比前低对应处不仅不创新低，反而大幅向上抬升，表明底背离较为严重，应当引起重视，注意跟踪观察并寻找买入时机。

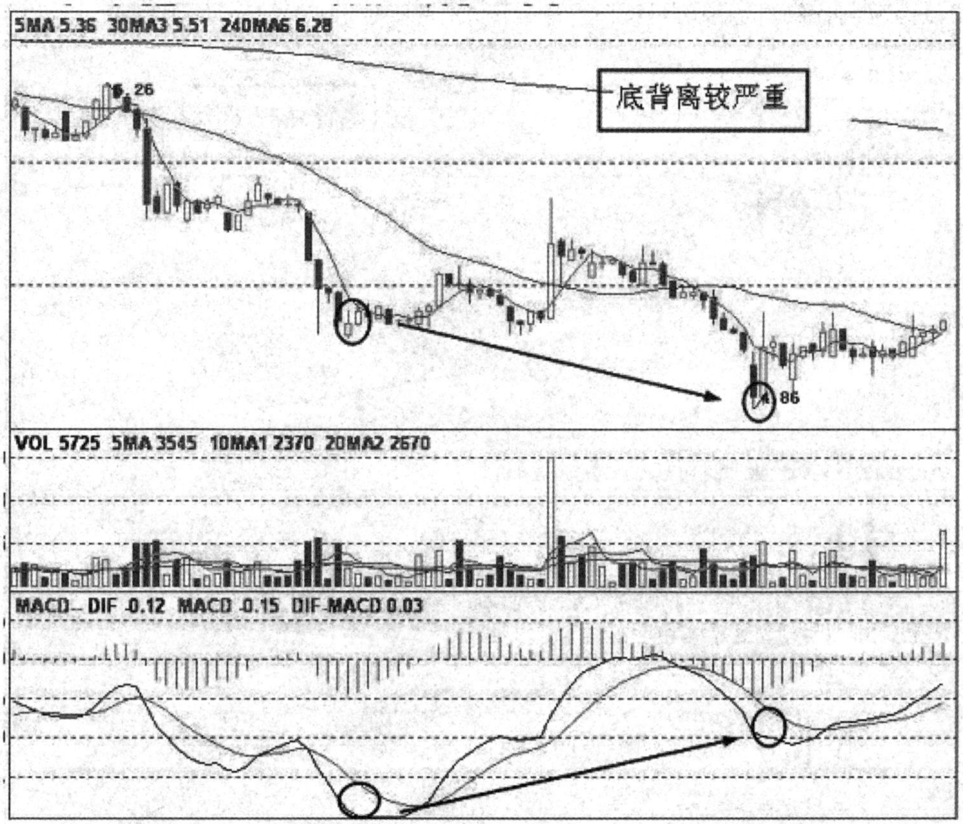

图3-17

如图3-18所示，下跌行情在5.67元处再创新低，相对应的MACD黄白线相比前低处虽有抬升，但幅度不是太大，表明底背离较为平缓，此种情况可暂不考虑买入。

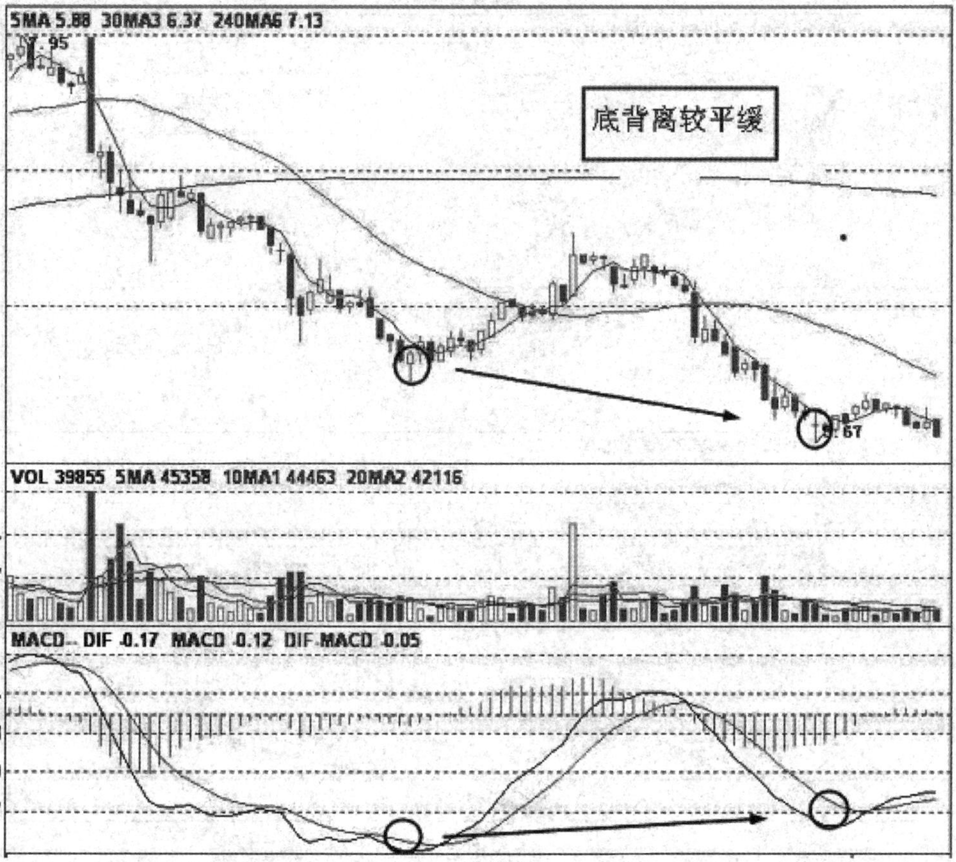

图3-18

一般来说，买入宜迟，卖出要早。同样是背离，在上涨趋势顶背离处卖出时，不必苛求背离一定要非常严重，但在下跌趋势底背离处买入时，一定要求背离尽量严重。如果不符合该条件，宁可耐心等待或另觅他股。

第三节 彩柱线长度背离

当K线图中股价创出近期新高或新低时，对应处MACD红柱长度或绿柱长度相比前高或前低处不再伸长或开始缩短，就形成MACD技术指标彩柱线长度背离。

红柱或绿柱又称MACD彩色柱状线，BAR彩色柱状线是DIF线与DEA线的差。彩柱线缩小，说明DIF线与其M日指数平滑移动平均线DEA的差值在减小，趋势动能在衰歇，从而可预见行情发生背离。

如图3-19所示，上涨行情中，股价在4.68元处创出新高，但对应的红柱长度，相比前高对应处红柱长度缩短得厉害，表明出现上涨趋势中的彩柱线长度背离。像图中这种股价创新高而红柱长度反而严重收缩的情况，属于顶背离比较严重的情况，应当考虑尽快卖出以规避风险。

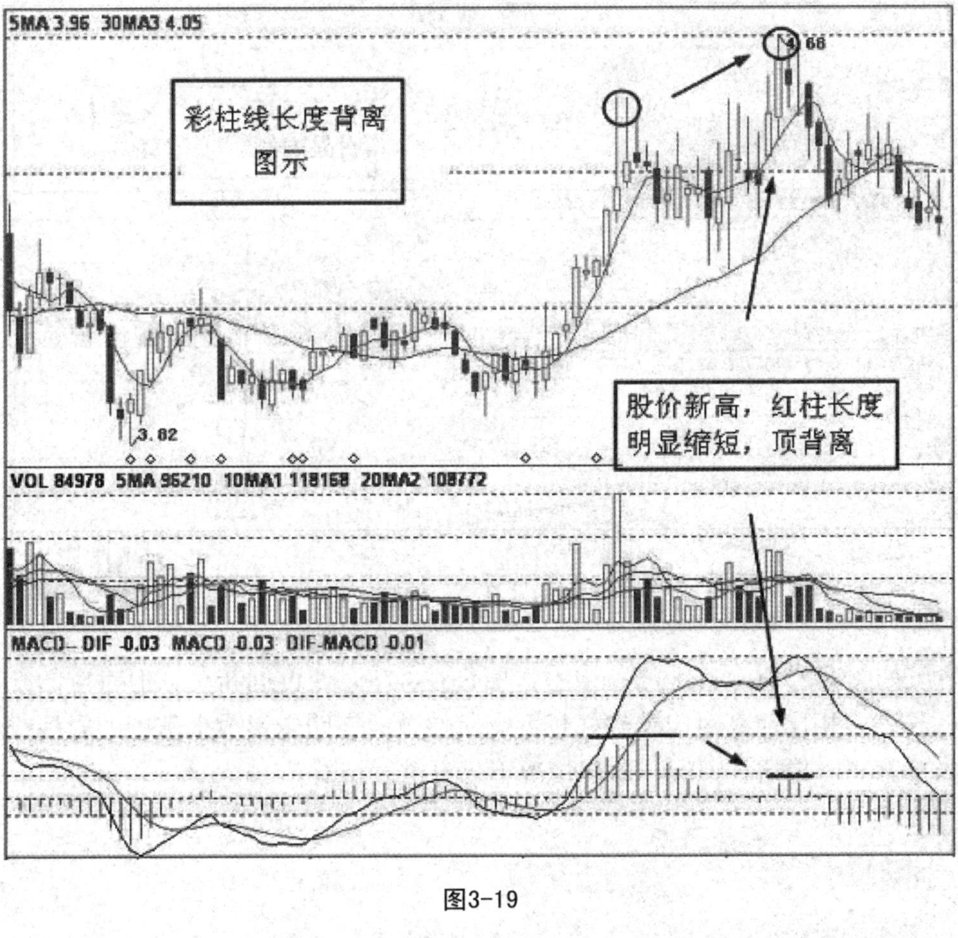

图3-19

如图3-20所示，上涨行情中，股价在4.66元处创出新高，但对应的红柱长度，相比前高对应处红柱长度缩短得厉害，表明出现上涨趋势中的彩柱线长度背离。像图中这种股价创新高而红柱长度反而严重收缩的情况，属于顶背离比较严重的情况，应当考虑卖出以规避风险。

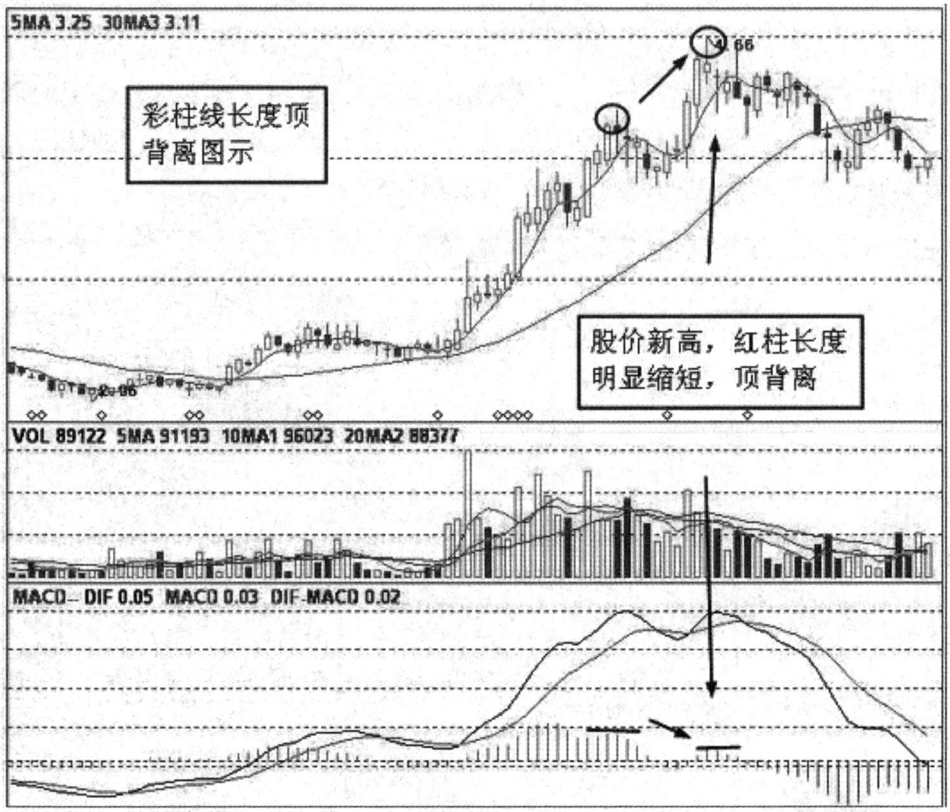

图3-20

如图3-21所示，上涨行情中，股价在8.78元处再创新高，但对应的红柱长度，相比前高对应处红柱长度有所伸长，表明未形成上涨中的彩柱线长度背离。像这种情况，大多情况下仍可继续持有。

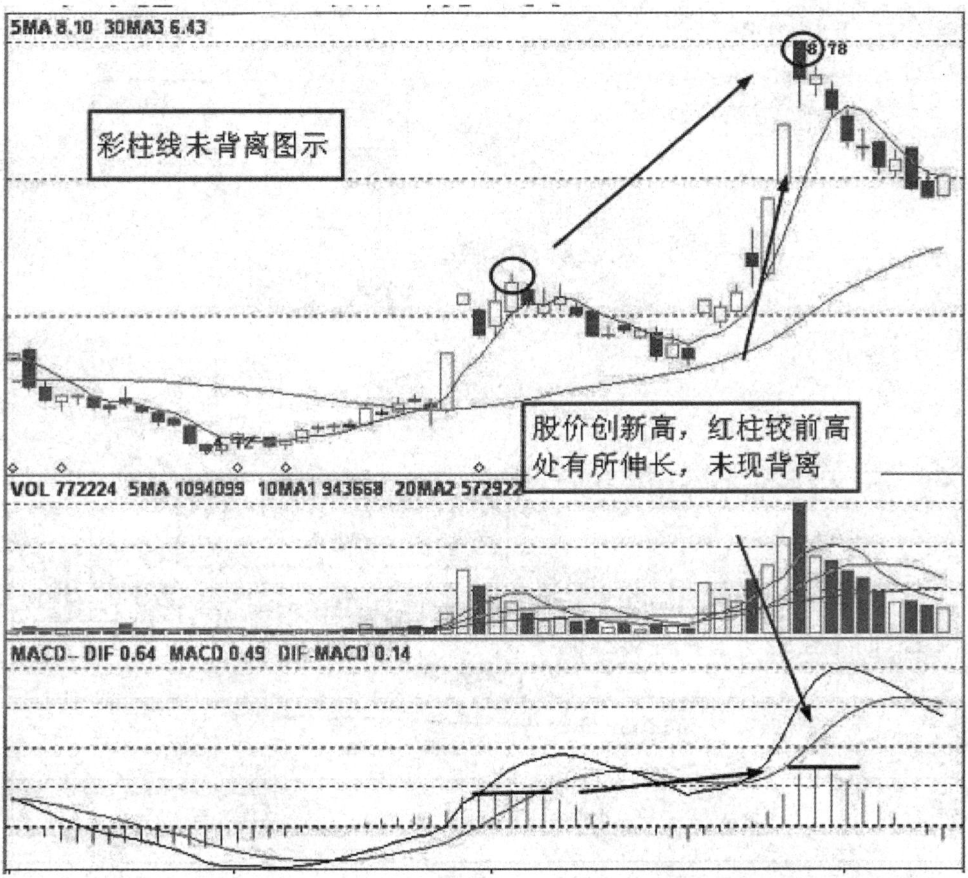

图3-21

如图3-22所示，下跌行情中，股价在11.33元处创出新低，但对应的绿柱长度，相比前低对应的绿柱长度明显缩短，表明形成下跌趋势中的彩柱线长度底背离。像图中这种股价创新低而绿柱长度反而严重收缩的情况，属于底背离比较严重的走势，可以考虑买入。

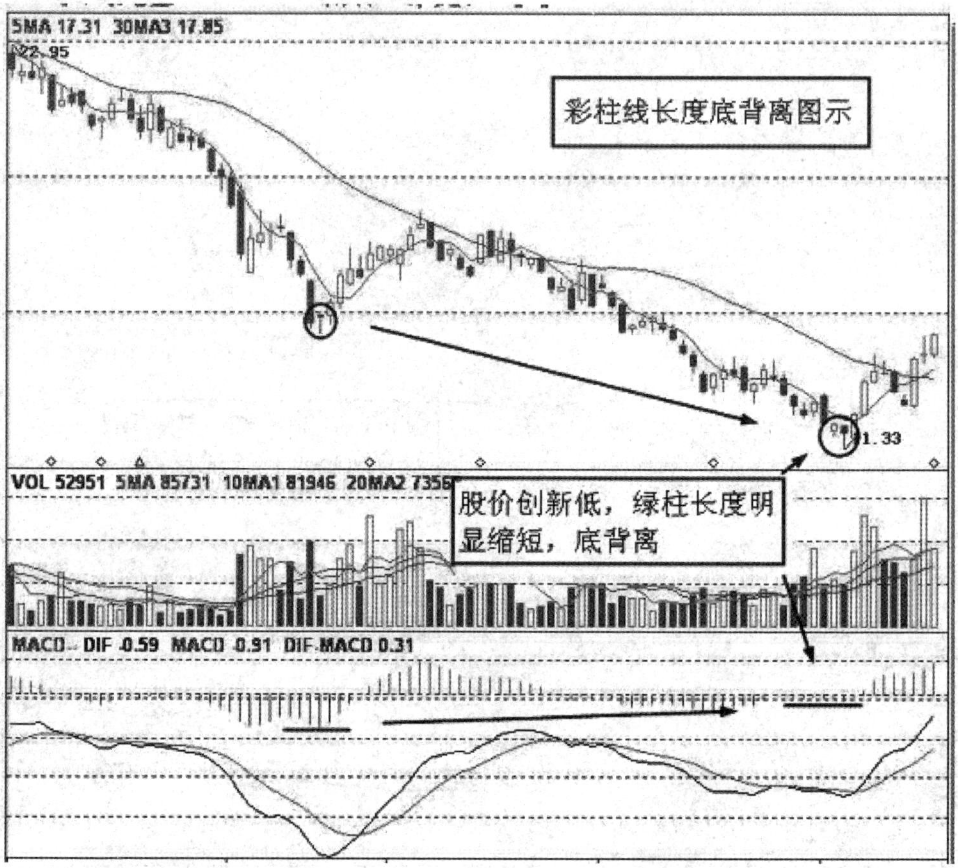

图3-22

如图3-23所示，下跌行情中，股价在14.48元处创出新低，但对应的绿柱长度，相比前低对应的绿柱长度明显缩短，表明形成下跌趋势中的彩柱线长度底背离。像图中这种股价创新低而绿柱长度反而严重收缩的情况，属于底背离比较严重的走势，可以考虑买入。

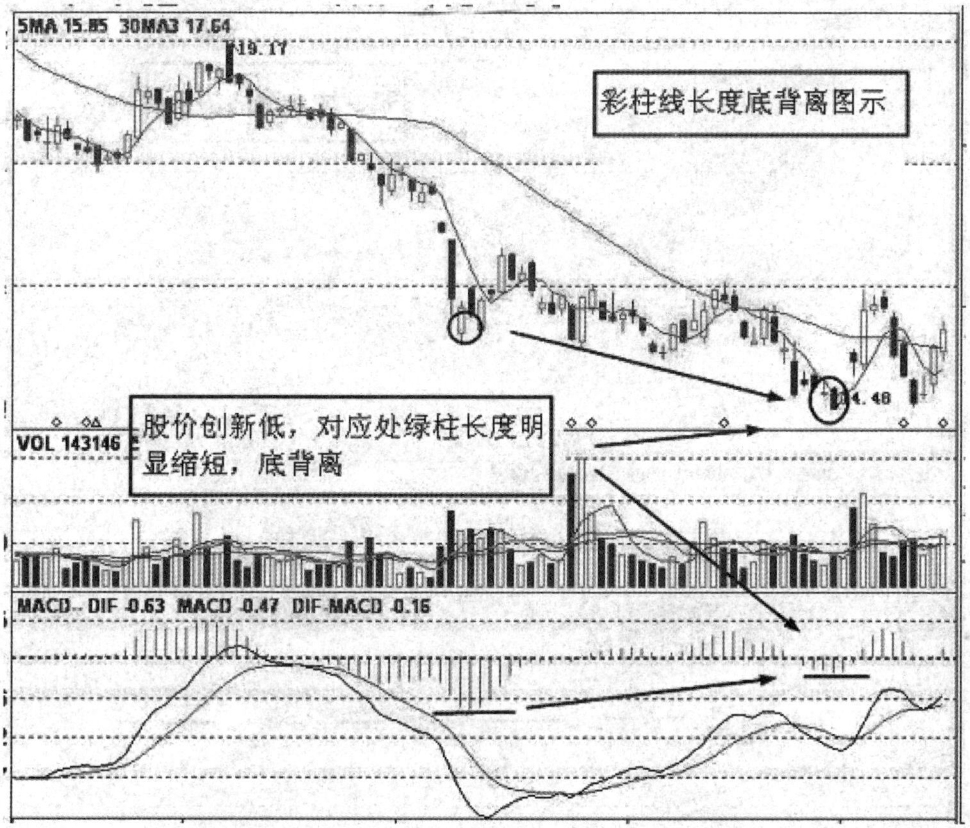

图3-23

如图3-24所示，下跌行情中，股价在6.45元处创出新低，但对应的绿柱长度，相比前低对应的绿柱长度仍有所伸长，表明未形成下跌趋势中的彩柱线长度背离。像这种情况，暂时不考虑买入。

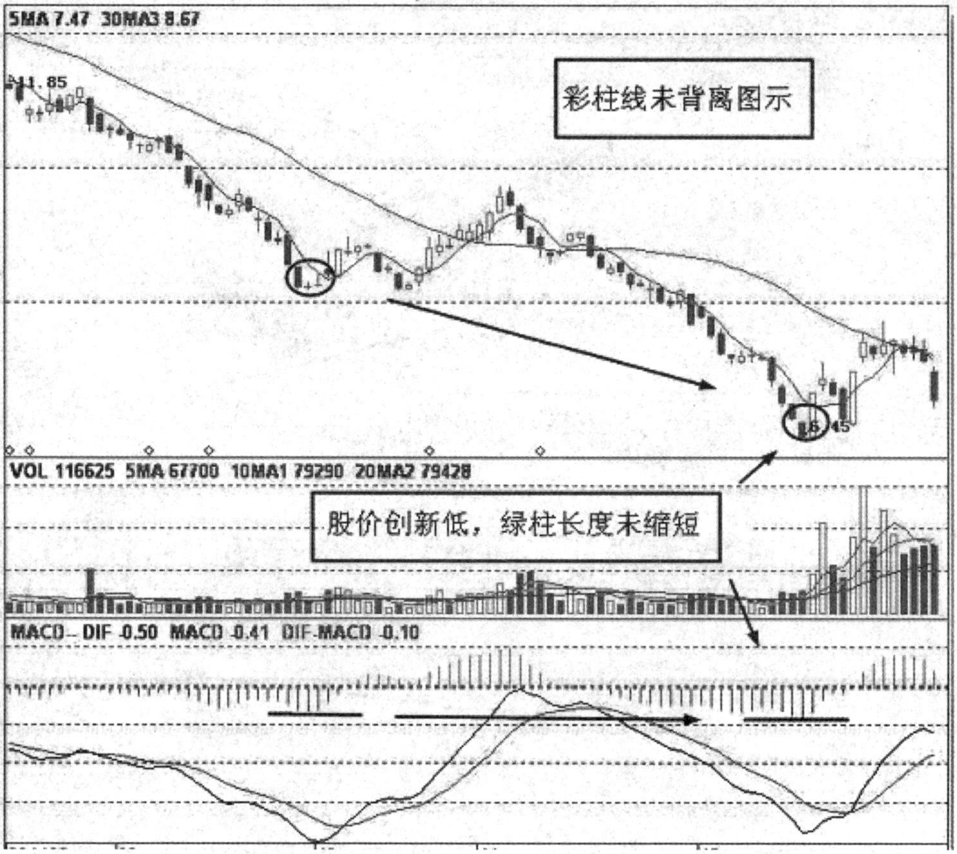

图3-24

彩柱线长度背离的三种不同情况分析。

根据两柱线之间相隔时间的长短及调整幅度，彩柱线长度背离可分为三种不同的情况：彩柱线当堆背离，彩柱线邻堆背离，彩柱线隔堆背离。

彩柱线长度三种背离，主要是由于彩柱线间调整或反弹时间长短、调整或反弹幅度大小不同造成的。一般来说，当堆背离后，虽有短暂调整，但整体趋势反转几率较小。如果是邻堆背离、隔堆背离，趋势反转的可能性就比较大。

1.当堆背离

K线图中，对比的两K线属于同一堆彩柱线，并且有前后相连关系，这种背离定义为当堆背离。

如图3-25所示，上涨行情中，B这根K线创出新高，但对应处红柱线长度相比前一根K线A对应的红柱线长度反而缩短，这种有前后相连关系的背离，就是当堆背离。

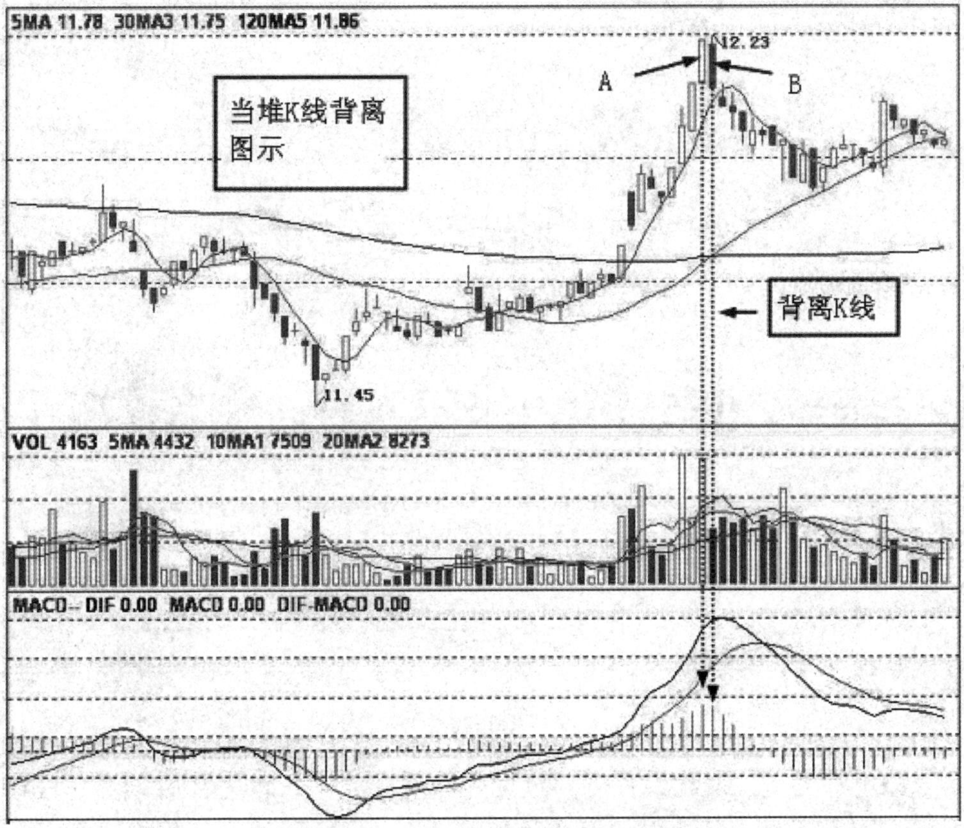

图3-25

如图3-26所示，下跌行情中，B这根K线创近期新低，但对应的绿柱长度相比前一根K线A对应的绿柱长度反而缩短，这种存在前后相连关系的背离，就是当堆背离。

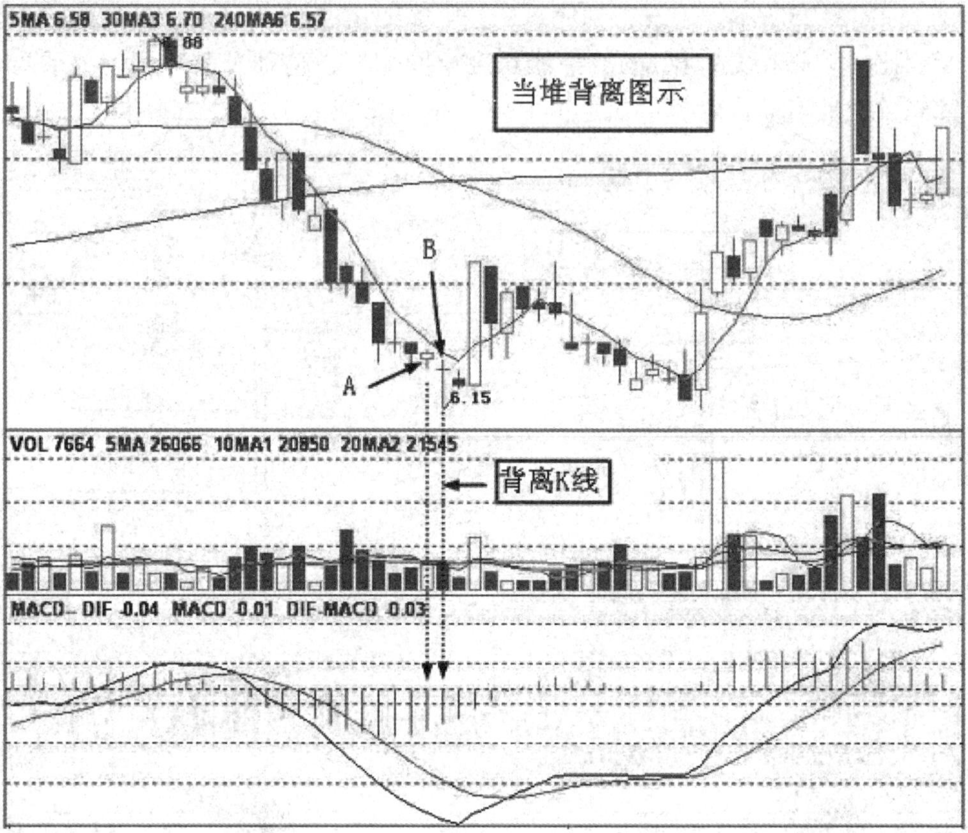

图3-26

以上涨为例，彩柱线长度一旦发生当堆背离，立即会引发一波短期调整，这是毫无疑问的。但如果这种背离只是发生在行情上涨初期，同时未发生其他更高形式的背离，在这种情况下，由当堆背离引发整体趋势反转的几率较小，短暂调整后，股价仍至少有一波再次冲高的机会。

对于不同的操作级别来说，对于这种当堆背离，就应区别对待。比如说，如果这种背离发生在5分钟操作级别的K线图上，即使明知会引发短暂调整，也并非不可忍受。在没有发生其他更高形式背离的情况下，完全可以对其置之不理。

但对于发生在月线、周线等较高操作级别上涨趋势中的当堆背离，就不得不重视了，因为月线、周线操作级别上的短暂调整，无论时间上还是幅度上，都是极具杀伤力的，投资者完全有暂时出来规避下跌调整的必要。因此，在月线、周线这类较高级的操作级别上，即使是上涨第一阶段发生的当堆背离，不但不可轻视，反而应引起高度注意。这也是彩柱线当堆背离比较适用于月线、周线等长线操作级别的原因。

如图3-27所示，上涨趋势中，两根相邻K线A、B，后一根K线B创新高，但对应的红柱不再伸长或反而缩短，两根K线的彩柱线属于同一个彩柱堆，则为彩柱线长度当堆背离。这种背离若发生在月线、周线这种长线操作级别上，还是应当引起高度注意，及时出来规避风险为佳。

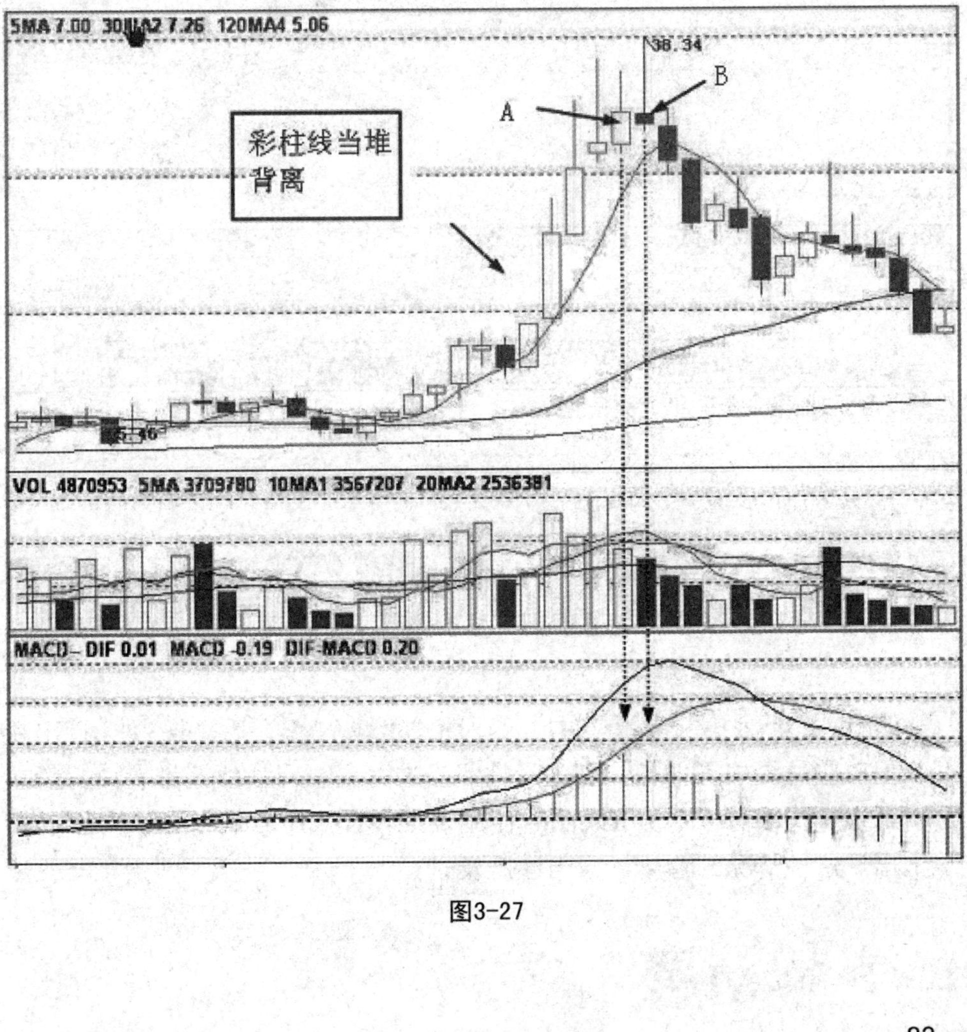

图3-27

如图3-28所示，上涨趋势中，两根相邻K线A、B，后一根K线B创出新高，但对应的红柱不伸长，则为彩柱线当堆背离。彩柱线当堆背离一般在分析月线、周线等长期K线图时使用较多，上涨趋势中，月线、周线上出现这种情况，应当引起注意，最好及时卖出以规避风险。

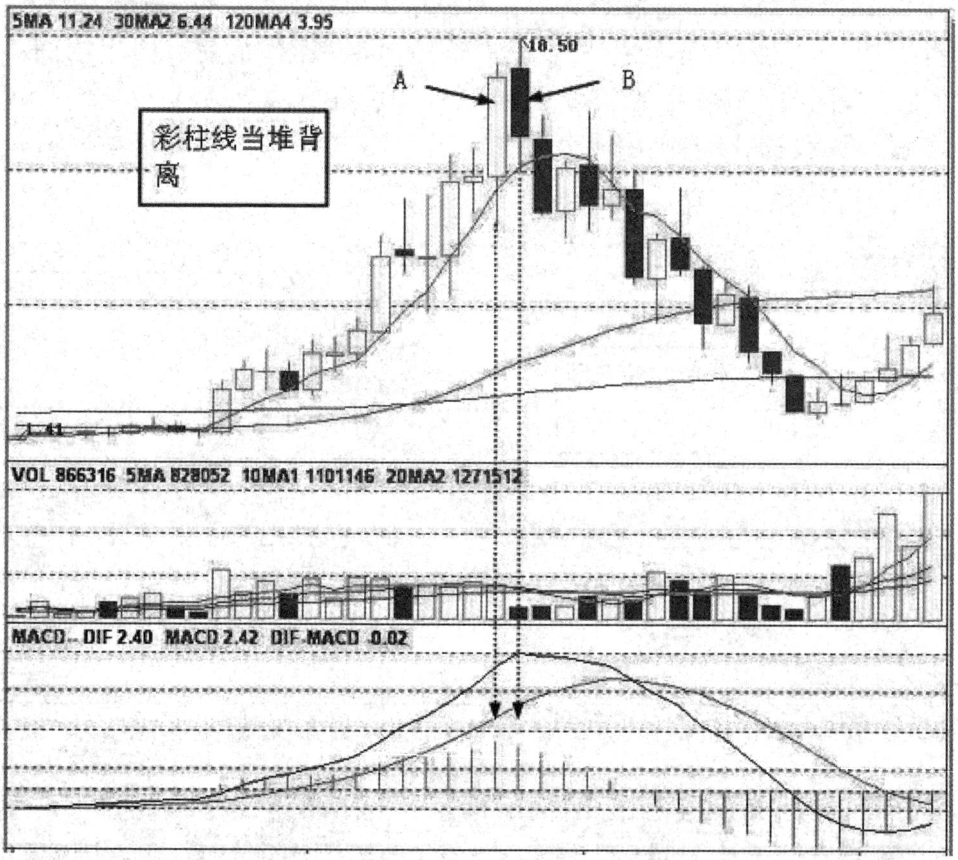

图3-28

如图3-29所示，下跌趋势中，两根相邻K线A、B，后一根K线B创出新低，但对应的绿柱不伸长，则为彩柱线当堆背离。彩柱线当堆背离一般在分析月线、周线等长周期K线图时使用效果较佳。下跌趋势中，月线、周线上出现这种情况的背离，应当注意及时买入。

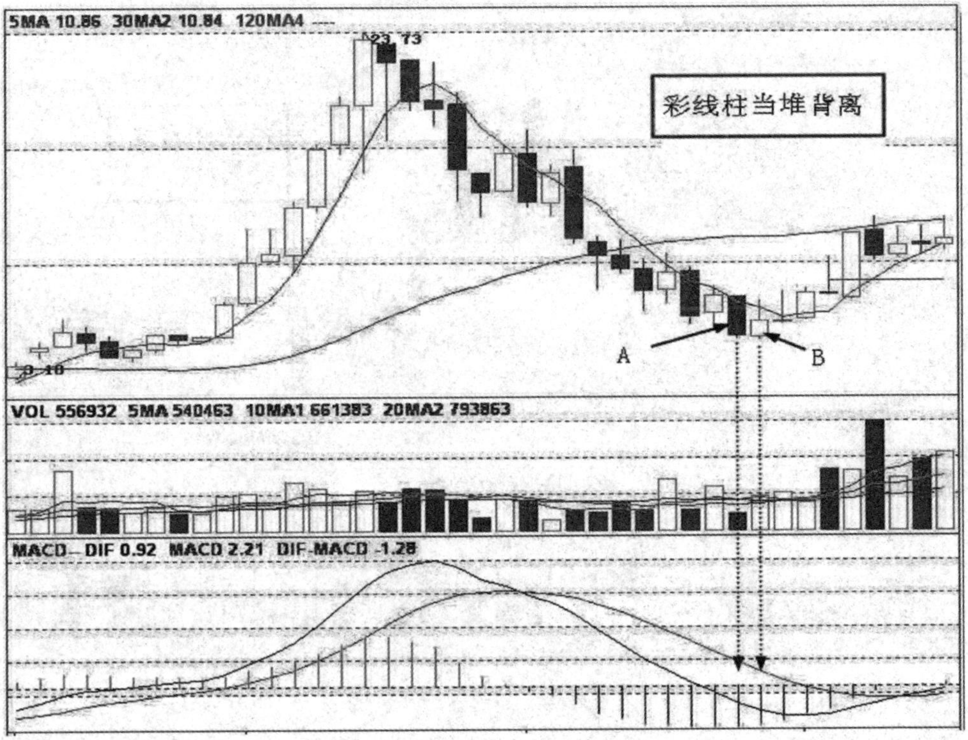

图3-29

如图3-30所示，下跌趋势中，两根相邻K线A、B，后一根K线B创出新低，但对应的绿柱不伸长，则为彩柱线当堆背离。彩柱线当堆背离一般在分析月线、周线等长期K线图时使用，下跌趋势中，月线、周线上出现这种情况的背离，应当注意把握买入时机。

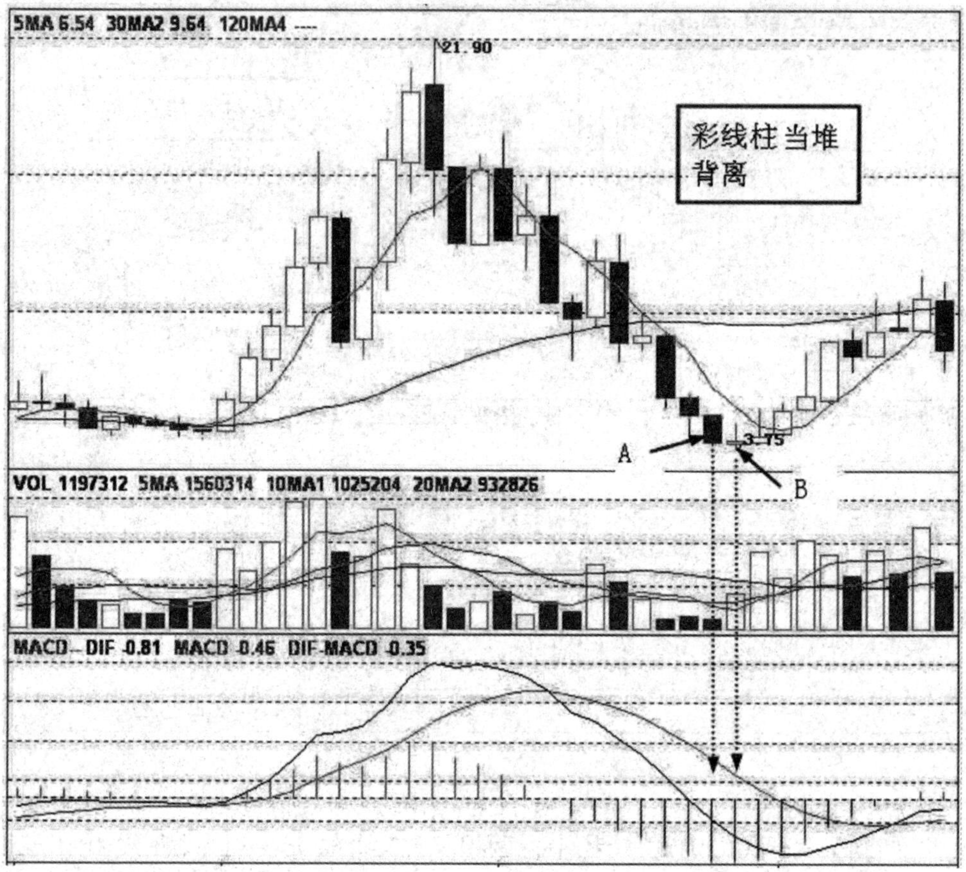

图3-30

2.邻堆背离

K线图中，对比的两根K线不属于同一堆彩柱线，而是属于相互毗邻的两堆同性质彩柱线，对比的两K线之间存在一定的时间间隔，这种背离定义为彩柱线长度邻堆背离。

以上涨趋势为例，彩柱线长度邻堆背离一般发生在行情第一波上涨后，此时股价经过短暂调整，行情再次发起冲击，创出新高，但彩柱线却相对前次有所收缩。下跌趋势同理，只是创新高为创新低，红柱线改为绿柱线。

如图3-31所示，上涨趋势新高点2产生的红柱比前高点1产生的红柱要短，1和2之间有一定时间间隔，其间股价经过了小幅调整。这种情形下产生的背离，称为彩柱线长度邻堆背离。邻堆背离中，红柱堆和红柱堆之间一般不出现绿柱或绿柱十分微小，此例中没出现绿柱。

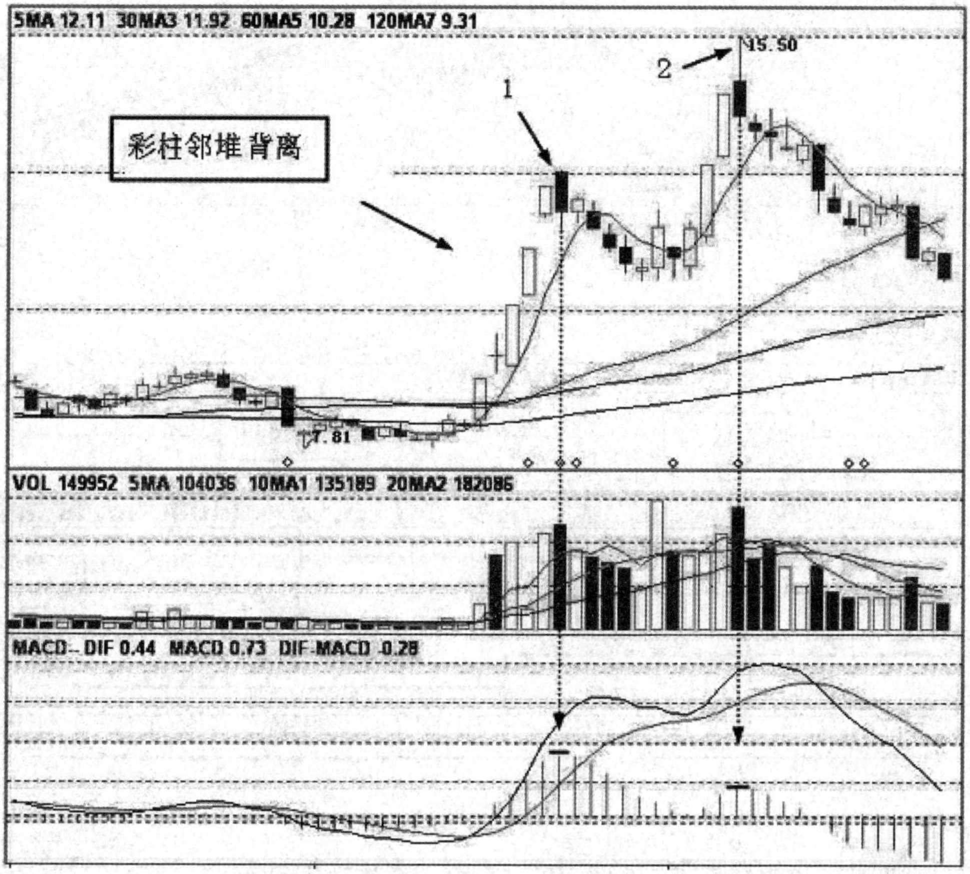

图3-31

如图3-32所示，上涨趋势中，新高点2产生的红柱长度非常短，相比前高点1产生的红柱长度，收缩十分严重，1和2之间有一定的时间间隔，期间股价经过了小幅调整，但调整时间不长。这种情形下产生的背离，称为彩柱线长度邻堆背离。此例中的邻堆背离，红柱堆和红柱堆之间存在十分微小的绿柱堆。

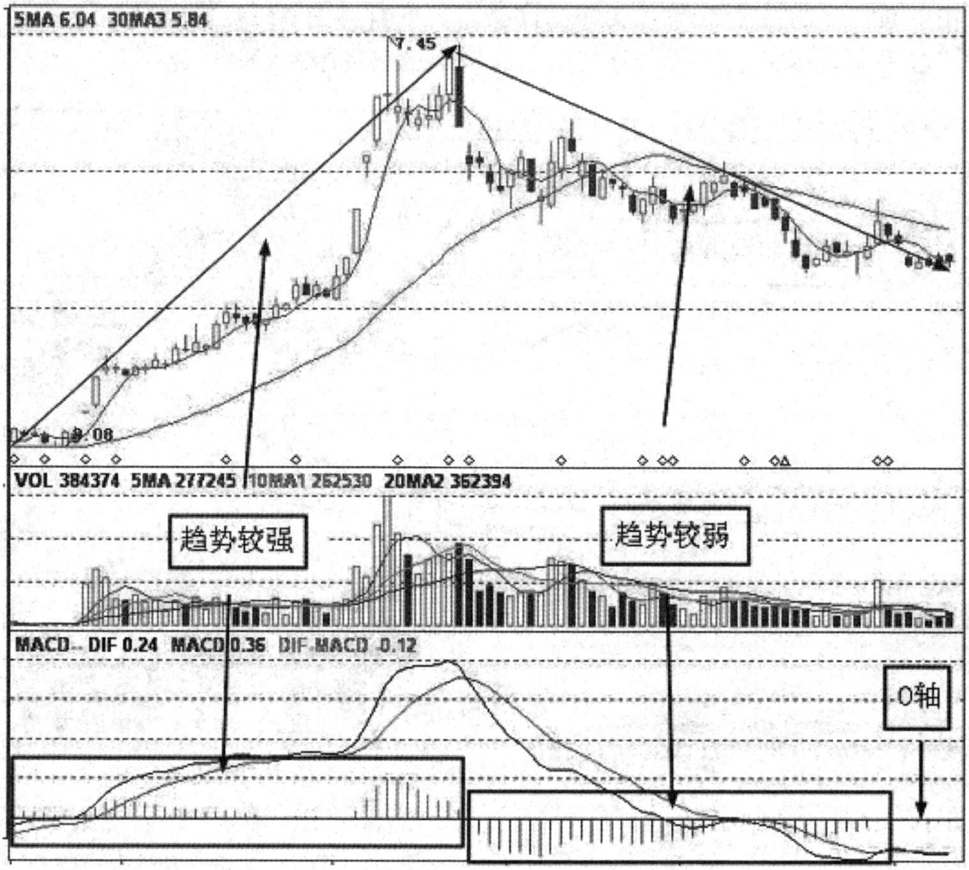

图3-32

如图3-33所示，下跌趋势中，新低点2产生的绿柱长度，比前低点1产生的绿柱长度要短，1和2之间相隔一定的时间，但间隔时间不是太长。这种情形下产生的背离，称为彩柱线长度邻堆背离。邻堆背离中，绿柱堆和绿柱堆之间一般不出现红柱堆，或红柱堆很小，此例中无红柱。

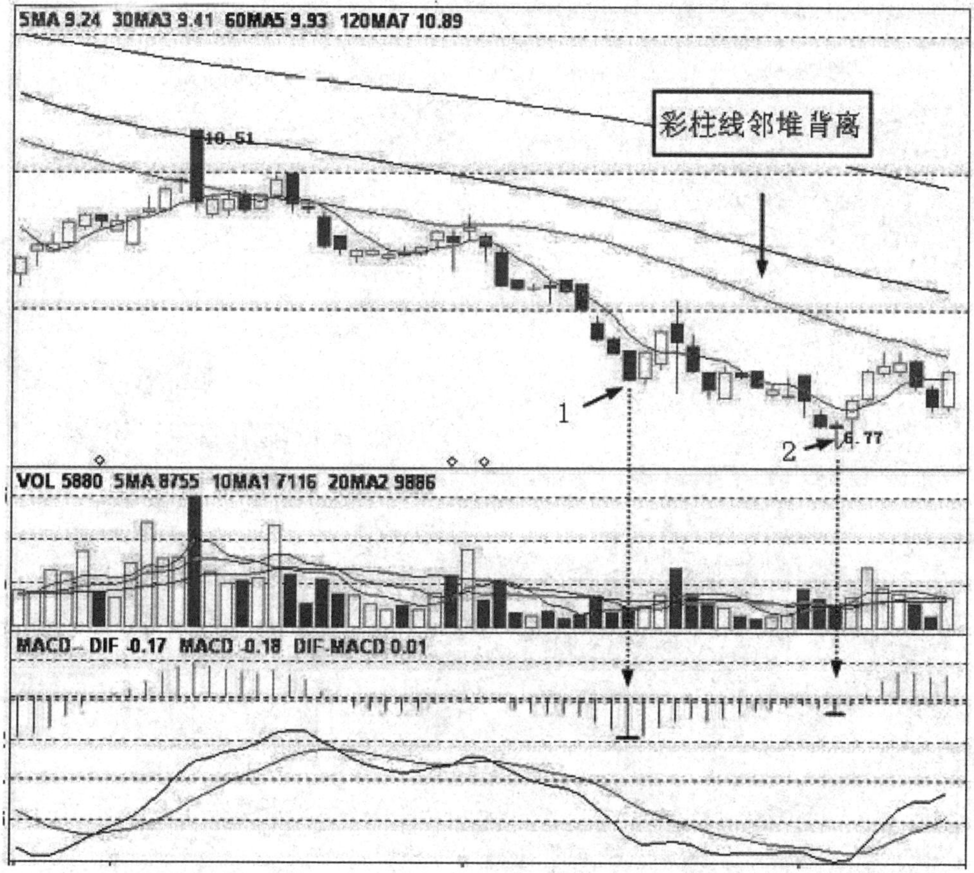

图3-33

如图3-34所示，下跌趋势中，新低点2产生的绿柱长度，比前低点1产生的绿柱长度明显收缩，1和2之间虽相隔一定的时间，但时间不是太长。这种情形下产生的背离，称为彩柱线长度邻堆背离。彩柱线邻堆背离中，绿柱堆和绿柱堆之间一般不出现红柱，或红柱堆十分微小，此例中无红柱。

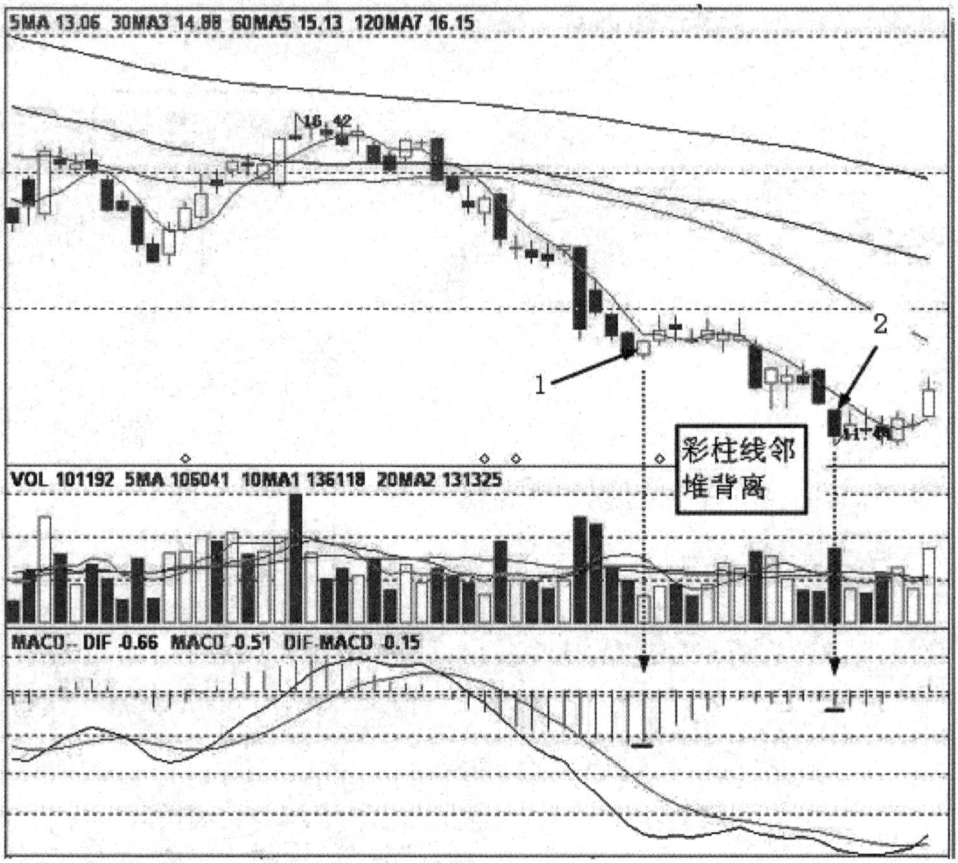

图3-34

如图3-35所示，下跌趋势中，新低点2处产生的绿柱长度，比前低点1处产生的绿柱长度明显收缩，1和2之间虽相隔一定的时间，但时间不是太长。这种情形下产生的背离，称为彩柱线长度邻堆背离。彩柱线邻堆背离中，绿柱堆和绿柱堆之间一般不出现红柱堆，或红柱十分微小。此例中存在十分微小的红柱堆。

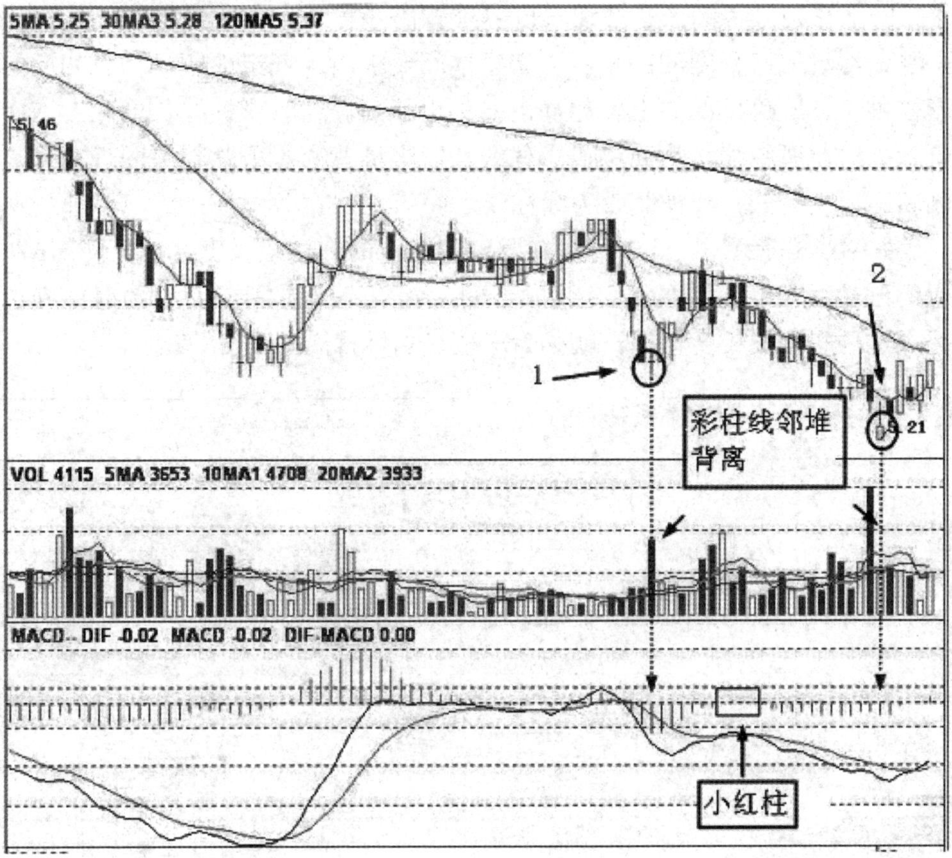

图3-35

小结：

站在同一操作级别来看，彩柱线邻堆背离无疑比彩柱线当堆背离更值得重视，其背离形式和程度要更甚于当堆背离。因此，对于走势中出现的邻堆背离，尤其是上涨走势中出现的邻堆背离，一定要慎重对待。

3.彩柱线隔堆背离

K线图中，股价创新高或新低处对应的彩柱线长度，对比前高或前低对应的彩柱线长度有所收缩，但二者之间既不是当堆也不是邻堆，而是夹有一定面积且颜色相反的彩柱堆，这种背离就定义为彩柱线隔堆背离。

以上涨趋势为例，彩柱线长度隔堆背离一般发生在行情经过一轮强势上涨，经过一定程度的调整后（调整期间要求出现一定面积且颜色相反的彩柱堆），股价再次向上发起冲击，创出新高。此时彩柱线长度相对前次创新高时有所收缩，从而构成彩柱线长度隔堆背离。下跌趋势同理，只是创新高为创新低，红柱线改为绿柱线。

如图3-36所示，上涨趋势中，新高B对应的红柱线长度，相比前高A对应的红柱线长度不再伸长，A和B之间又相隔一个有一定面积的绿柱堆，那么这种彩柱线长度背离，就称为彩柱线隔堆背离。

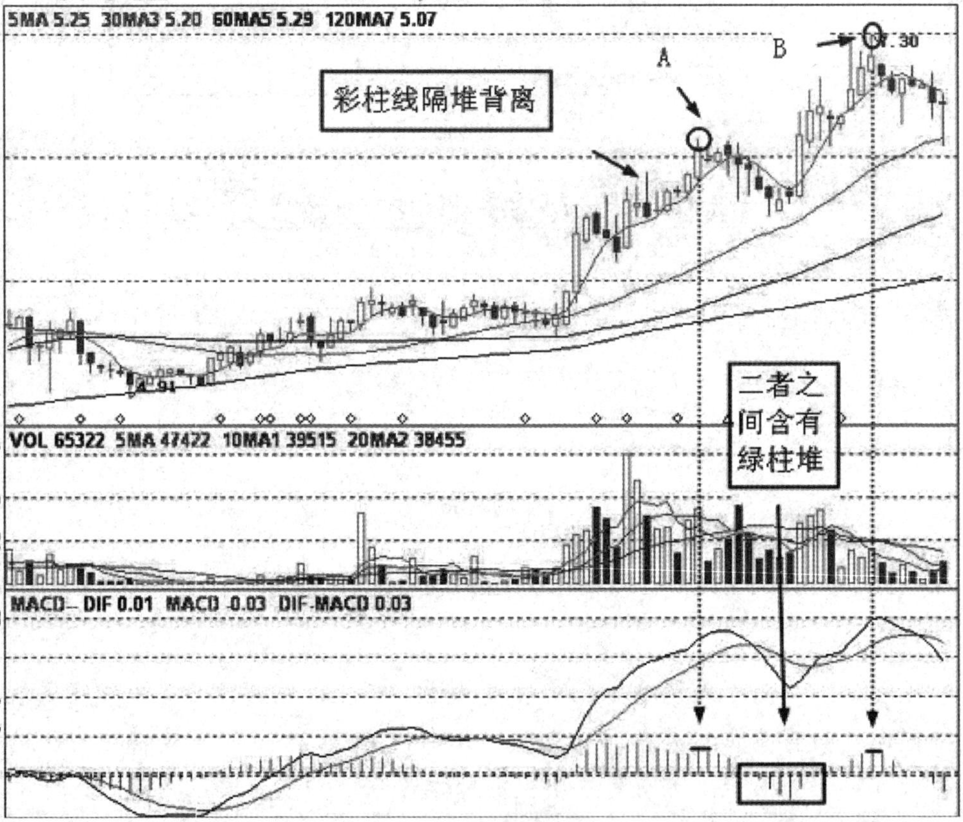

图3-36

如图3-37所示，上涨趋势中，新高2对应的红柱线长度，相比前高1对应的红柱线长度明显缩小。新高3对应的红柱线长度，相比前高2对应的红柱线长度再次收缩，而高1和高2与高2和高3之间都相隔了一个绿柱堆，那么这种彩柱线长度背离，就称为彩柱线隔堆背离。因为高2与高1之间的绿柱堆面积太小，也可视高2与高1之间的背离为邻堆背离。

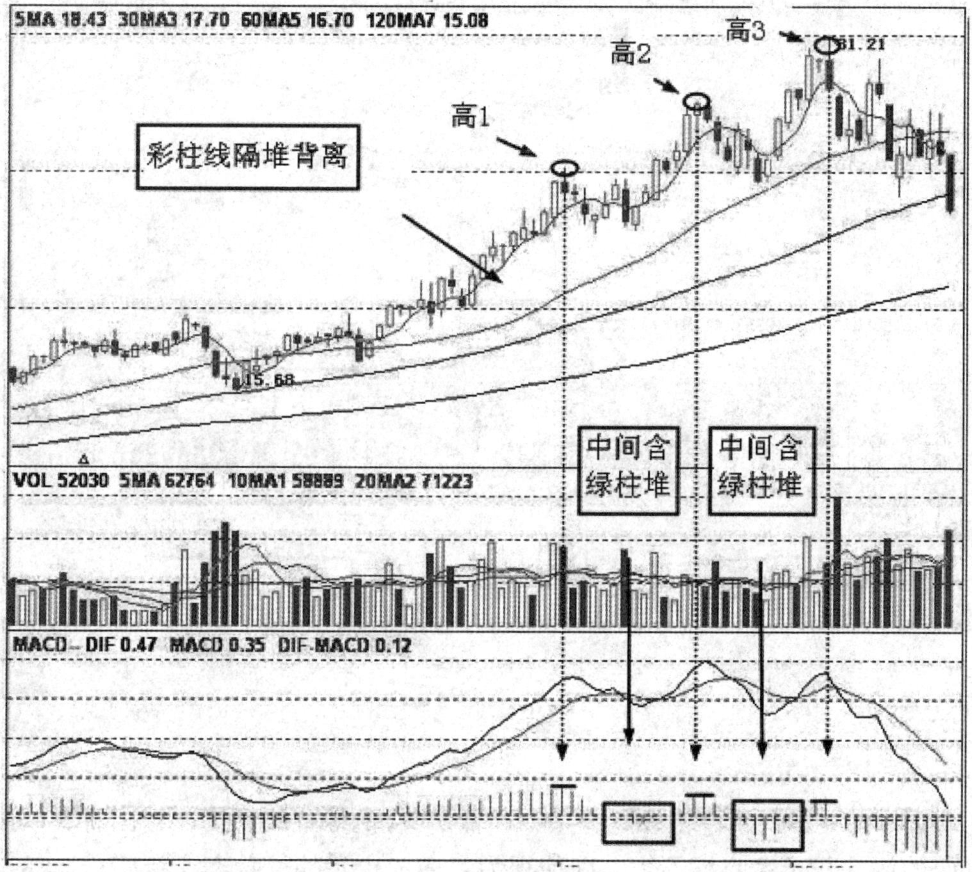

图3-37

如图3-38所示，下跌趋势中，新低B对应的绿柱线长度，相比前低A对应的绿柱线长度明显缩短，A和B之间相隔一个有一定面积的红柱堆，那么A、B之间这种彩柱线长度背离，就称为彩柱线隔堆背离。

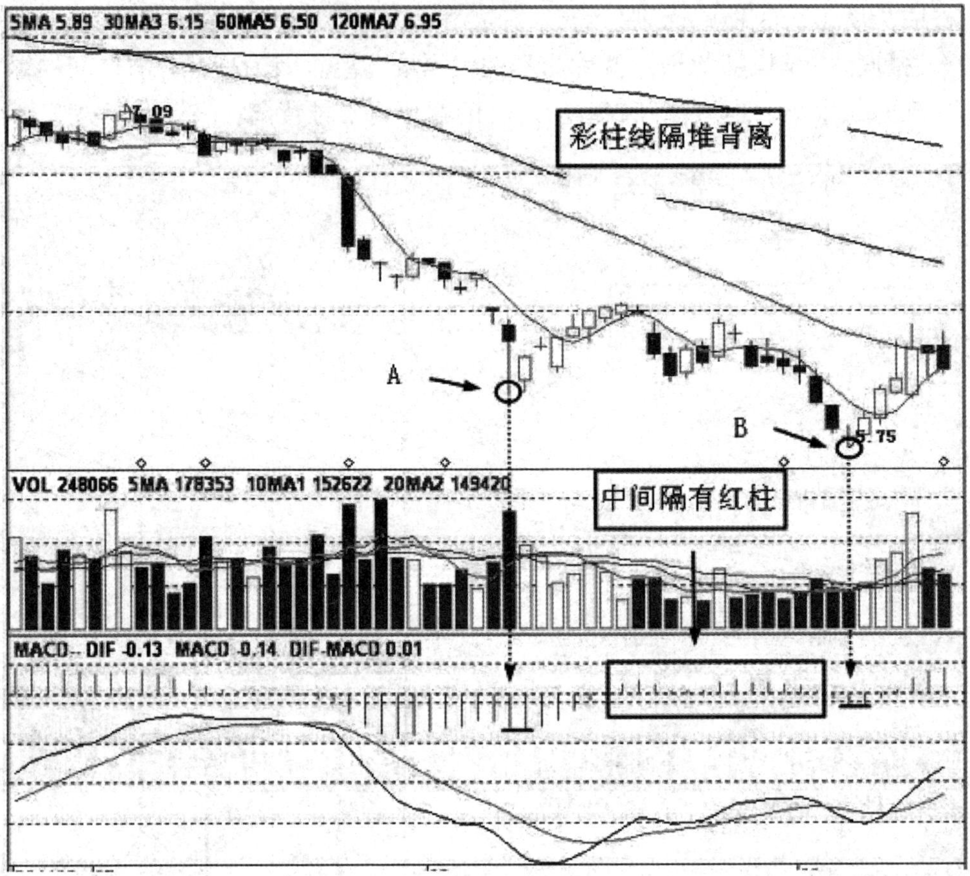

图3-38

如图3-39所示，下跌趋势中，新低2对应的绿柱线长度，相比前低1对应的绿柱线长度收缩不大，即使视为背离，也是邻堆背离；新低3对应的绿柱线长度，对比前低2对应的绿柱线长度有一定收缩，且3和2之间相隔一个有一定面积的红柱堆，那么新低3和前低2之间的背离就是彩柱线隔堆背离。

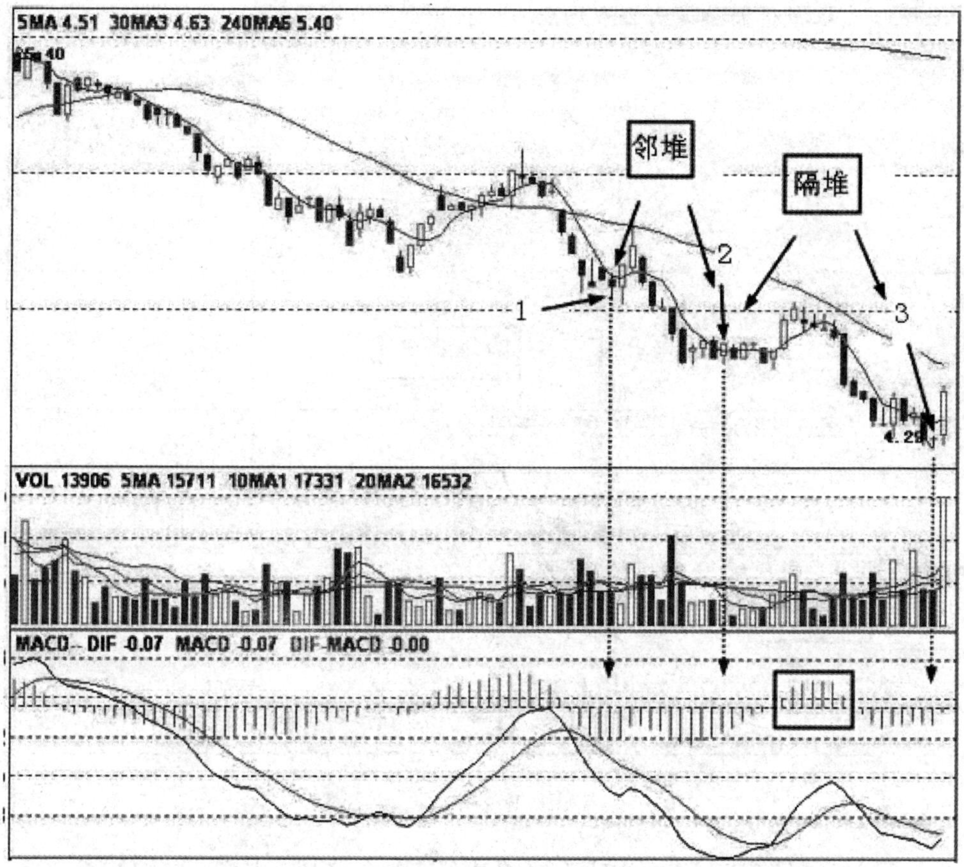

图3-39

彩柱线之间的背离既有当堆背离，又有邻堆背离，还有隔堆背离，除了各种背离本身所具有的性质有所不同外（如同一操作级别下的同一趋势中，隔堆背离程度上要强于邻堆背离，邻堆背离程度上又强于当堆背离），这三种背离之间还存在较为复杂的关系，有必要对其进行梳理和说明。

如图3-40所示，上涨趋势中，B相比A创出新高，对应红柱收缩，为当堆背离。因为这种背离发生在上涨的第一阶段，只要不是月线、周线以上操作级别，继续持有也无妨。C为调整后再创新高，对应处红柱相比B处再度收缩，C与B中间隔有明显的绿柱堆，为隔堆背离，这种情况下的背离，就有考虑卖出的必要。

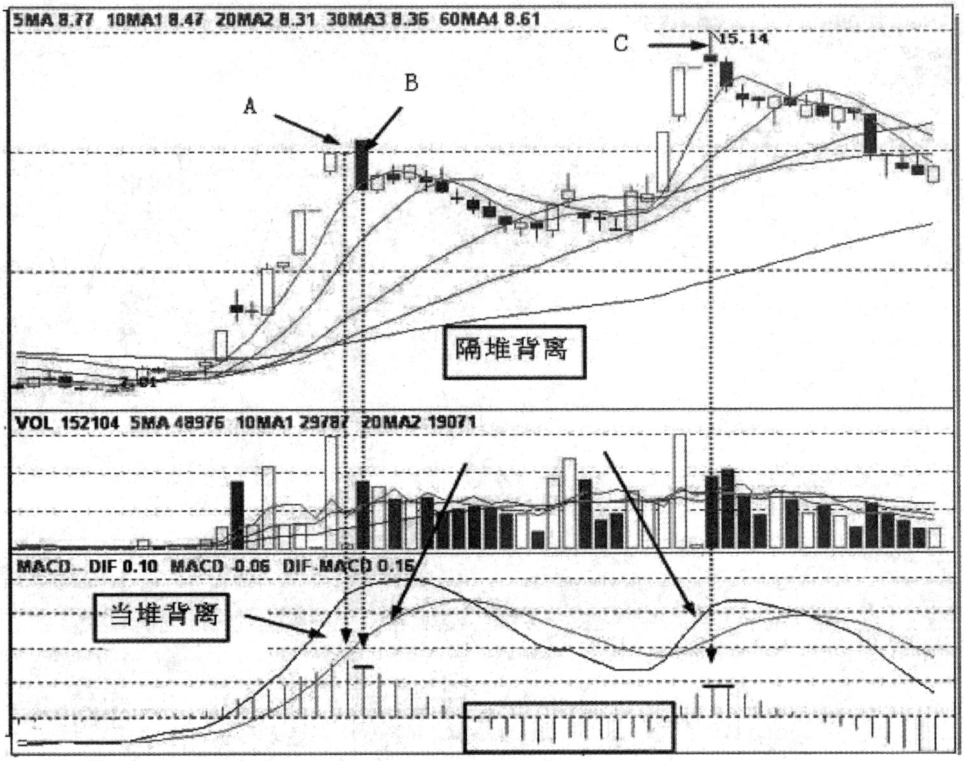

图3-40

如图3-41所示，上涨趋势中，B和A邻堆不背离，因此继续持股。C和B严重隔堆背离，至此风险加剧，有必要即时兑现利润。

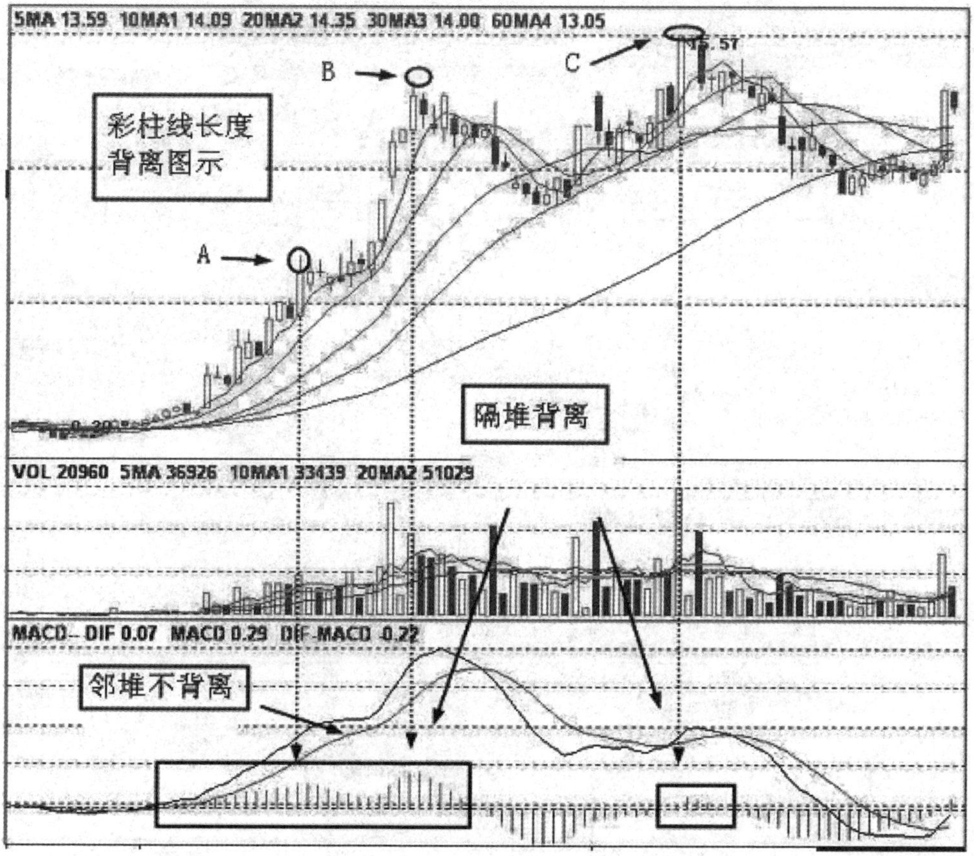

图3-41

如图3–42所示，2和1之间为邻堆背离，4和3之间亦为邻堆背离。但由于3和2之间为隔堆背离（注意，如果两隔堆彩柱线比较时，如图中后堆B和前堆A比较，其中一方或双方本身又存在邻堆关系，即后堆B和前堆A本身都存在邻堆关系，那么B和A比较时，后堆B取最高点4对应的彩柱线长度，前堆A也取1处对应的彩柱线长度进行比较，因此图中B和A是很明显的隔堆背离），变盘风险极大，故此时4和3之间的邻堆背离与2和1之间的邻堆背离性质已有所不同，2处的邻堆背离尚可持有，而4处的邻堆背离则不可观望了。这就是说，相同的背离发生在不同的位置时，要区别对待，不可混同。

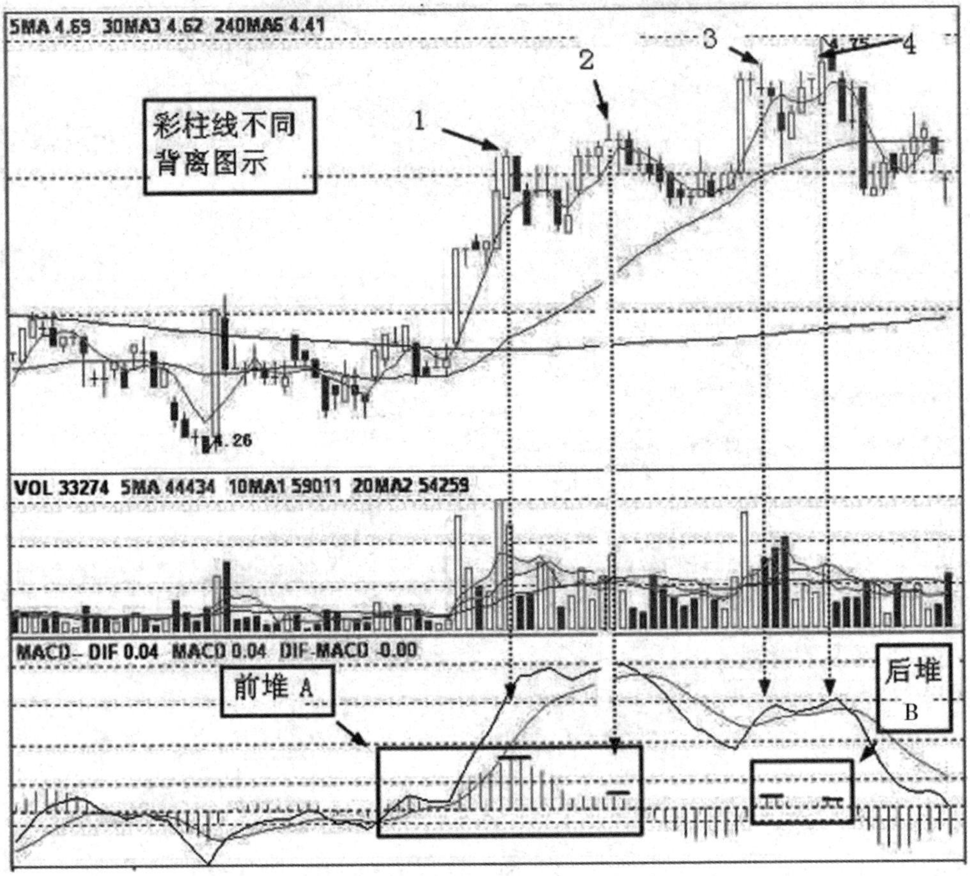

图3-42

如图3-43所示，B本身仅是当堆背离，B和A则为邻堆背离；C和B为隔堆背离，但背离不太严重；D和C为隔堆背离。D和C比较时，取D对应彩柱线长度和C对应彩柱线长度比较即可。而C和前面A+B比较时，A+B需取A对应的高彩柱线来进行比较。如图中C和A+B比较是隔堆背离，至D时已是二次隔堆背离，因此此时变盘风险已极大。同是隔堆背离，D处已与C处性质大有不同。

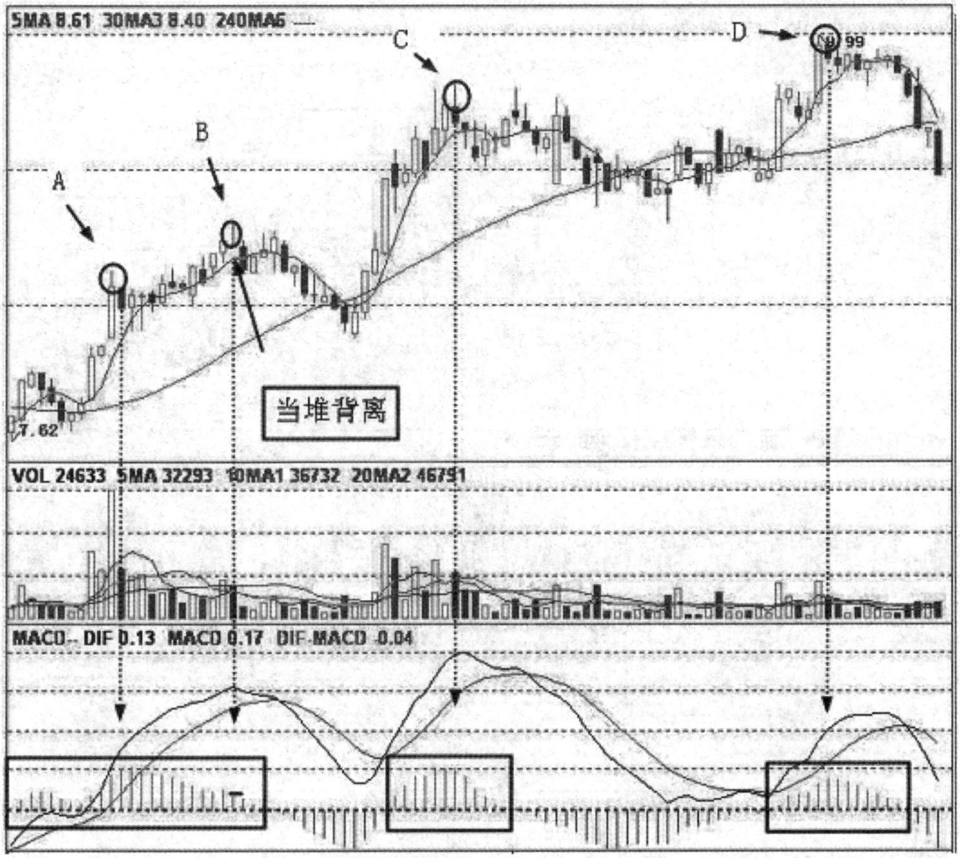

图3-43

如图3-44所示，1和2之间为彩柱线隔堆背离，2和3之间为彩柱线邻堆背离。当B堆和A堆比较时，A堆取1对应的彩柱线，B堆取最低处3对应的彩柱线。图中B和A比较，为严重的隔堆背离，说明向上变盘几率极大，因此3处的邻堆背离就不容小视，这是由3处的邻堆背离所处的特殊位置决定的。

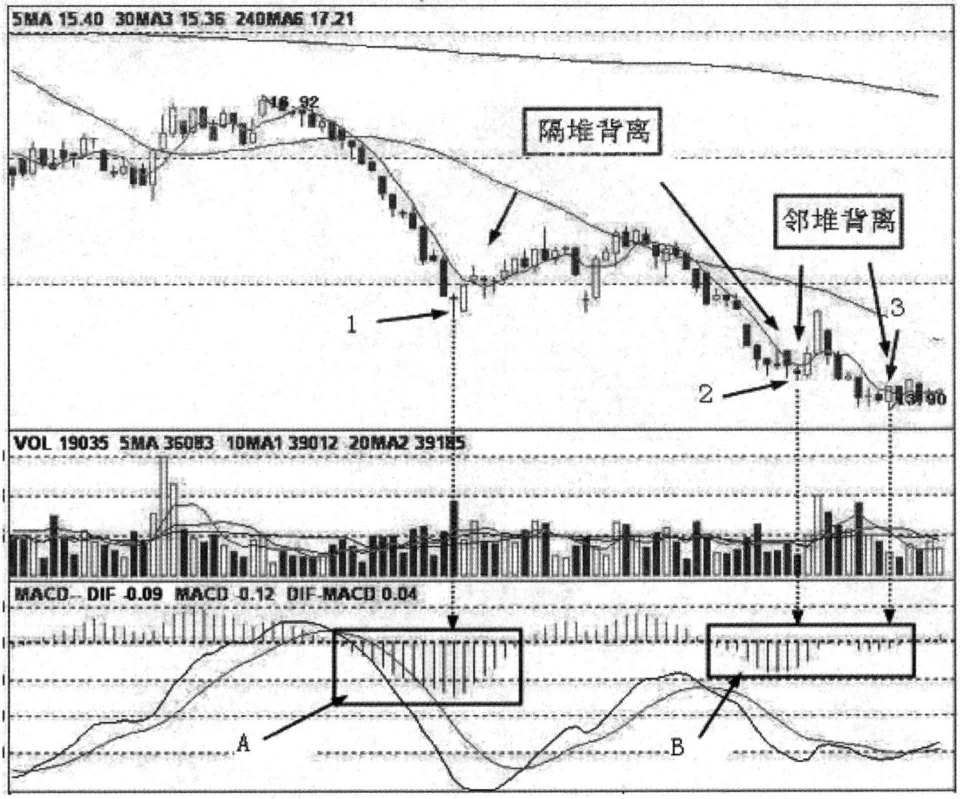

图3-44

如图3-45所示，2处的K线为当堆背离，3和2之间为邻堆背离，4和3+2比较时，3+2堆取2对应处的彩柱线，4和3+2比较为隔堆背离，且背离严重，应关注买入时机。

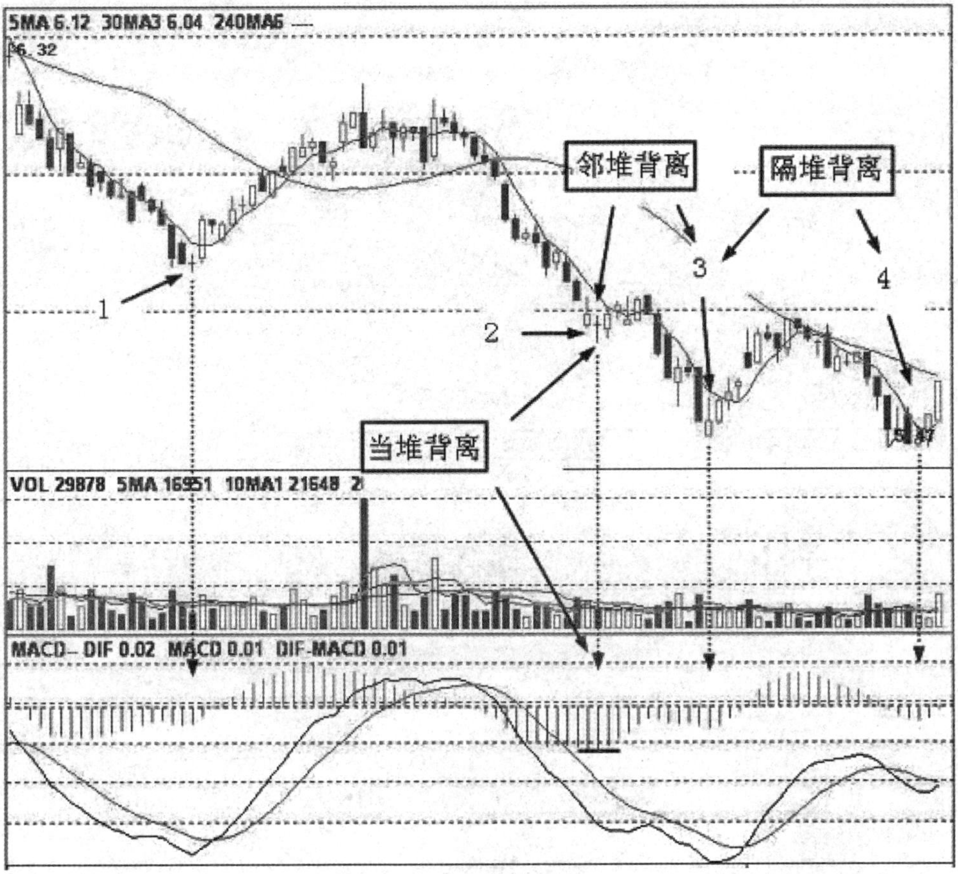

图3-45

4.彩柱线长度背离操作原则

对于彩柱线长度背离的三种不同类型，一般来说，背离强度以隔堆背离最为强烈，邻堆背离次之，当堆背离最弱。但是凡事都应当辩证地来看，比如邻堆背离，如若发生在隔堆背离的后堆中，就应保持警觉。当堆背离如若发生在隔堆背离后堆的邻堆背离中，亦不可等闲视之。

如图3-46所示，上涨趋势中，2和1发生邻堆背离，此时尚可持股。至3处发生隔堆背离（后堆B对比前堆A，中间夹有很明显的绿柱堆），就有卖出以规避风险的必要。

图3-46

如图3-47所示，上涨趋势中，新高2对比原高1处的彩柱线长度，虽未见明显收缩，但已有隔堆背离迹象。此时2处发生很明显的当堆背离，那么这个当堆背离就必须重视，这是强烈的卖出信号。

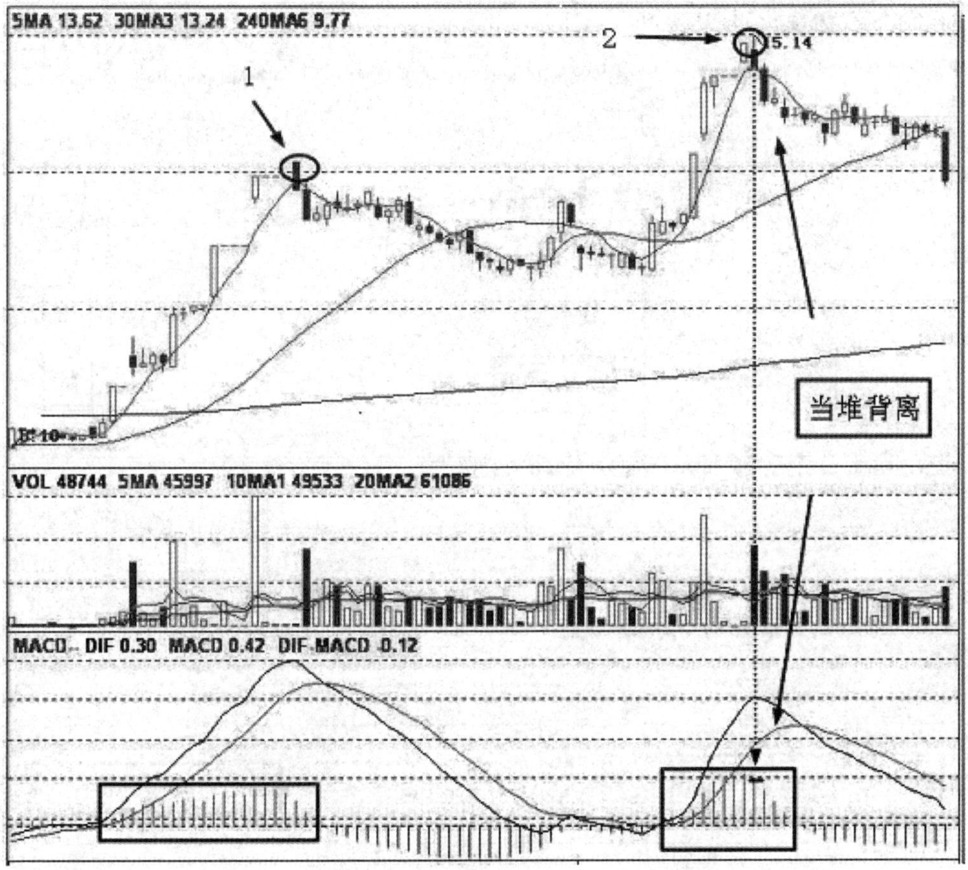

图3-47

如图3-48所示，上涨趋势中，2处产生当堆背离，4处亦产生当堆背离。4与3产生邻堆背离，而4+3的B堆与2+1的A堆又产生隔堆背离，因此，4处这种隔堆背离中产生邻堆背离，之后又出现的当堆背离，就与2处产生的当堆背离不可同日而语。同是当堆背离，后者已发出强烈的卖出信号。

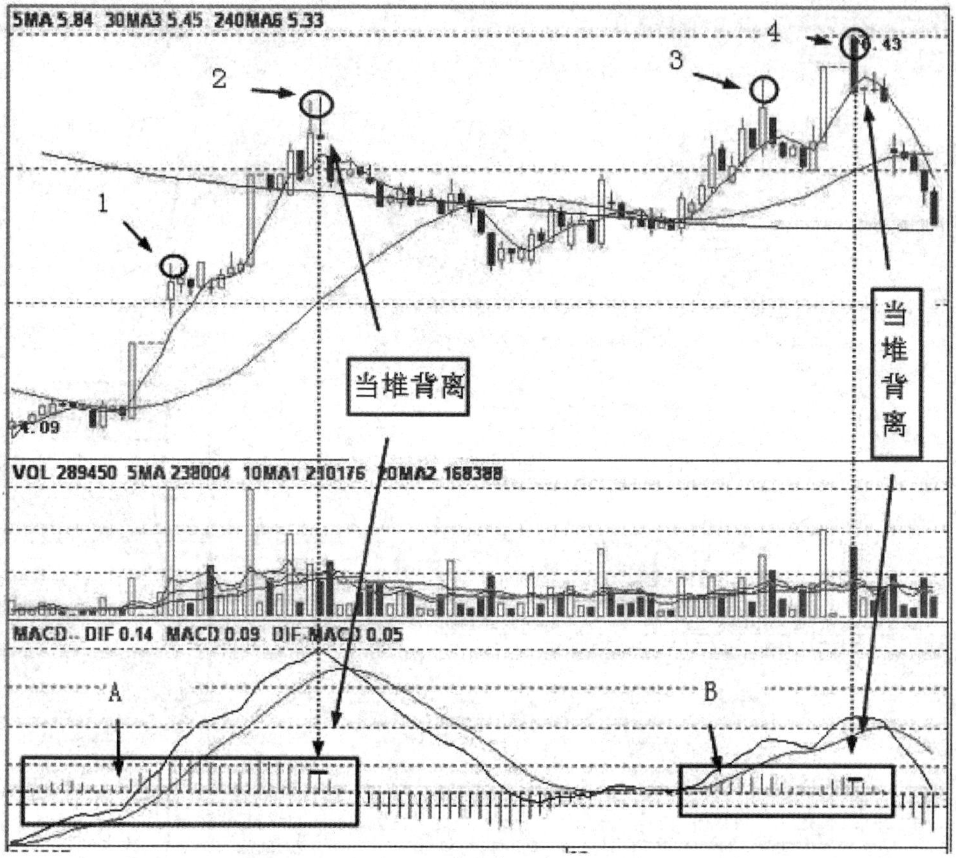

图3-48

小结：

要掌握好彩柱线长度背离在实际操作中的运用，孤立地识别彩柱线长度的三种不同背离形式和各自作用，是远远不够的。只有懂得了辩证地看待三种背离形式之间的复杂关系，不拘定式，结合走势形态，具体情形具体判断，才足以应对现实操作中的种种问题。

第四节 彩柱线面积背离

当K线图中股价创出近期新高或新低时，其上涨段或下跌段对应的MACD彩柱线面积，相比前上涨段或下跌段对应的彩柱线面积明显缩小，股价离开长周期均线的幅度减小，则表明原趋势动能衰歇，从而形成MACD彩柱线面积背离。

彩柱线面积由彩柱线构成。从彩柱线面积对比，相比彩柱线长度对比，前者能更清楚地看出趋势能量的萎缩，从而较准确地判断出行情的背离，达到预先识别趋势反转征兆，提前指导操作的效果。

如图3-49所示，上涨行情中，股价在32.77元处创出新高，但上涨段C对应的红柱面积，对比前上涨段B对应的红柱面积明显收缩，表明形成上涨趋势中的彩柱线面积顶背离，应当尽早离场以规避风险。

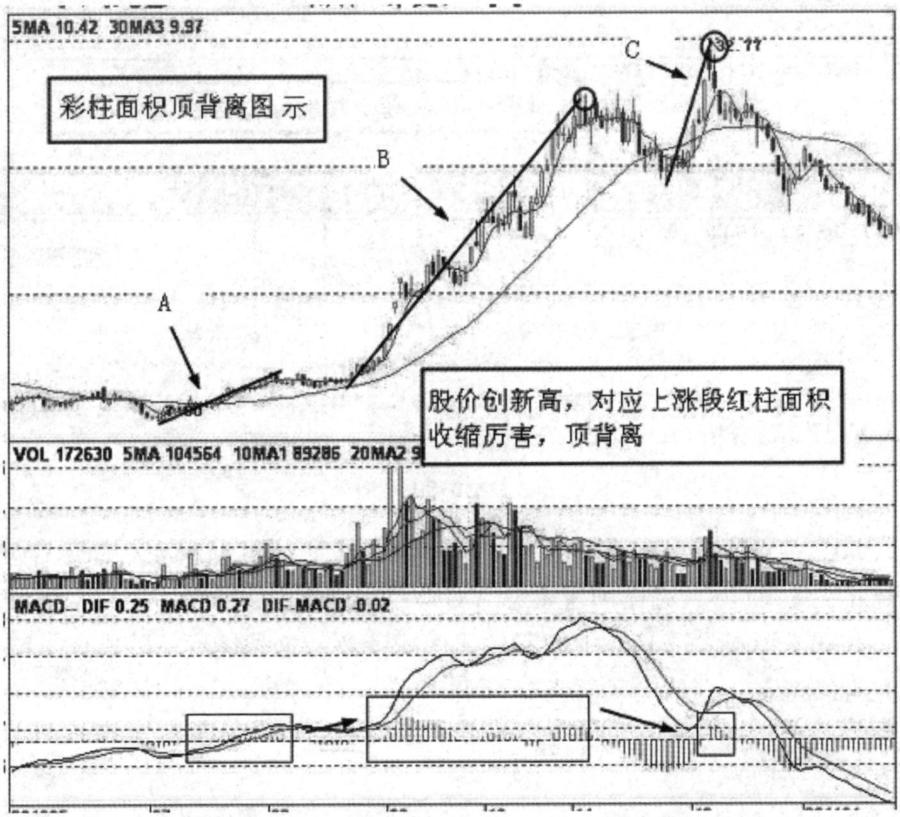

图3-49

如图3–50所示，上涨行情中，股价在31.31元处再创新高，但上涨段对应的红柱面积，对比前上涨段对应的红柱面积明显收缩，表明形成上涨趋势中的彩柱线面积顶背离。

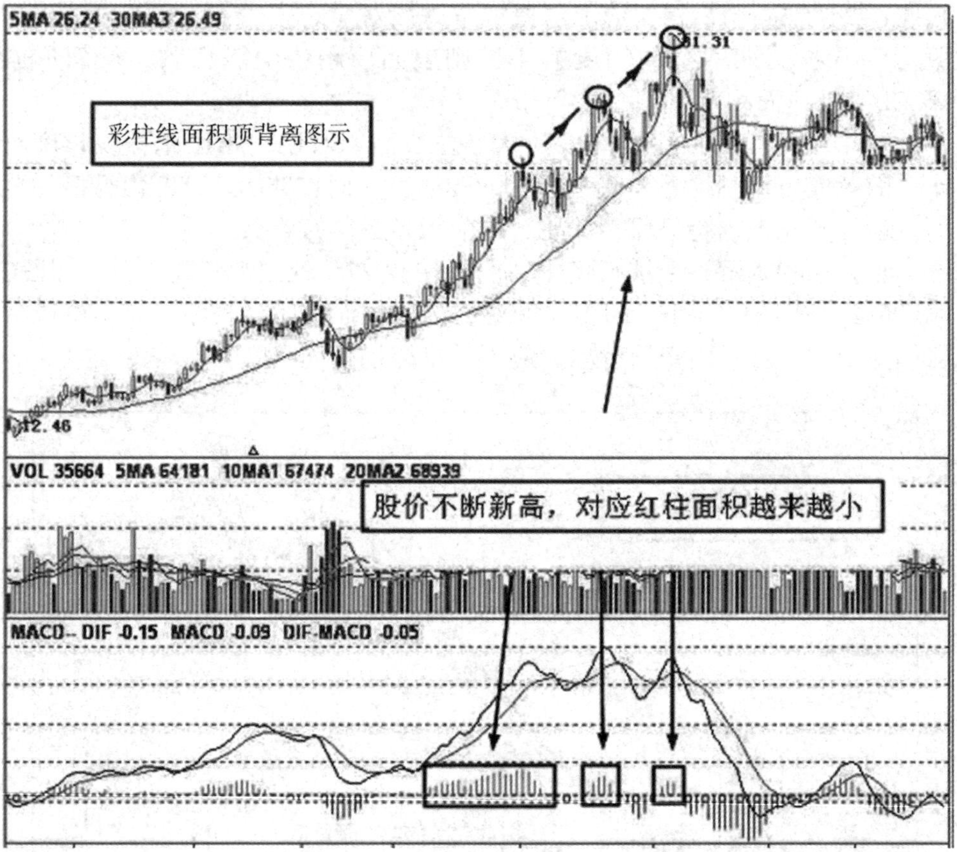

图3–50

如图3–51所示，上涨行情中，股价在7.72元处再创新高，而上涨段B对应的红柱面积，对比前上涨段A对应的红柱面积未现收缩，还略有增加，表明未形成上涨趋势中的彩柱线面积背离。这种情形下的操作策略，就是继续持有，直到出现顶背离为止。

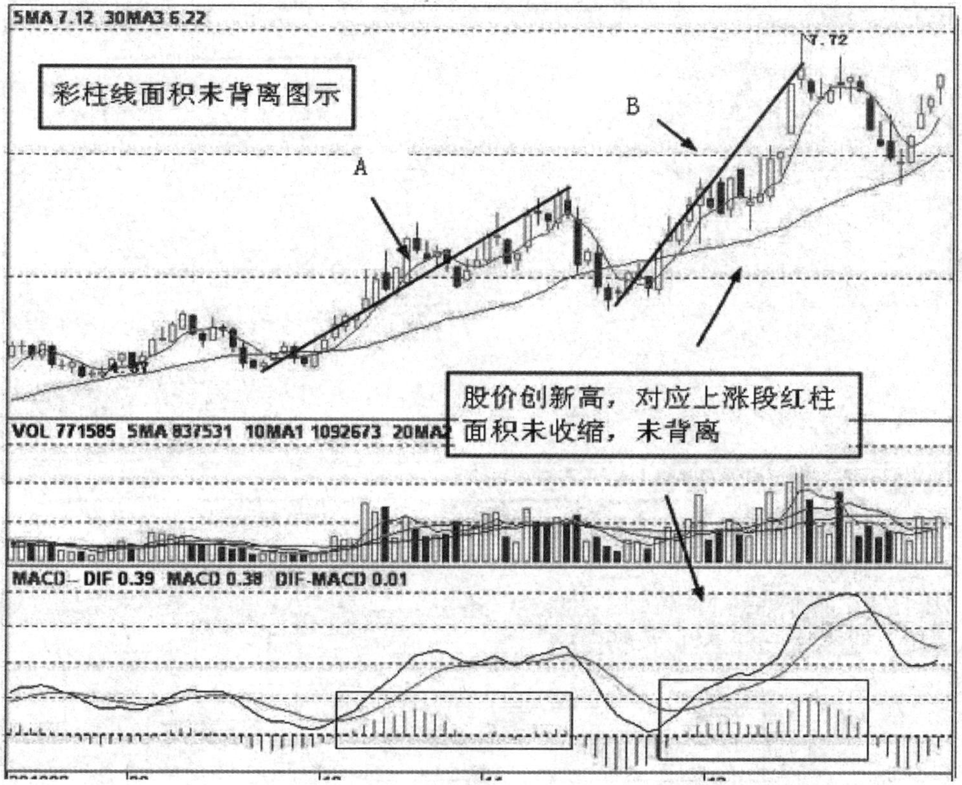

图3-51

如图3-52所示，下跌行情中，股价在4.83元处创出新低，但下跌段B对应的绿柱面积，对比前下跌段A对应的绿柱面积明显收缩，表明形成下跌趋势中的彩柱线面积底背离。

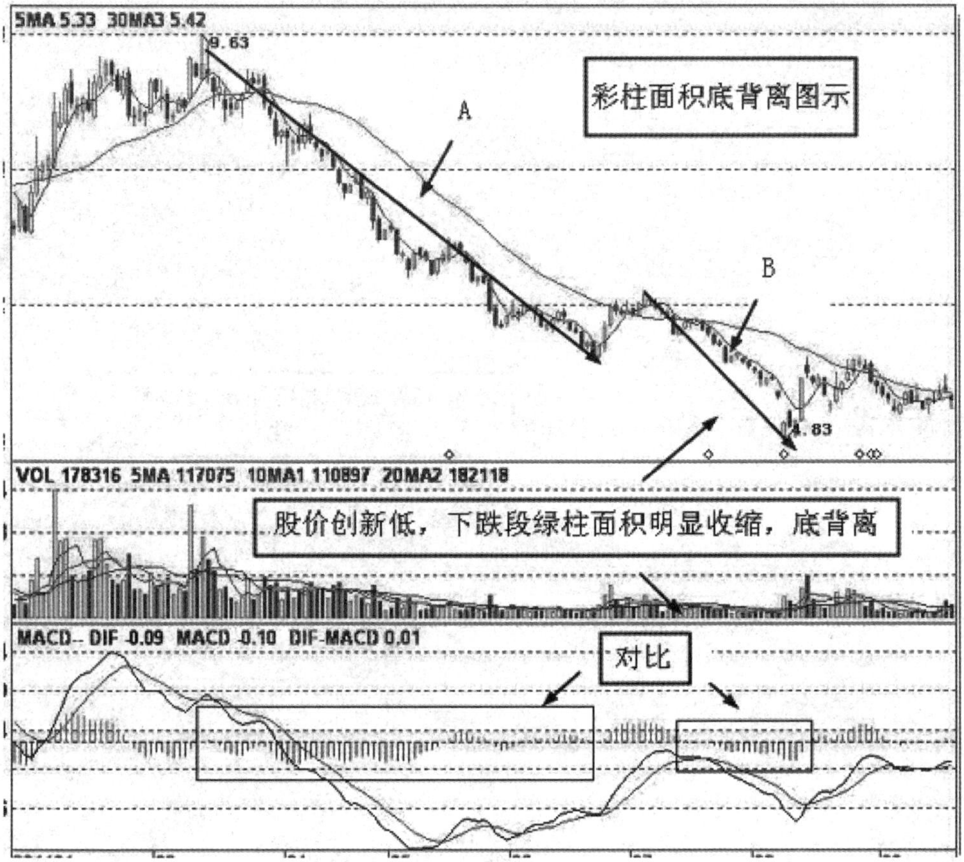

图3-52

如图3-53所示，下跌行情中，股价在5.75元处创出新低，但下跌段C对应的绿柱面积，对比前下跌段B对应的绿柱面积收缩得厉害，表明形成下跌趋势中的彩柱线面积底背离。

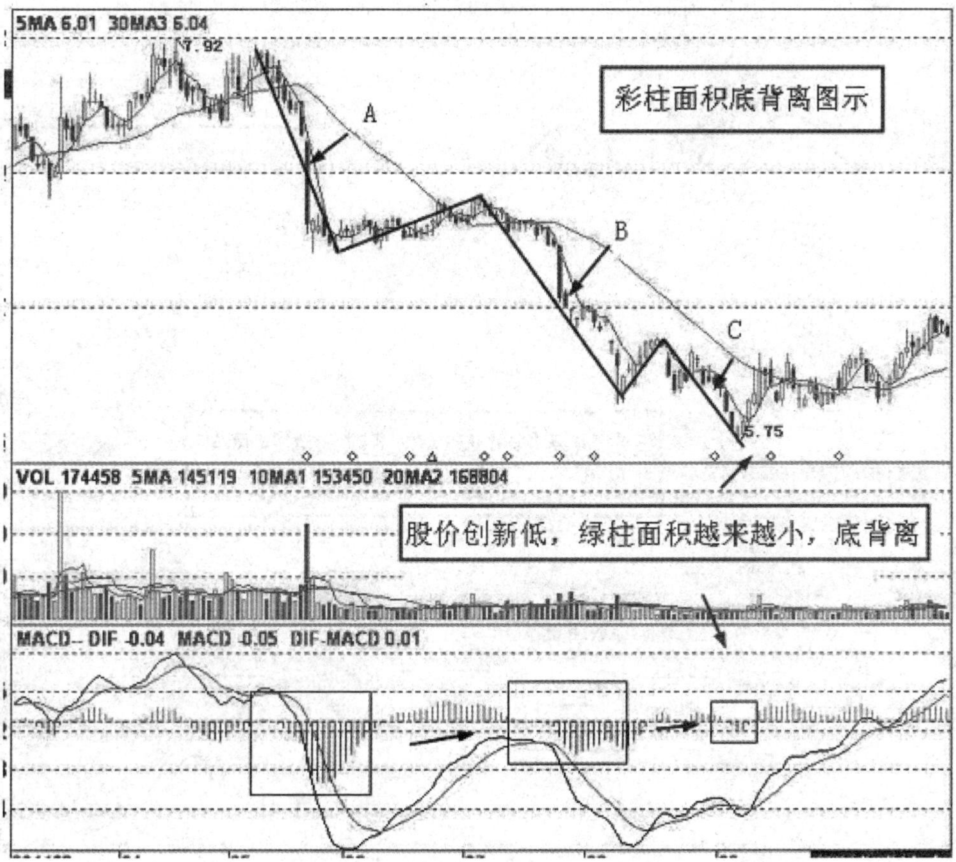

图3-53

如图3-54所示，下跌行情中，股价在5.13元处创出新低，但C下跌段对应的绿柱面积，对比前B下跌段对应的绿柱面积不收反扩，说明暂未形成下跌趋势中的彩柱线面积底背离。虽然5.13元处绿柱长度收缩得厉害，表明C下跌段有内部背离迹象，但引发的很可能仅是轻微的反弹，因此暂不必介入。

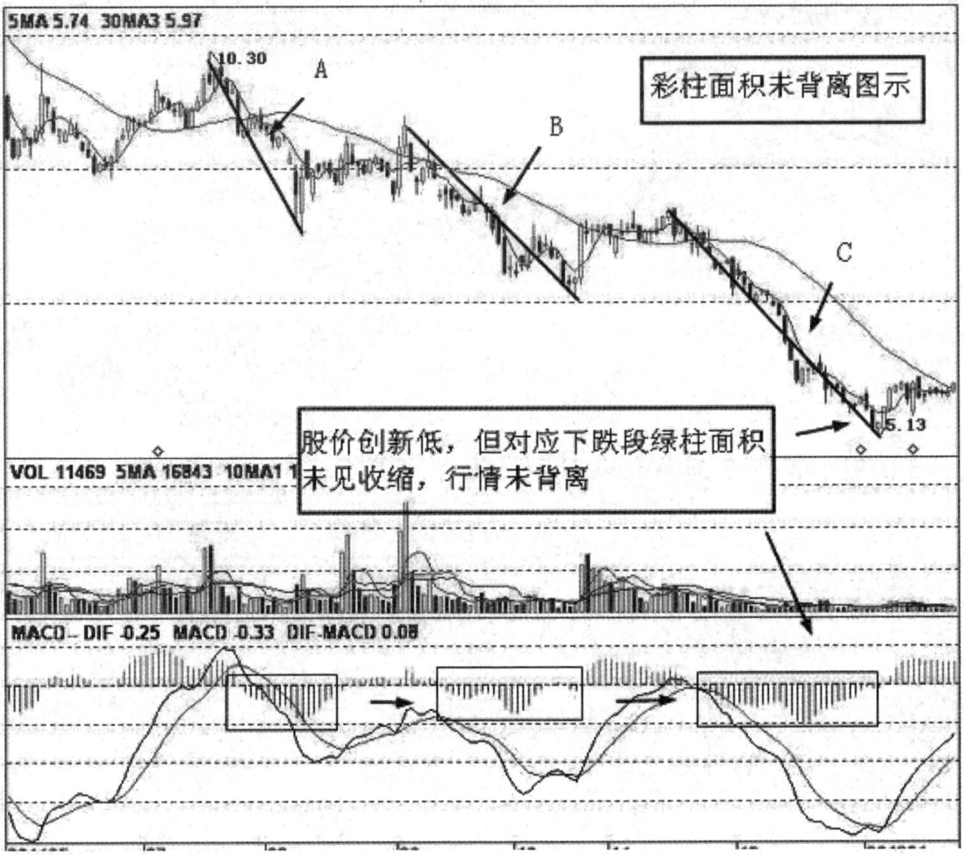

图3-54

前面分析过，彩柱线长度背离有三种不同的形式：当堆背离、邻堆背离、隔堆背离。彩柱线面积背离则只有两种形式：邻堆背离和隔堆背离。邻堆背离一般发生在同一上涨段或下跌段内，表明背离程度较弱；隔堆背离一般发生在前后两段上涨或下跌段内，说明背离程度较强。和彩柱线长度背离一样，彩柱线面积背离中的隔堆背离，要比邻堆背离更应引起重视。

如图3-55所示，A、B、C三个上涨段，A对应的面积1内发生邻堆背离，股价经小幅调整后发动第二波冲击。此后股价虽创新高，但对应的面积2与面积1产生明显的隔堆面积背离。此后行情并未就此发生反转，股价再次调整后，发动第三波冲击，对应面积3虽与面积2比较并未出现背离，但与面积1比较，仍是较为明显的隔堆面积背离。像这种第二次产生彩柱线面积隔堆背离的情况，应引起高度重视，尽早卖出为宜。

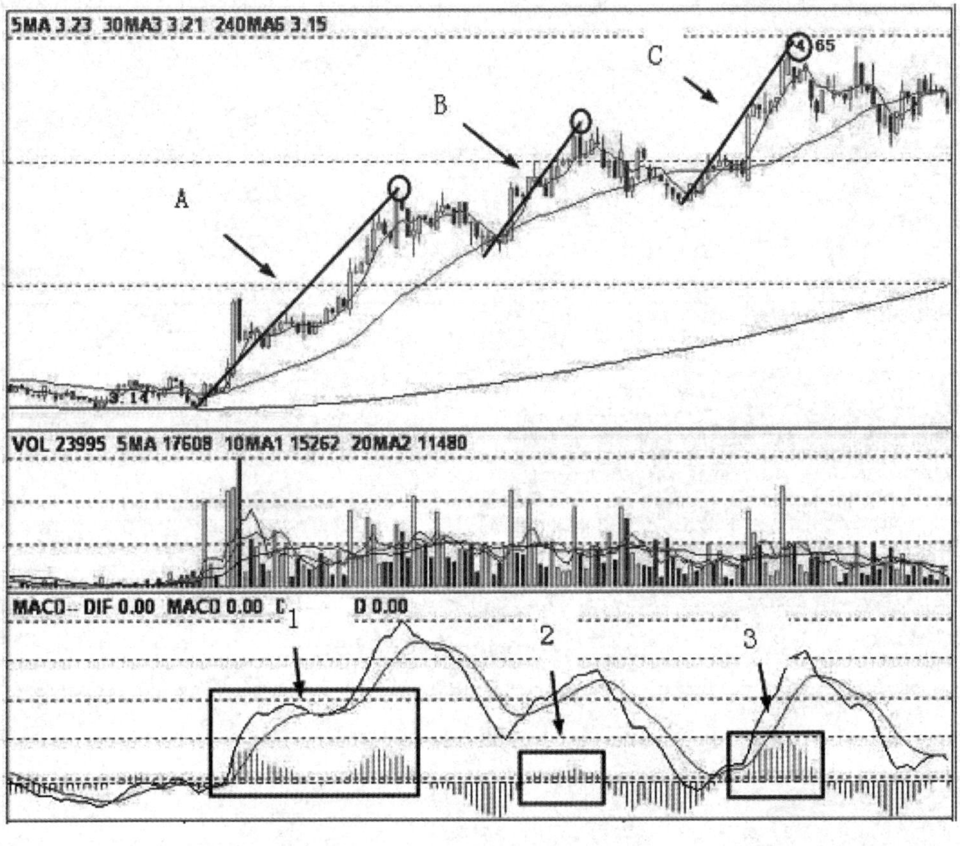

图3-55

如图3-56所示，下跌趋势中，产生出A、B、C、D四个下跌段，前三段不产生隔堆面积背离，直至在4.08元处出现面积4与面积3严重隔堆背离，此时应引起重视，注意把握买入时机。

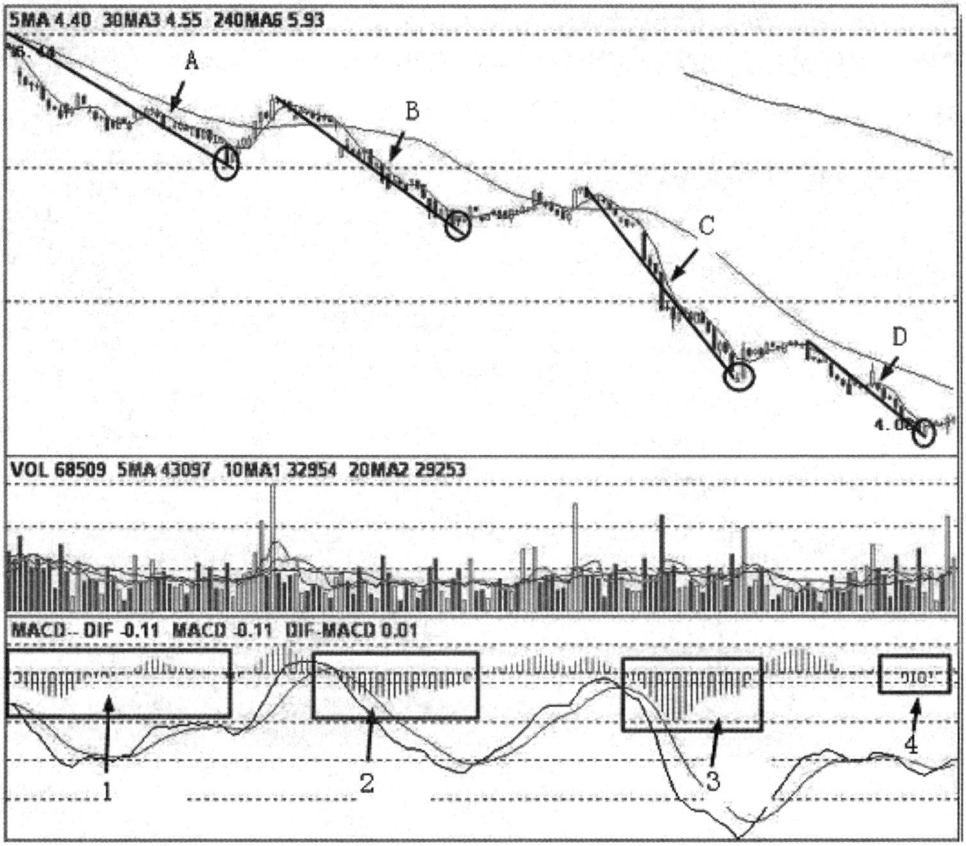

图3-56

小结：

趋势的第三段后发生彩柱线面积隔堆背离，如背离严重，一般都应引起高度重视；尤其是趋势发生二次以上的彩柱线面积隔堆背离时，大多都会存在绝佳的操作机会。

彩柱线面积邻堆背离，虽不如彩柱线面积隔堆背离需引起高度重视，这只是就短线操作级别如日线以下级别而言。因为短线操作级别上的短期调整，无论调整时间还是调整幅度，都是可以忍受的。如果操作的是中高级如周线、月线级别，则彩柱线面积邻堆背离也要高度重视，因为这种情况下的彩柱线面积邻堆背离引发的调整，不但幅度让人难以忍受，就是时间上也会让投资者失去耐性，从而影响到投资者的操盘心理，更不要说彩柱线面积隔堆背离了。

图3-57是发生在周K线图上的一个彩柱线面积邻堆背离，其引发的A下跌段调整时间长达8周，调整幅度达40%左右。这种邻堆背离引发的调整，会让投资者难以忍受，甚至影响到投资者的操盘心理。

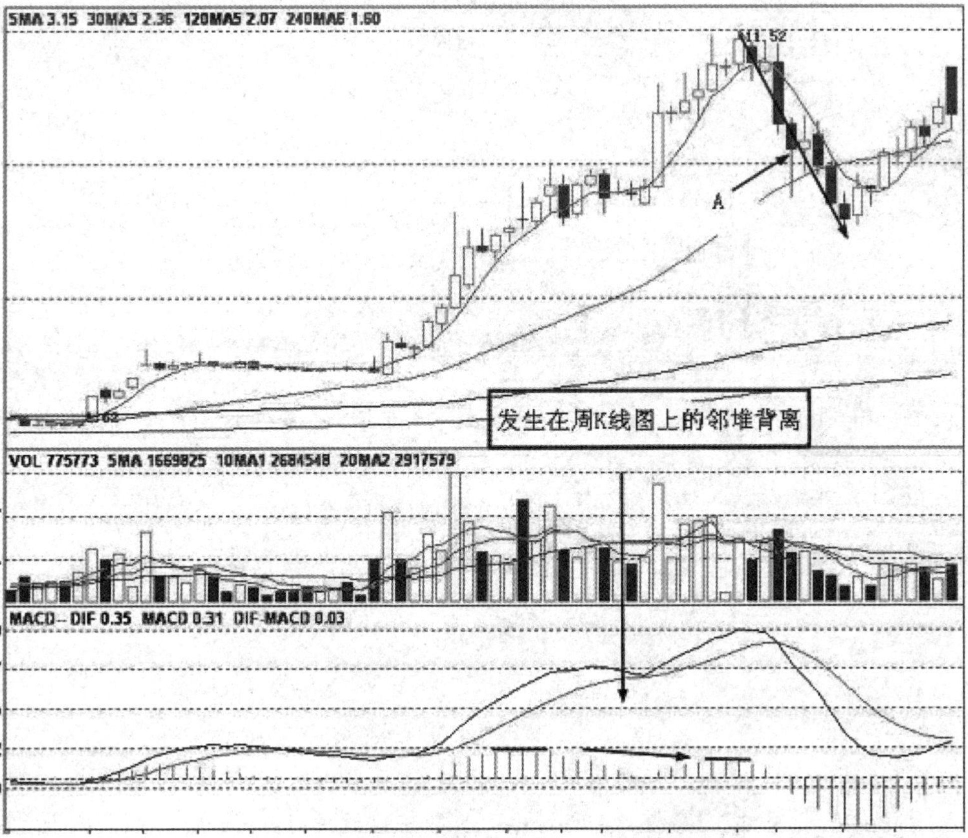

图3-57

图3-58是发生在周K线图上的一个彩柱线面积隔堆背离。从图中可以看到，B上涨段对应的红柱面积，相比A上涨段对应的红柱面积严重萎缩，随后引发的C下跌段调整时间长达34周，下跌幅度达50%以上。这种邻堆背离引发的调整，很可能会让投资者难以忍受，直至影响到投资者的

操盘心理。

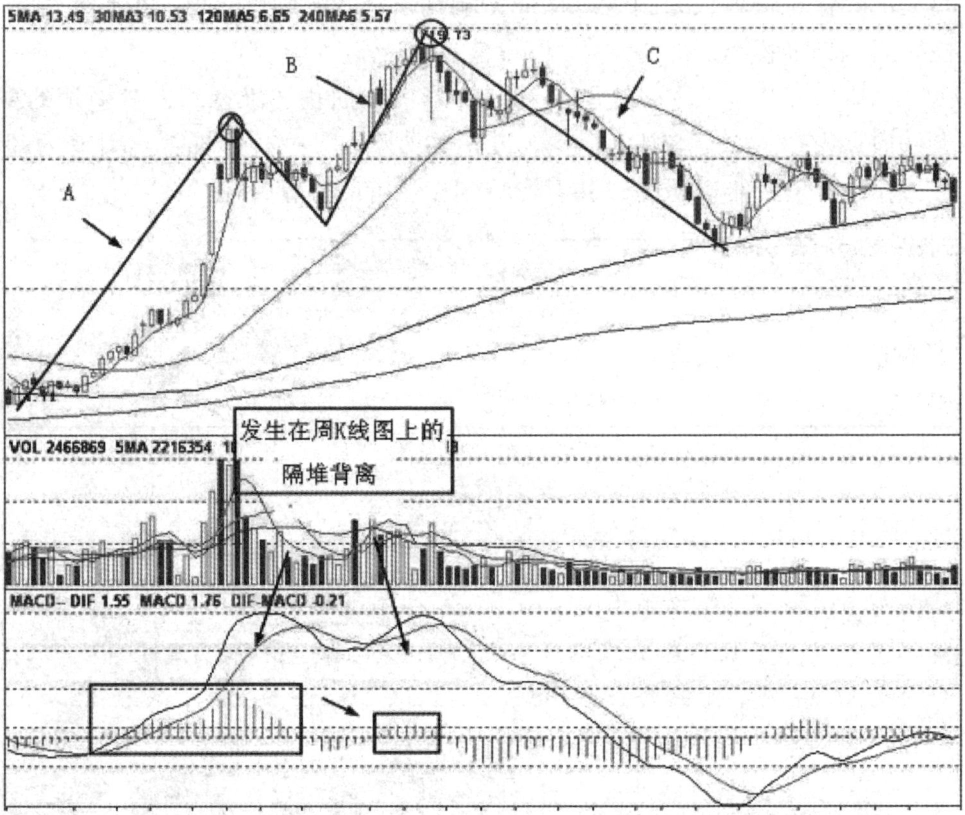

图3-58

总结：

在背离程度上，彩柱线面积隔堆背离一般较邻堆背离更严重，因此出现彩柱线面积隔堆背离的情况，即使在短线操作级别中，也应当引起高度重视。如果是在中长期如月线、周线操作级别上，则彩柱线面积邻堆背离也不可等闲视之。

第五节　黄白线相交面积背离

当K线图中股价创出近期新高或新低时，上涨或下跌段对应的MACD黄白线相交面积相比萎缩，则表明趋势动能衰竭，从而形成MACD黄白线相交面积背离。

如图3-59所示，上涨行情至4.68元处创出新高，对应上涨段B黄白线相交面积，相比前上涨段A黄白线相交面积萎缩，形成上涨趋势中的黄白线相交面积顶背离。

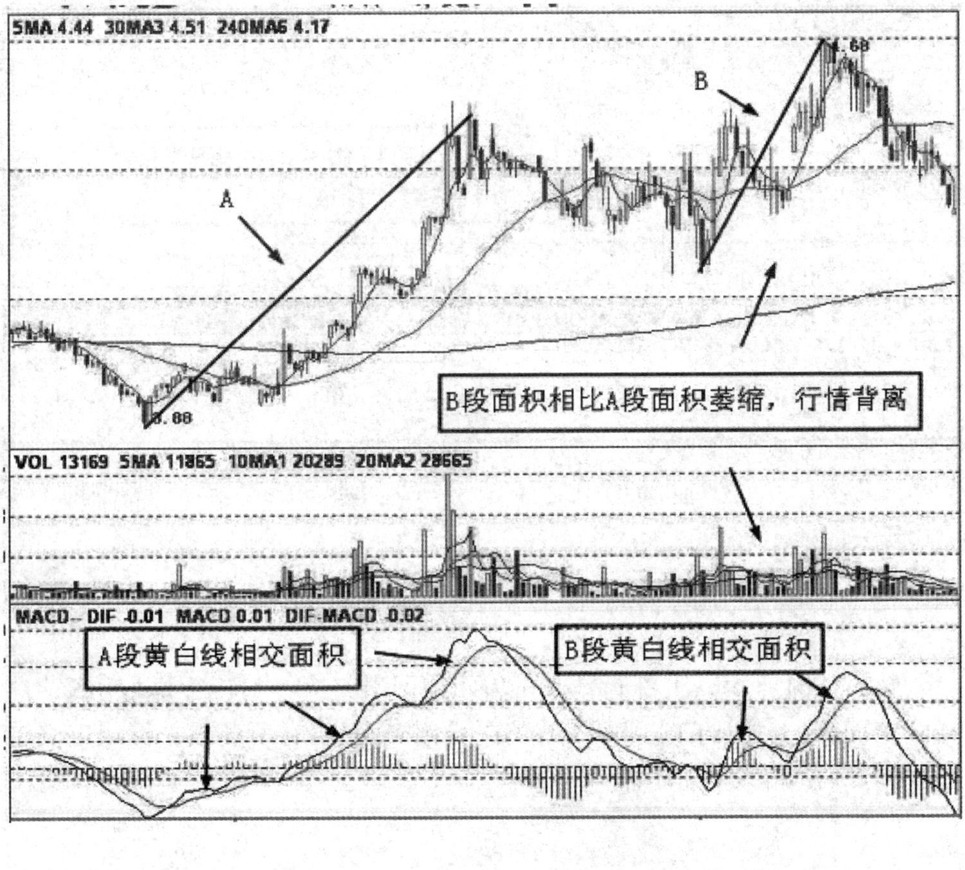

图3-59

如图3-60所示，上涨行情在20.30元处创出新高，对应上涨段C的黄白线相交面积，相比前上涨段B和前上涨段A的黄白线相交面积有所萎缩，形成上涨趋势中的黄白线相交面积顶背离。

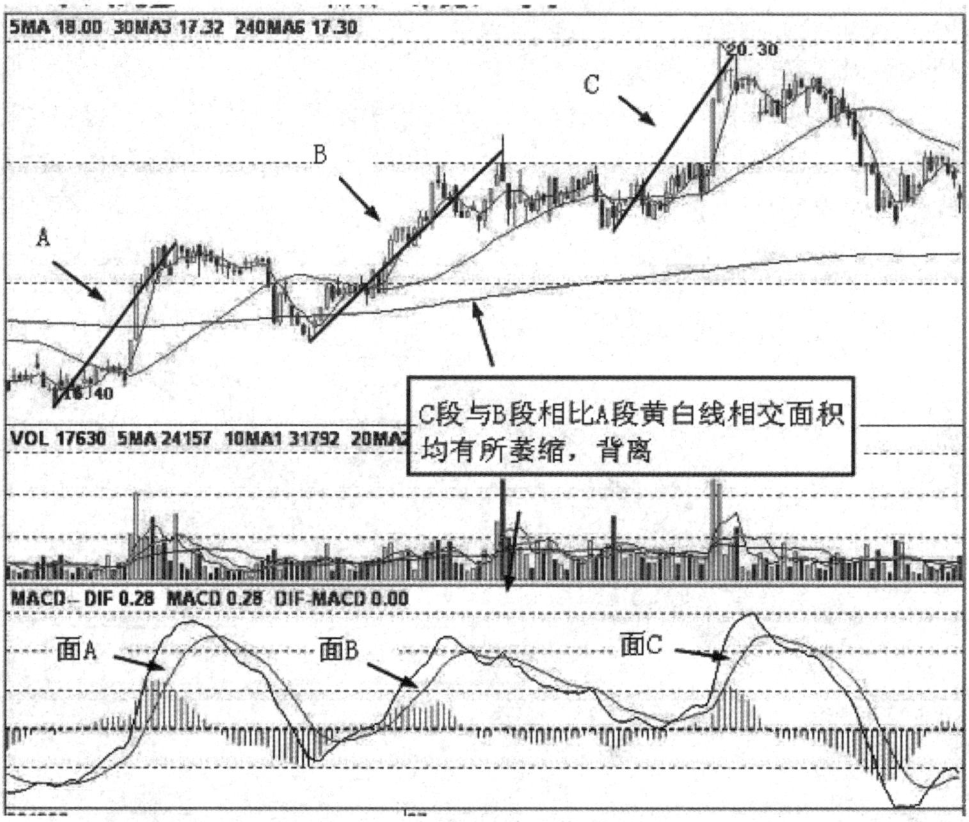

图3-60

如图3-61所示，上涨行情在6.29元处创出新高，对应上涨段B的黄白线相交面积2，相比前上涨段A的黄白线相交面积1有所萎缩，形成上涨趋势中的黄白线相交面积顶背离。

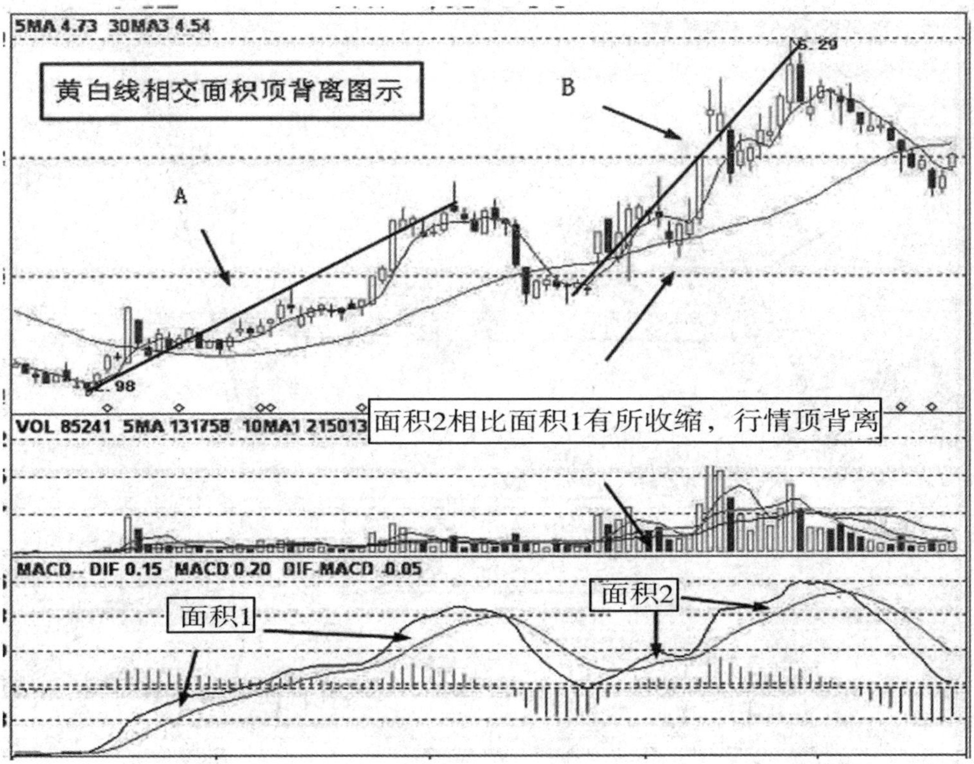

图3-61

如图3-62所示，上涨行情在4.71元处创出新高，B上涨段的黄白线相交面积B面，对比A上涨段黄白线相交面积A面仍有所扩大，未见萎缩，表明上涨趋势中暂未出现黄白线相交面积背离。

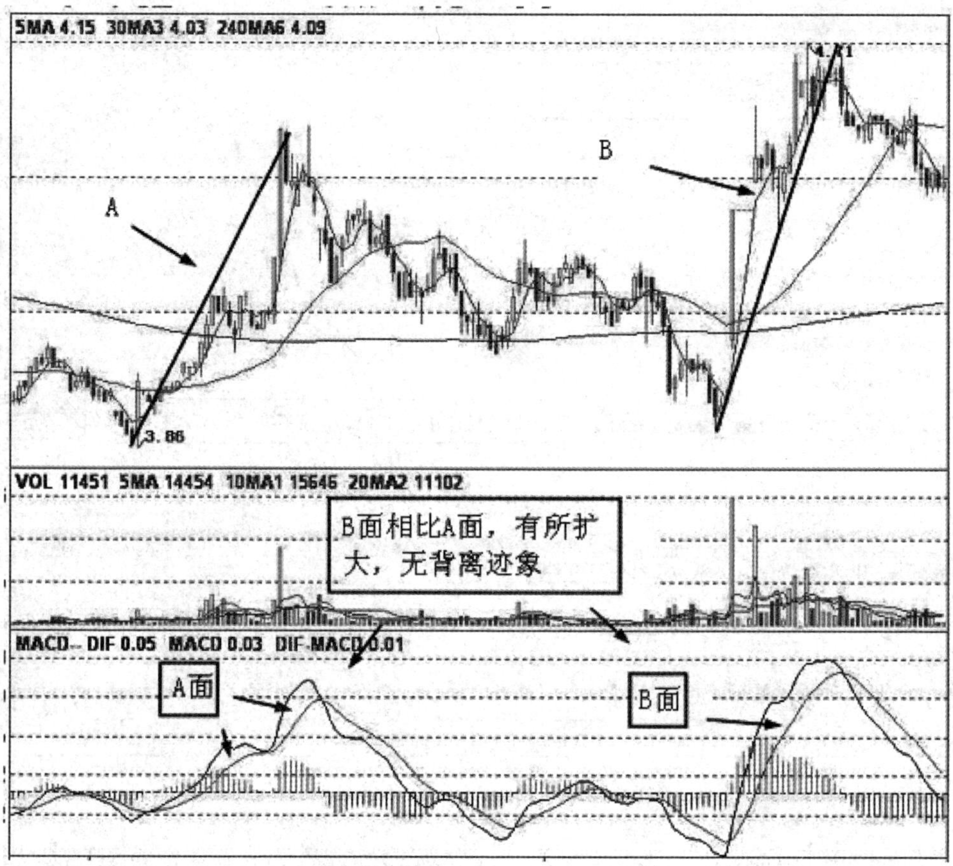

图3-62

如图3-63所示，下跌行情中，股价在7.38元处创出新低，C下跌段对应的黄白线相交面积3，相比B下跌段对应的黄白线相交面积2收缩得厉害，表明下跌趋势中出现黄白线相交面积底背离。

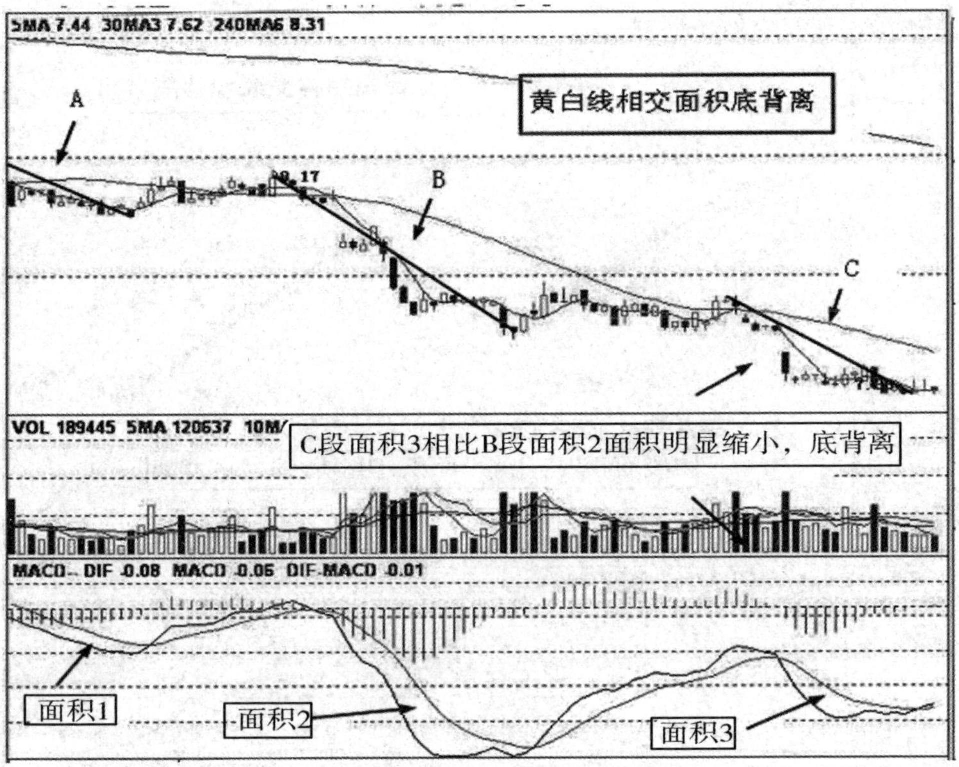

图3-63

如图3-64所示，下跌行情中，股价在5.67元处创出新低，B下跌段对应的黄白线相交面积2，相比A下跌段对应的黄白线相交面积1收缩得较厉害，表明下跌趋势中出现黄白线相交面积底背离。

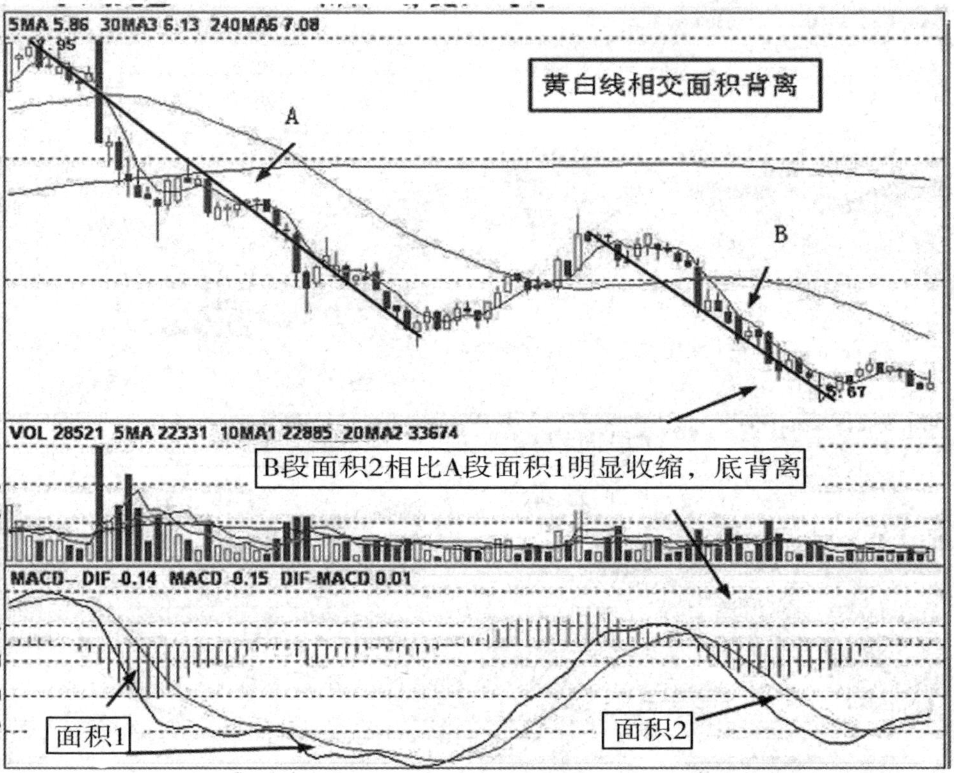

图3-64

如图3-65所示，下跌行情中，股价在3.39元处创出新低，C下跌段对应的黄白线相交面积3，相比B下跌段对应的黄白线相交面积2收缩较厉害，表明下跌趋势中出现黄白线相交面积底背离。

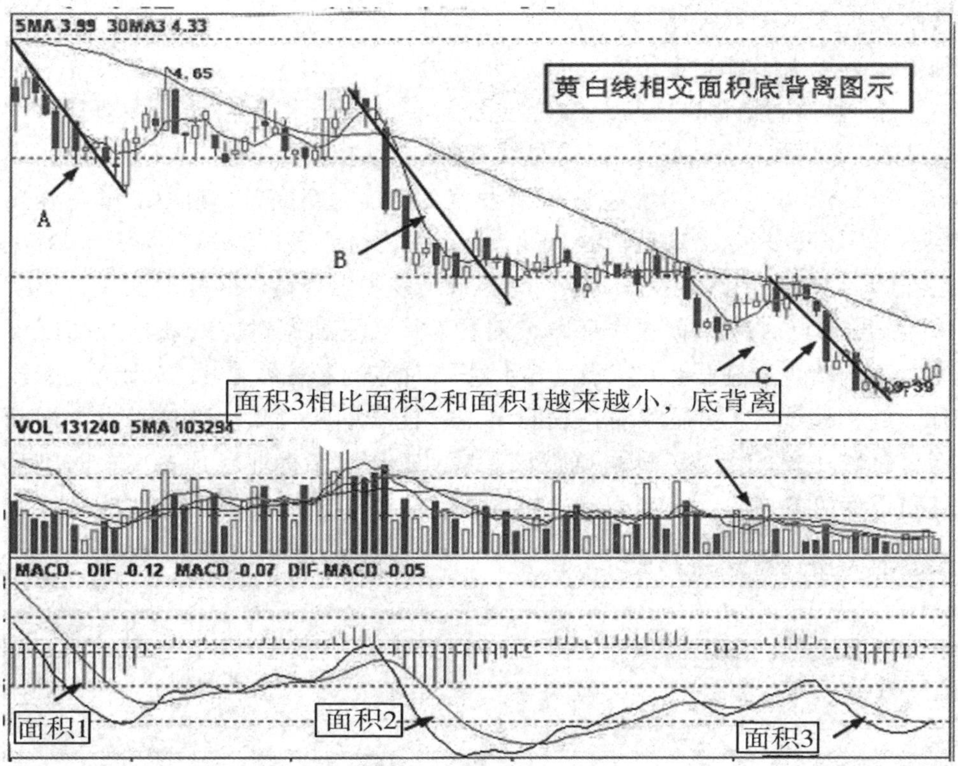

图3-65

小结：

黄白线相交面积背离作为MACD技术指标背离中的一种辅助分析手段，在实战中还是具有一定参考意义的。由于其面积成形和彩柱线面积成形原理大致相同，但在面积比较上不如彩柱线面积明晰，因此在具体操作中仅居于次要地位，最好和其他分析方法结合使用，作为一种印证方法来加以对待。

第六节 技术指标背离原则

MACD技术指标背离的几种分析方法，虽然分析的角度有所不同，但其内在原理和机制却是一脉相承的，都是趋势力度衰竭迹象的外在表现。

这些表现在不同的视角下会有一定的差别，但若能综合起来分析，就能找到更接近于未来真实走势的大致方向。

任何一次行情背离，必然会在K线图中的MACD技术图标上留下蛛丝马迹，或见诸于黄白线背离，或见诸于彩柱线背离，或黄白线、彩柱线同时背离。

如图3–66所示，上涨趋势行情发展到6.43元新高处，MACD黄白线高度下降明显，表明出现黄白线背离。B上涨段对应黄白线相交面积2，对比A上涨段对应黄白线相交面积1严重萎缩，表明出现黄白线相交面积背离。B上涨段高点对应的彩柱线高度，对比A上涨段高点对应的彩柱线高度下降，表明出现彩柱线长度背离。B上涨段对应的彩柱线堆B，对比A上涨段对应的彩柱线堆A明显收缩，表明出现彩柱线面积背离。像这种方方面面均有背离迹象的走势，即可确认该图MACD技术指标业已顶背离，时刻都有向下变盘的风险，应当引起高度警惕，宜尽早出局以规避风险。

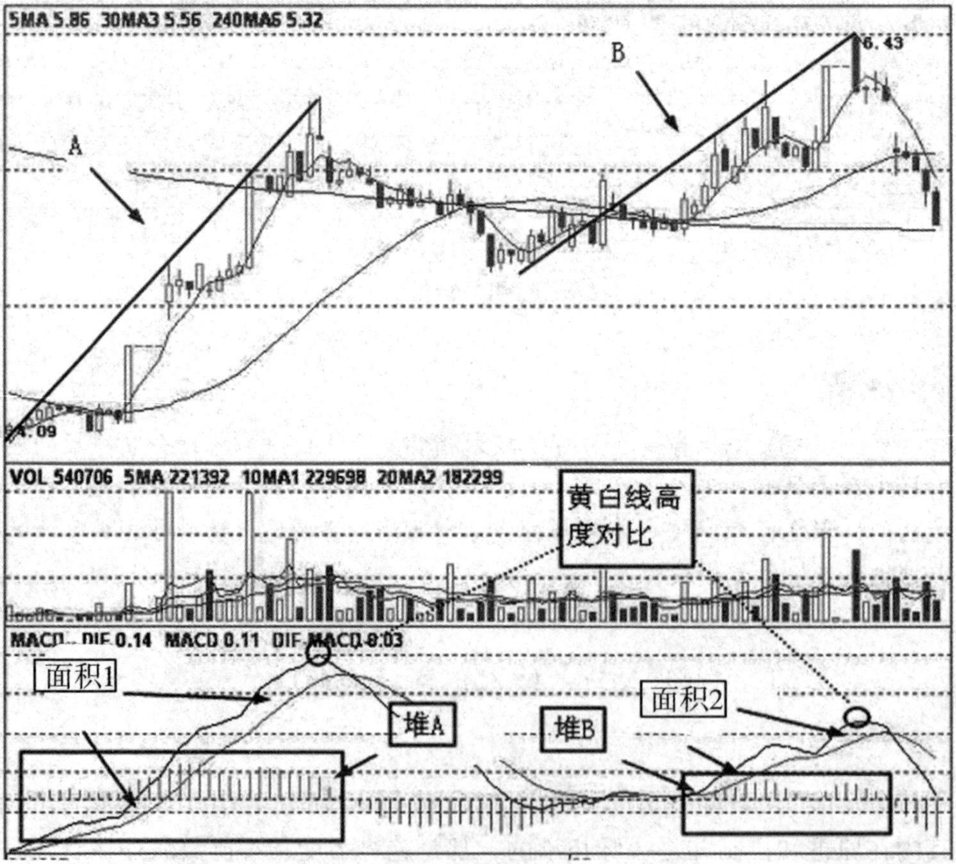

图3–66

如图3-67所示，下跌趋势行情发展到新低3.78元处，MACD黄白线高度不断抬升，表明黄白线背离。C下跌段对应的黄白线相交面积3，对比B下跌段对应的黄白线相交面积2萎缩严重，表明黄白线相交面积背离。C下跌段低点对应的彩柱线长度，对比B下跌段低点对应的彩柱线长度缩小，表明彩柱线长度背离。C下跌段对应的彩柱线堆C，对比B下跌段对应的彩柱线堆B明显收缩，表明彩柱线面积背离。像这种方方面面均有背离迹象的走势，即可确认该图MACD技术指标业已底背离，时刻都有向上变盘的可能，应当引起重视，注意把握买入机会。

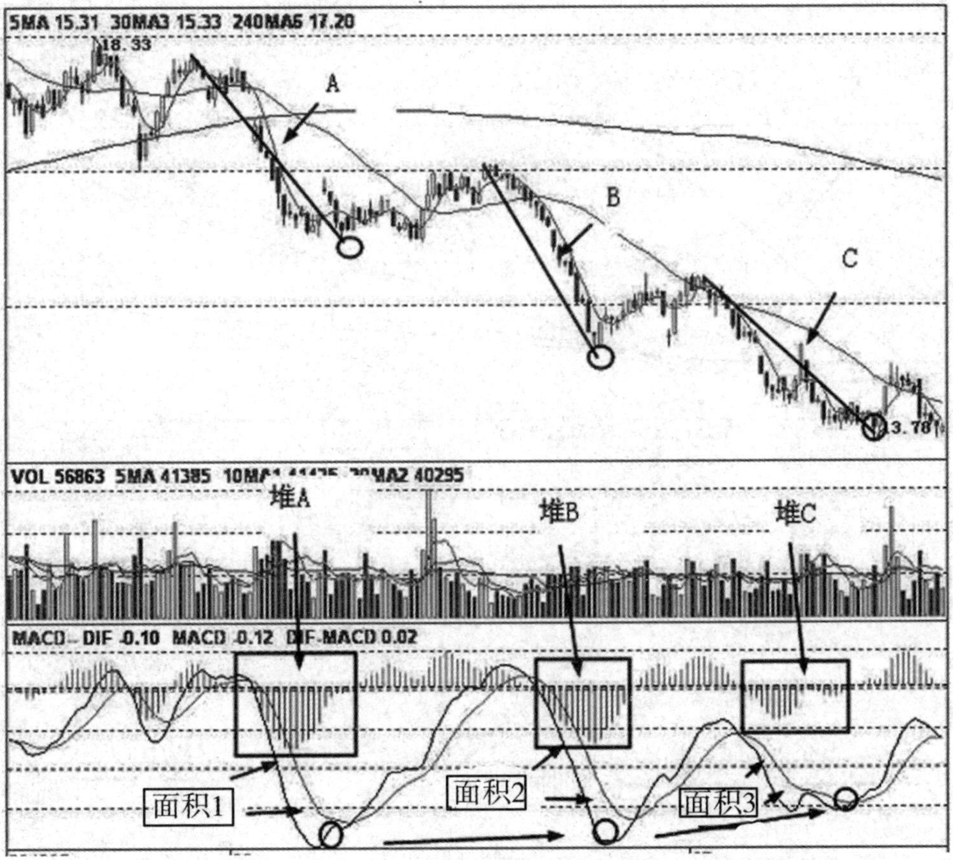

图3-67

用MACD技术指标分析背离，会出现用某种方法分析表明出现背离，而用另一种方法分析表明不背离或背离不明显的情况，对于这一问题，原则上上涨趋势卖出时以背离对待，下跌趋势买入时暂不作为背离对待。

如图3-68所示，上涨趋势中，B上涨段对比A上涨段出现黄白线顶背离和黄白线相交面积顶背离；15.14元新高处对应的彩柱线当堆背离，但B上涨段对比A上涨段彩柱长度和面积顶背离不明显。这种某些方式显示背离，另外一些方式显示未背离或背离不明显的情况，卖出时一般当作技术指标顶背离对待，为的是以防万一，规避可能发生的下跌风险。

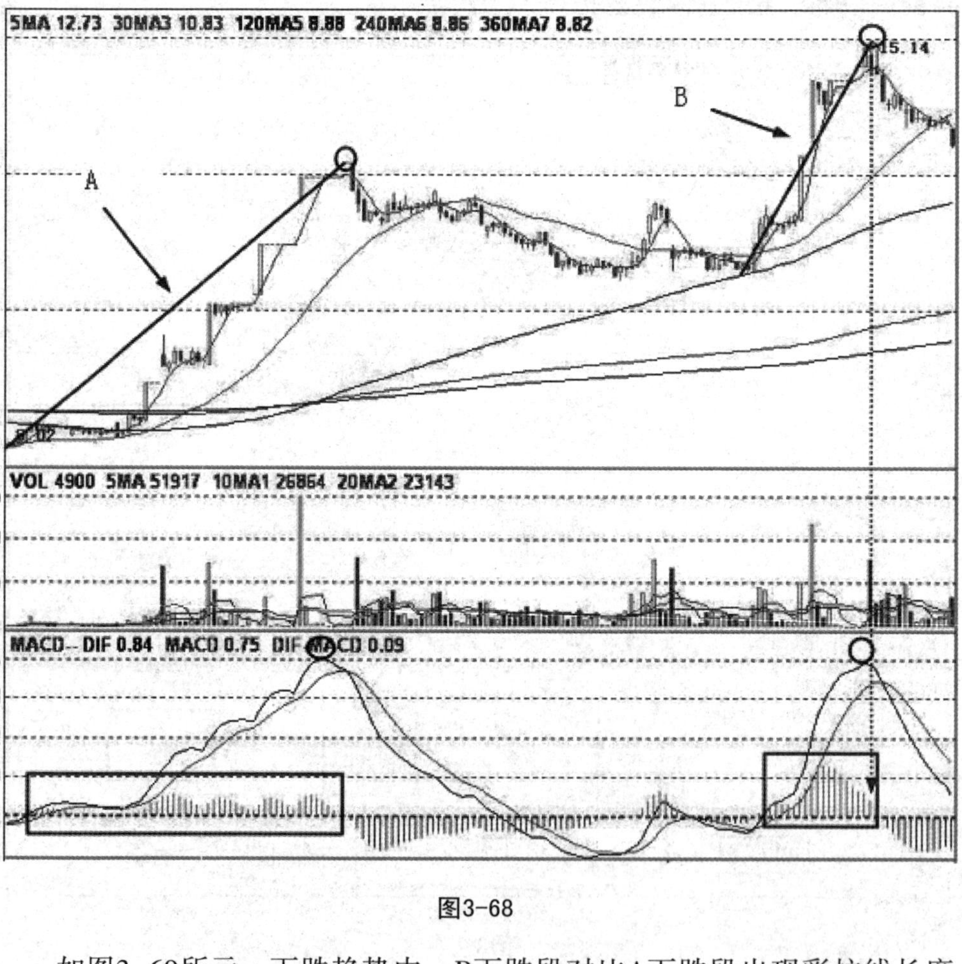

图3-68

如图3-69所示，下跌趋势中，B下跌段对比A下跌段出现彩柱线长度底背离和彩柱线面积底背离，同时黄白线相交面积也显示底背离，但黄白线底背离尚不明显。在这种情况下，买入时可暂不当作技术指标底背离对待，待出现更明朗的底背离时再买进，或者另觅他股。

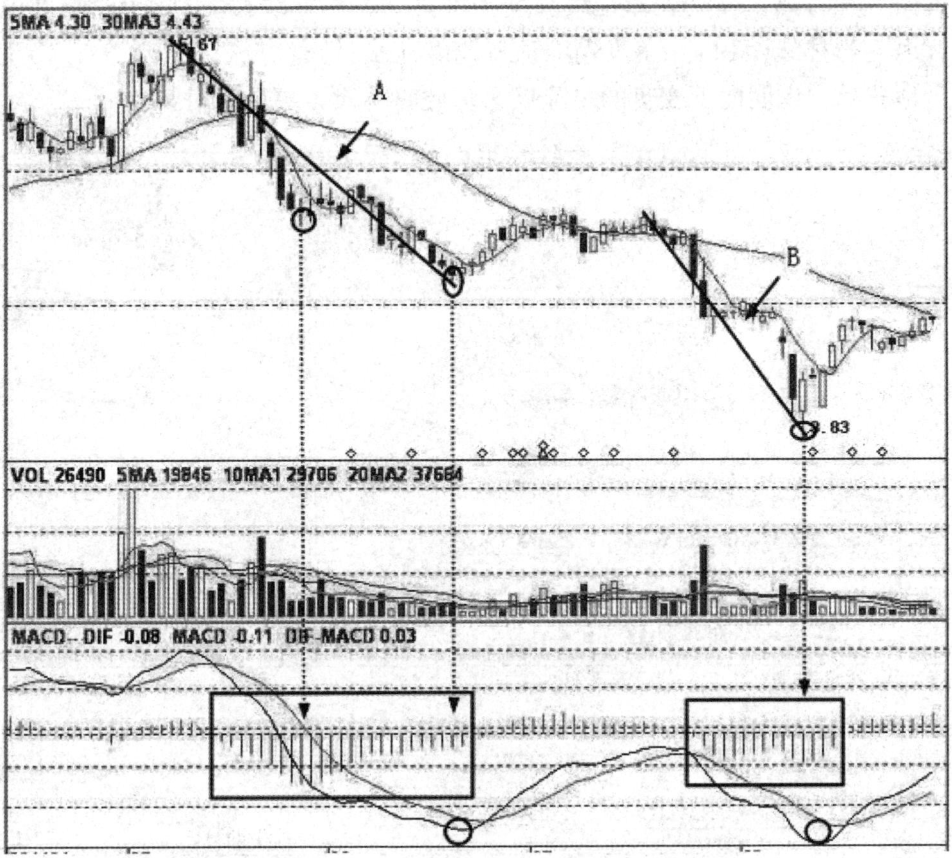

图3-69

用技术指标背离分析方法指导操作时，还可以与前面讲解的形态背离分析方法相结合，这样能使分析结果更准确，可靠性更强，操作更具安全性。

尤其是在下跌趋势中，切记要注意等到各种底背离都明显时再介入，这样就不会因为冲动或误判而过早介入；在上涨趋势中，只要出现某一方面严重顶背离现象，就要立即离开，这样不会因为过分贪婪错失抛售良机，能尽早地规避可能发生的变盘风险。

如图3-70所示，上涨趋势中，上涨段C对比上涨段B，形态上出现趋势幅度顶背离，时间度顶背离，均线相交面积顶背离。MACD技术指标出现黄白线顶背离，新高处彩柱线长度当堆背离，彩柱线长度对比B段隔堆顶背离，彩柱线面积对比B段隔堆顶背离。从多种角度分析行情走势，均显示顶背离，说明向下变盘的风险极大，此时不卖，更待何时？

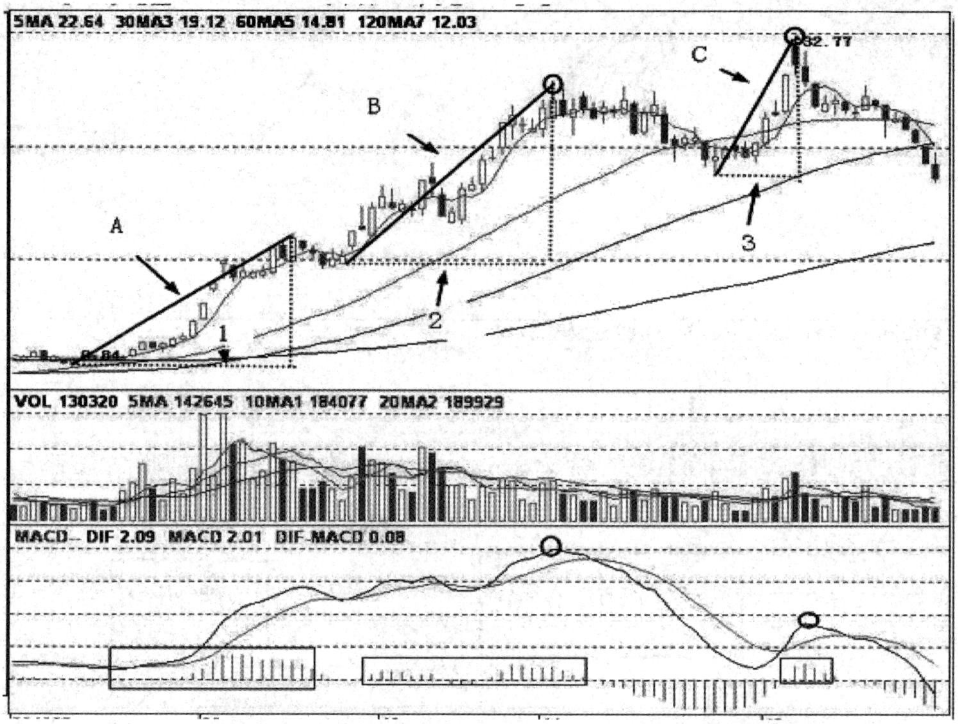

图3-70

如图3-71所示，上涨趋势中，上涨段B对比上涨段A，MACD黄白线不背离，黄白线相交面积不背离，彩柱线长度、面积顶背离也不明显。再看形态上，上涨幅度不背离，均线相交面积不背离，仅时间度上顶背离强烈。这种上涨趋势中产生的任何一种十分显著的顶背离，即使其他方面仍没有背离迹象，都应引起警觉。采用这种综合分析方法，可以避免用单一方法分析时，因未现顶背离而造成的严重后果。

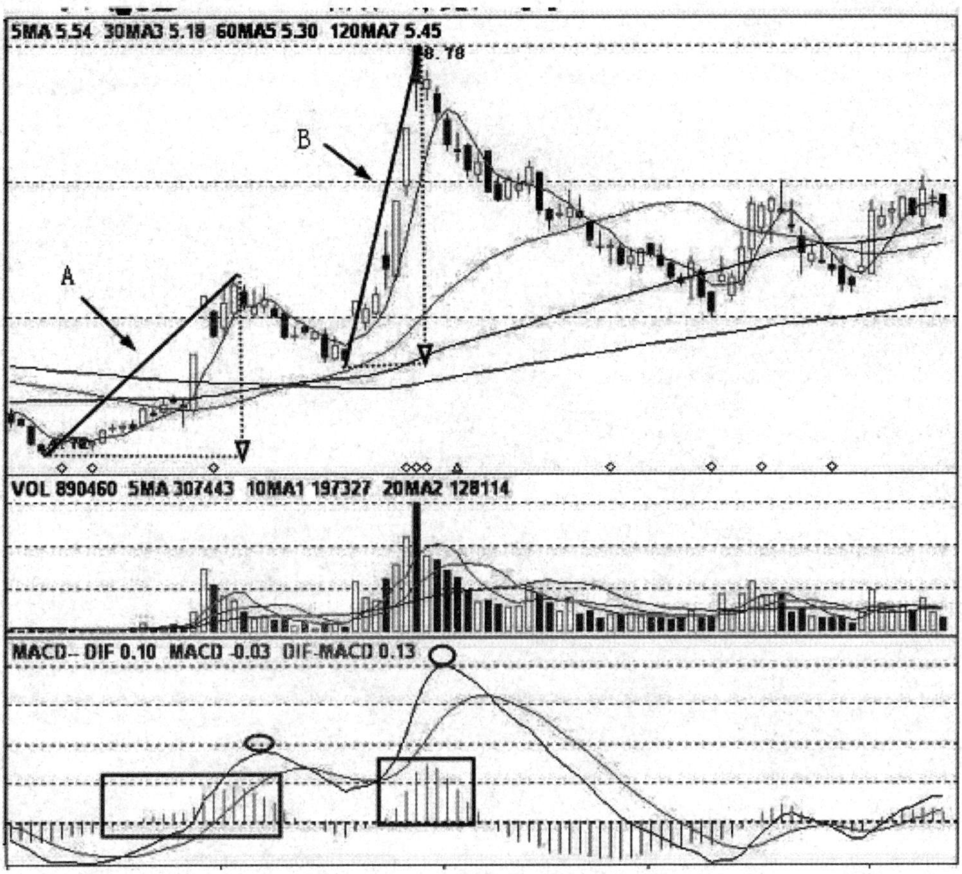

图3-71

图3-72为MACD技术指标的4种基本背离形式。

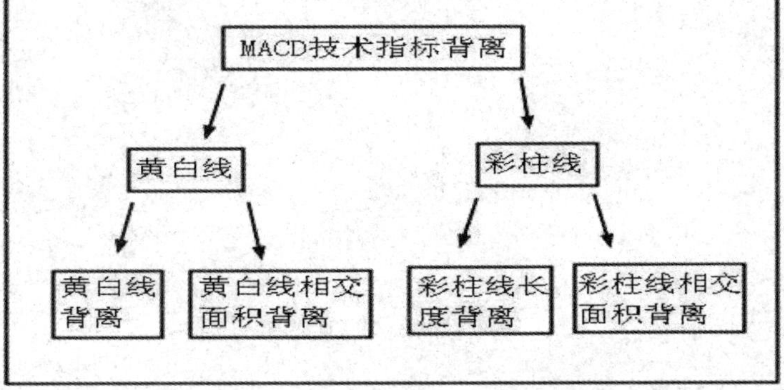

图3-72

第四章 背离与背驰

第一节 背离了又背离

前面重点介绍了趋势形态和MACD技术指标的背离分析方法。背离可以说是趋势即将发生反转的先兆或信号，因其能提前预知趋势反转而极具理论和实践上的双重指导意义。但是在实际操作中，并不等于说一看见顶背离就必须迅速卖出，一看见底背离就可以迅速买入。如果这么简单，那投资就真是一件比吃饭还要容易的事了。

用背离来指导实际操作的难点在于：出现了背离之后，趋势存在变盘的可能，但很多时候，行情走势会出现背离了又背离，直至多次背离后，才最终发生反转。在这种情况下，对于卖出来说，第一次出现顶背离就卖出，完全有卖早的可能。对于买入来说，第一次出现底背离就买入，也完全有买早的可能。

卖早了只是少赚点利润，但对于买入来说，如果介入时机过早，遇到背离了又背离的情形，除了要承受时间上的折磨，还要承受真金白银的损失。因此对于背离了又背离的情况，就不得不加以认真的剖析。

如图4-1所示，上涨趋势中，股价至2处创出新高，MACD黄白线未出现背离，但彩柱线发生邻堆背离。至4处再创新高，此时黄白线发生顶背离，彩柱线无论长度、面积都产生隔堆顶背离。至5处虽然股价仍创新高，但黄白线、彩柱线长度、面积都再次出现顶背离。

像这种背离了又背离的情况，因行情多次发生背离，在2、3处卖出，就会有卖出过早的嫌疑。发展到5处时，变盘的风险已高度累积，此时再滞留，就尤如走钢丝一样危险。因此具体应在何处卖出，既能取得更大收益，又能规避突发的下跌风险，就是一个相当重要的课题。

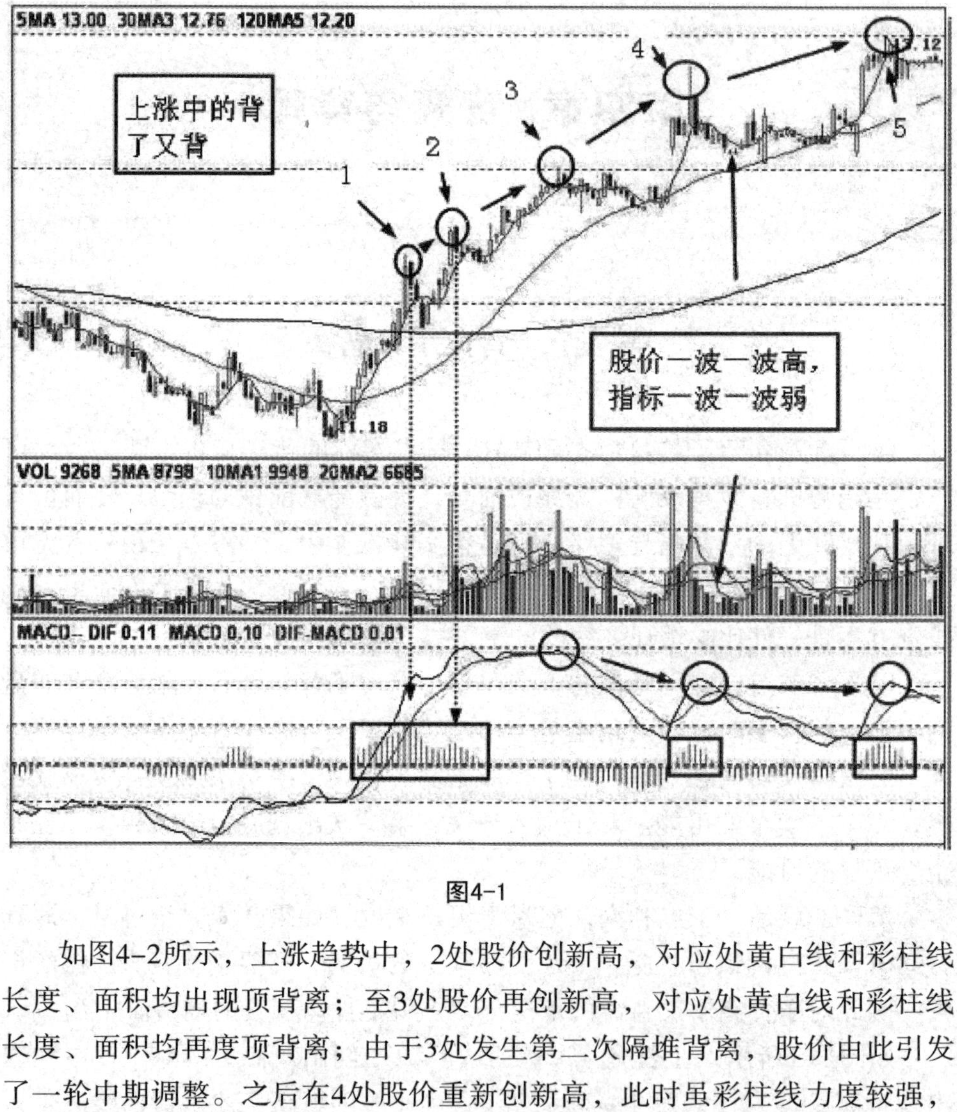

图4-1

如图4-2所示，上涨趋势中，2处股价创新高，对应处黄白线和彩柱线长度、面积均出现顶背离；至3处股价再创新高，对应处黄白线和彩柱线长度、面积均再度顶背离；由于3处发生第二次隔堆背离，股价由此引发了一轮中期调整。之后在4处股价重新创新高，此时虽彩柱线力度较强，但黄白线和1比已明显下降，表明顶背离在继续。至5处股价创新高后，彩柱线长度、面积和4处相比发生隔堆背离，黄白线仍无法突破1的高度，顶背离累积的风险一触即发，随后开始下跌。

对于这种背离了又背离的情况，在2、3处的卖出也许为时过早，但至4、5处仍滞留不走，就如虎口夺食一样危险。具体应在何处卖出既能取得更大的收益，又可规避突发的风险，这是投资者感到疑惑的一个问题。

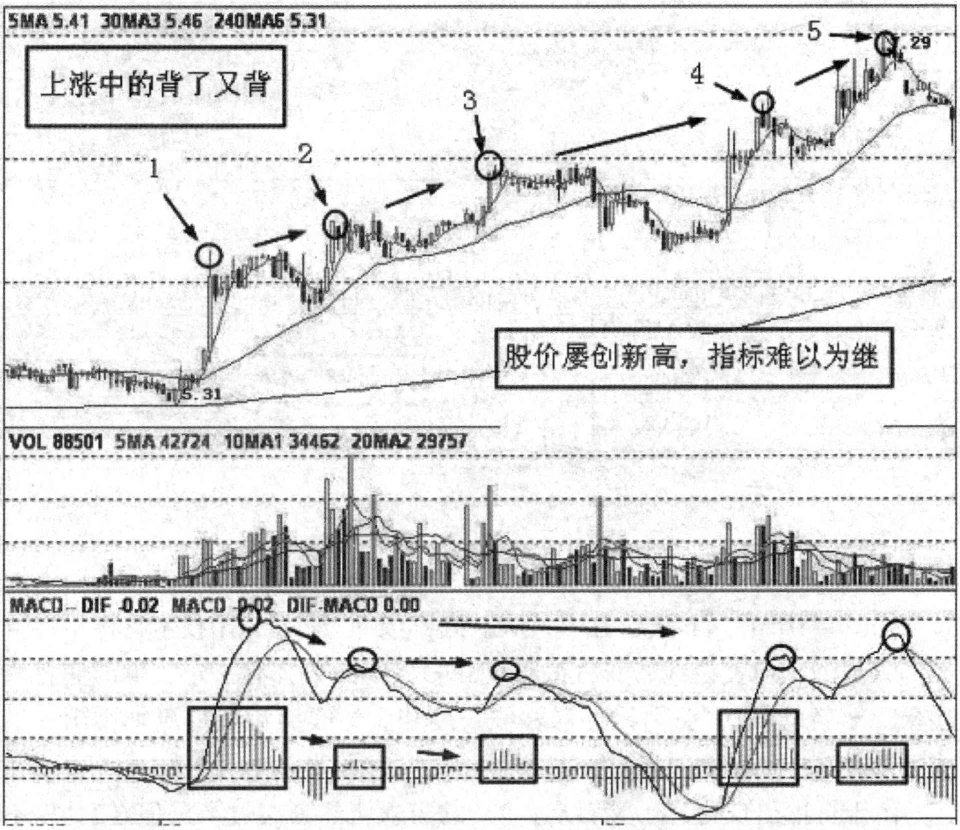

图4-2

如图4-3所示，下跌趋势中，从新低1至新低4，形态上均线相交面积越来越小，表明趋势背离了又背离。MACD技术指标上黄白线越抬越高，彩柱线长度越来越短，彩柱堆面积越来越小，表明行情背离了又背离。至4处时已多次底背离，表明向上变盘的能量不断蓄积。

由于行情出现背离了又背离，若在2、3处买入，显然进入过早。因此何处的背离才是最值得进入的背离，就是一个必须加以研究的课题。

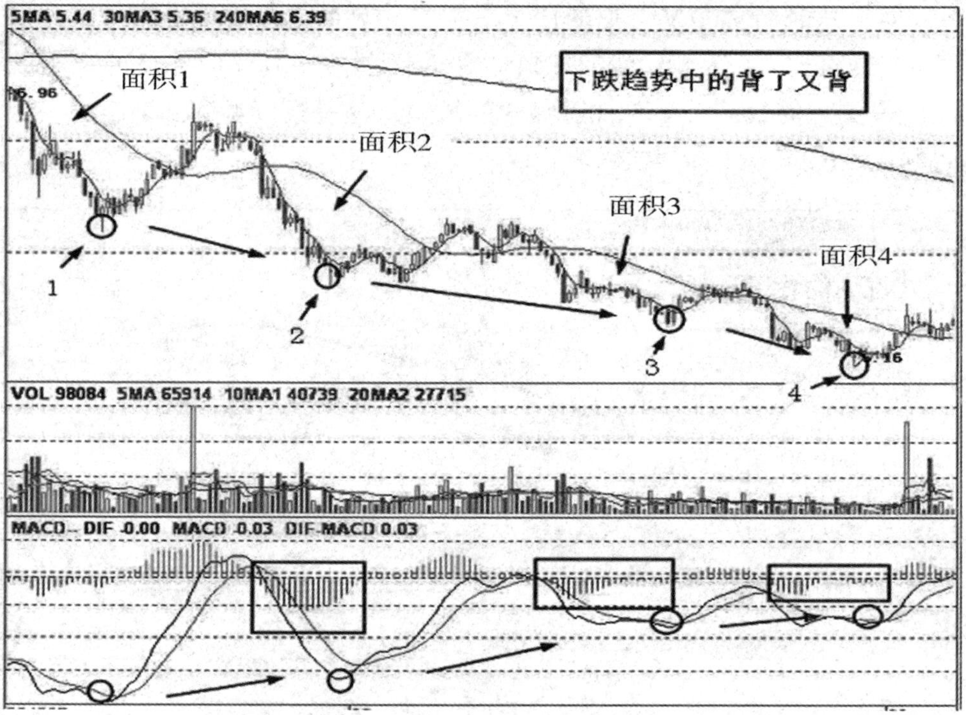

图4-3

如图4-4所示，下跌趋势中，从新低1至新低2，MACD技术指标虽然背离不太强烈，但黄白线、彩柱线长度和彩柱线面积都有一定程度的底背离迹象。至新低3时，黄白线、彩柱线长度和彩柱线面积背离更加突出，形成下跌趋势中的背离了又背离。

由于行情出现背离了又背离，2处的买入显然为时过早。但至3处应不应该买入，仍是必须面对的问题。

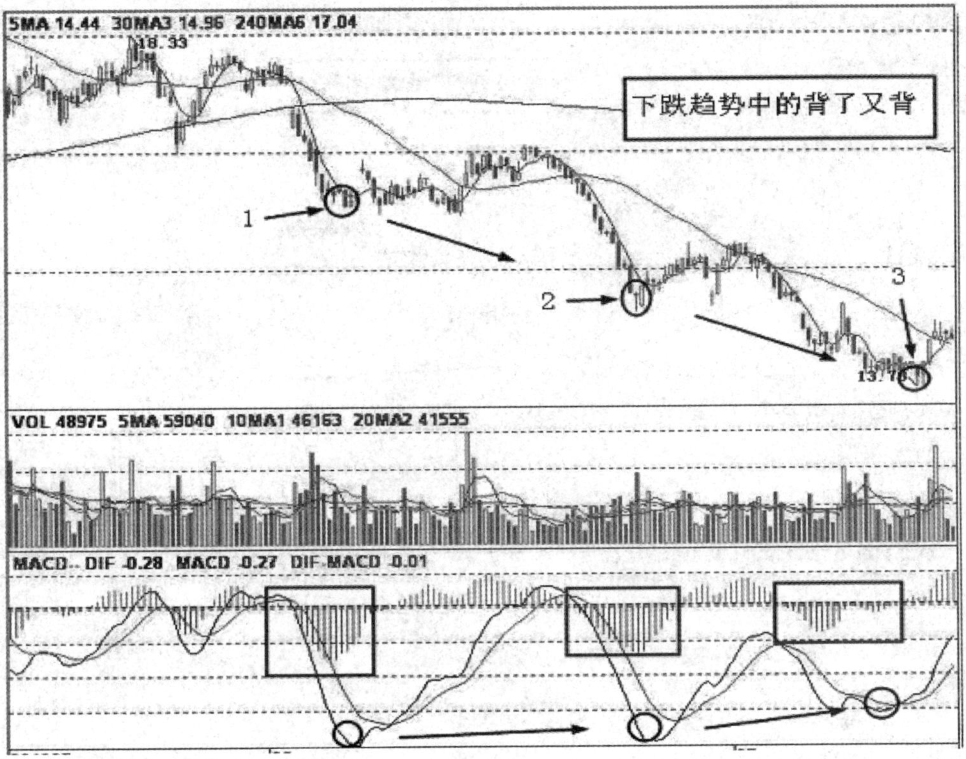

图4-4

如图4-5所示，行情下跌至2处创新低，彩柱线长度、面积背离不明显，但黄白线反而抬升，表明MACD黄白线底背离。由底背离引发一轮反弹后，至3处股价再创新低，此时除彩柱线长度、面积隔堆小幅背离外，黄白线继续抬升，表明行情背离了又背离。由于行情出现背离了又背离，2处的买入就显得为时过早。

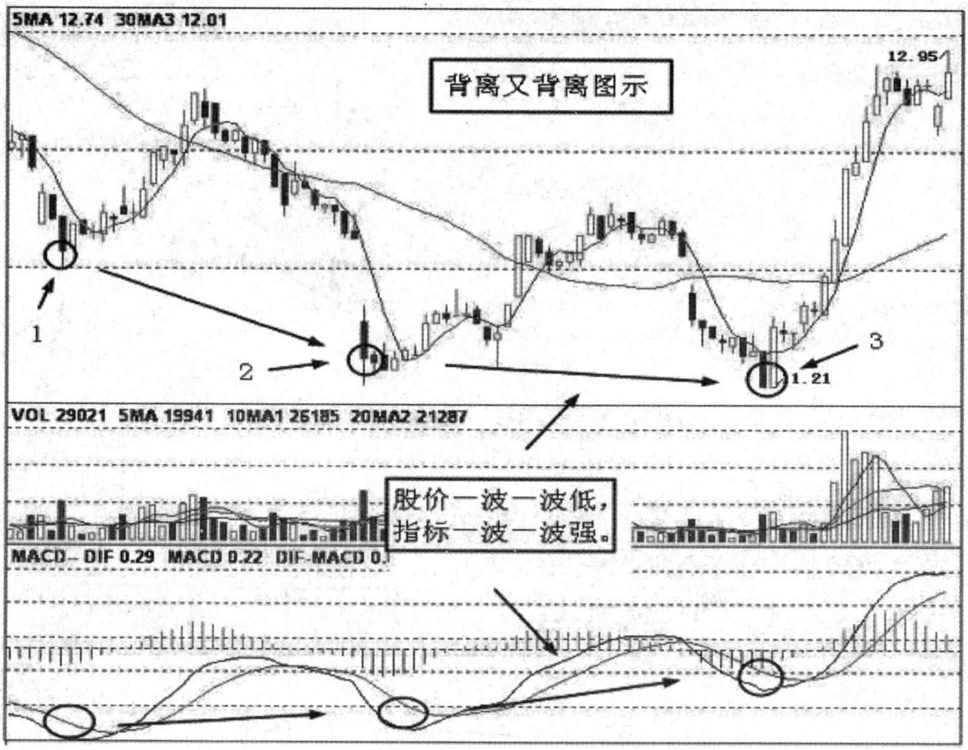

图4-5

从以上数例可以看出，正是由于背离可以背离了又背离，所以给投资者以背离分析指导操作造成了决策上的困惑。上涨趋势中，出现顶背离，如若立即卖出，担心走势背离了又背离，错失一段相当的涨幅；如若不卖出，又担心行情就此反转，遭受严重损失。下跌趋势中，轮到买入时，情形则正好相反。出现底背离，如若立即买入，担心行情走势背离了又背离，后面还有相当跌幅；如若不买，又担心行情就此反转，从而失去最佳买入时机。

因此，对于什么样的背离可以等待，什么样的背离值得操作，就成了一个必须深入研究并解决的课题，这就引出了另一个与背离有关的概念——背驰。

第二节　背离与背驰

何谓背驰？从字面上来理解，就是背道而驰，即本来要向南，却往北；本来应向上，却向下。背驰是一种极不合常理的现象，因为违反客观规律，故凡背驰的东西或事物，一般都不会维持长久。人们常说的黎明前的黑暗，灭亡前的疯狂，就是背驰。背驰也可以说是原趋势方不甘心走向失败所作的最后一次努力。

背驰和背离一样，都是事物即将走向反面的征兆。但背驰和背离无论在量还是质上都是有区别的。趋势的背离，不管是形态还是技术指标，从一开始背离起，行情可以马上发生转析，也可以背离了再背离，甚至多次背离后才发生真正的转折。无论采取哪种转折方式，理论上都是合理的，允许的。

背驰与此不同。背驰一旦产生，马上就会发生转折。背驰是背离量积累到一定程度下发生的质的变化，是背离的蜕变和飞跃。因此笔者给背驰所下的定义为：背离是背驰的前奏和预演，而背驰则是趋势的最后一次背离。

不管趋势的背离发生多少次，趋势总归会有结束的时候。由于行情的最后一次背离就是背驰，理论上只要找到了趋势的背驰点，就找到了趋势反转最为关键的节点，也就是实际操作中的最佳买卖点。因此，操作的核心就由寻找背离点最终上升到寻找背驰点。

如图4-6所示，上涨趋势行情发展到2处，股价创出新高，MACD黄白线不再新高，表明行情出现顶背离，但此处的背离虽导致行情发生一定幅度的调整，却并未造成趋势真正反转，因此2处的对应点只是趋势的背离点。

行情发展到3处，股价再创新高，MACD黄白线相比1处仍无法创新高，表明行情再度顶背离。由此背离点导致原趋势发生下跌反转，所以3处对应的点就成了原上涨趋势的背驰点，3处的背驰就称为顶背驰。

注意：图中3处的顶背离与1处相比，已是二次隔堆背离，且MACD黄白线有了一次从高位返回到0轴附近的过程，这种情形下很容易由顶背离发展成顶背驰，3处趋势反转一触即发，应当赶紧卖出。

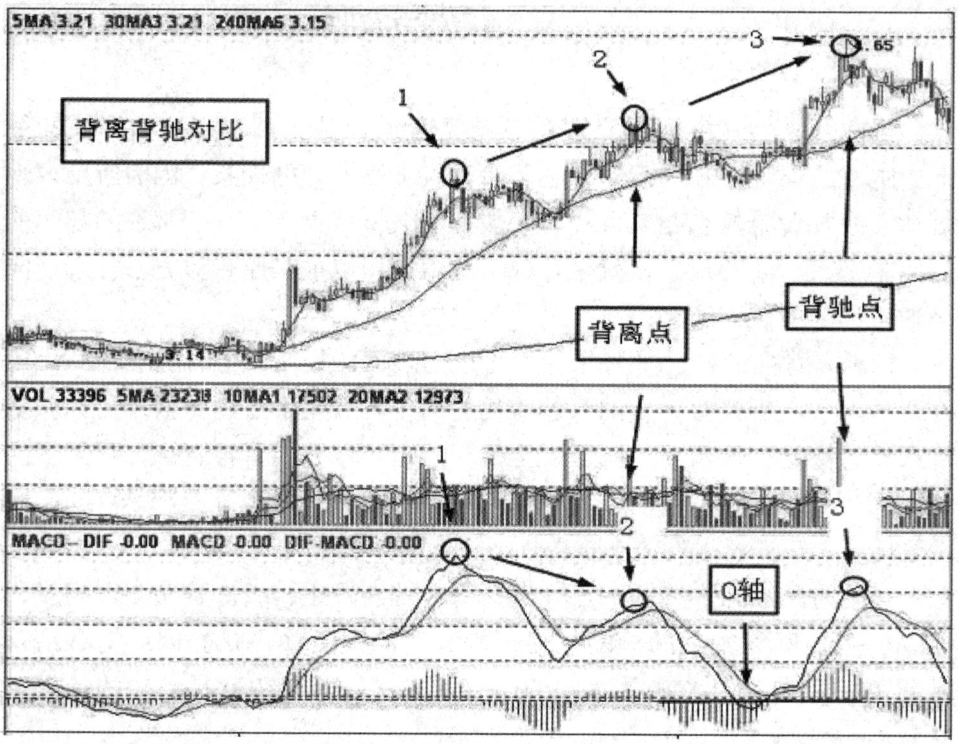

图4-6

如图4-7所示，上涨趋势发展到2处，行情调整后再创新高，对应处MACD黄白线下降得厉害，行情顶背离明显。但2处的顶背离却并未引发趋势反转，股价经再次调整后再创新高，至3处MACD黄白线仍无法超越1处的高度，二次顶背离明显。

注意：3处的顶背离与1处相比，已是二次隔堆背离，且MACD黄白线有了一次从高位返回到0轴附近的过程。这种情形下由顶背离发展成顶背驰的概率大增，趋势反转一触即发，应当赶紧卖出。

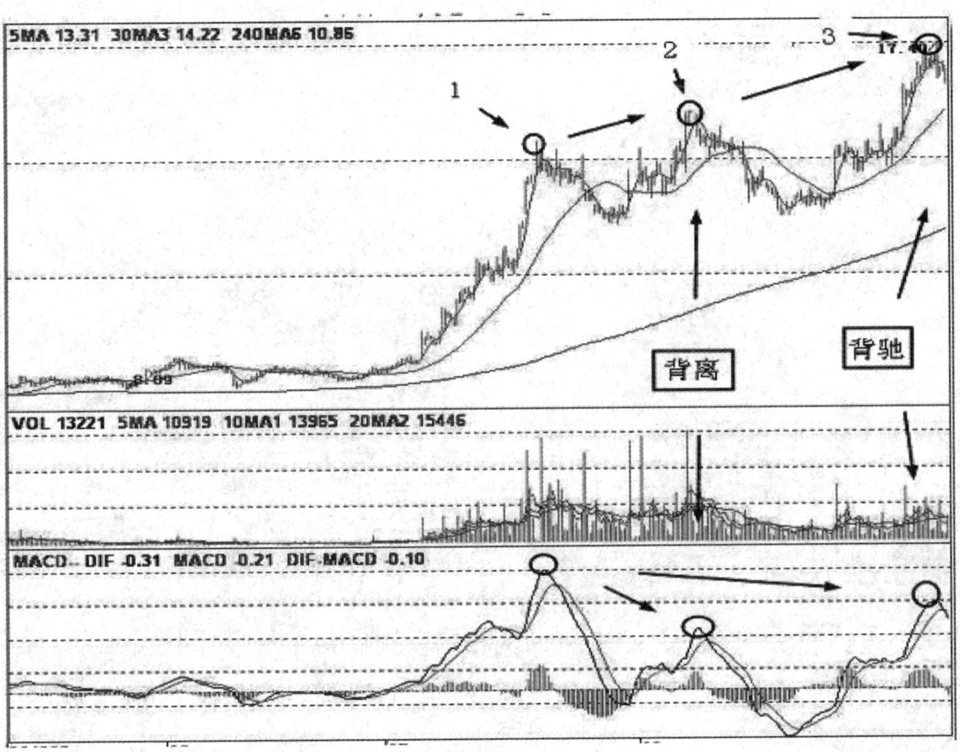

图4-7

如图4-8所示，下跌趋势中，行情发展到2处创新低，对应的MACD黄白线不创新低，表明行情出现底背离。2处的底背离并未导致趋势真正反转，行情发展至3处再创新低，MACD黄白线再度底背离。

3处的背离又背离仍未导致趋势反转，直到行情发展到4处再创新低，MACD黄白线无法再次创新低，行情已经背离了3次，且4处与1处相比产生了二次以上隔堆背离，MACD也有了一次从低位返回0轴的过程。这种情形下，背离引发背驰的概率已大增，趋势向上变盘一触即发，应当择机买入。

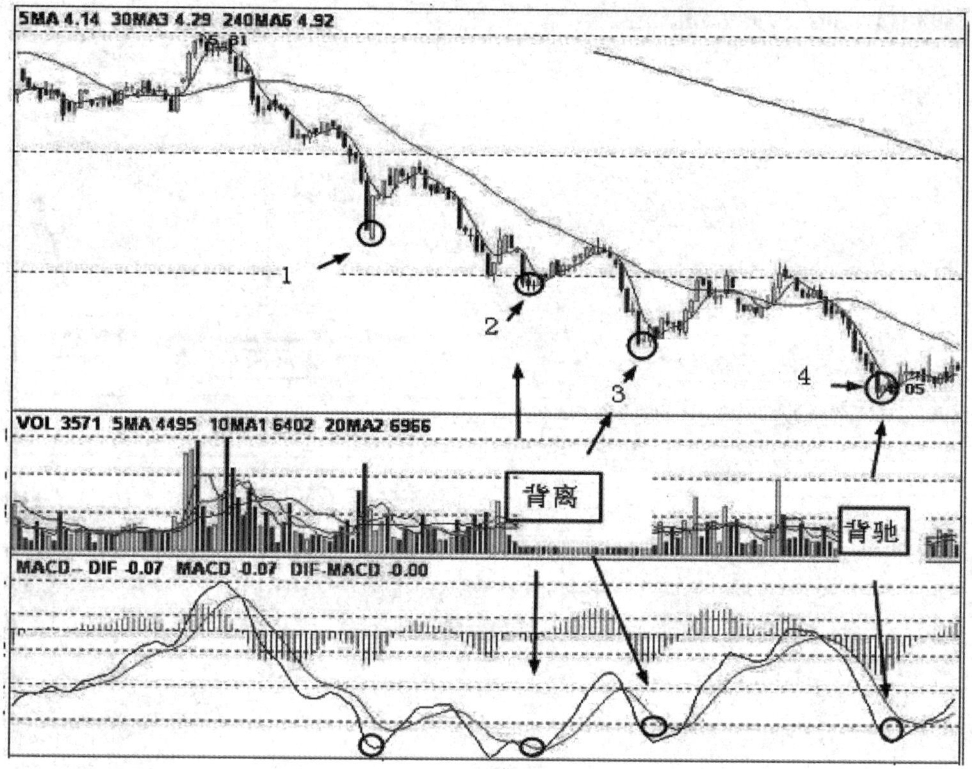

图4-8

如图4-9所示，下跌趋势中，行情发展到2处创新低，对应的MACD黄白线不创新低，绿柱长度缩短，绿柱面积减小，行情背离明显。但2处的背离并未导致趋势反转。行情发展至3处再创新低，此时MACD黄白线、绿柱长度、绿柱面积均再度背离。

3处与1处相比产生了二次以上隔堆背离，MACD也有了一次从低位返回0轴的过程。这种情形下，背离引发背驰的概率已大大增加，趋势向上变盘一触即发，应当择机买入。

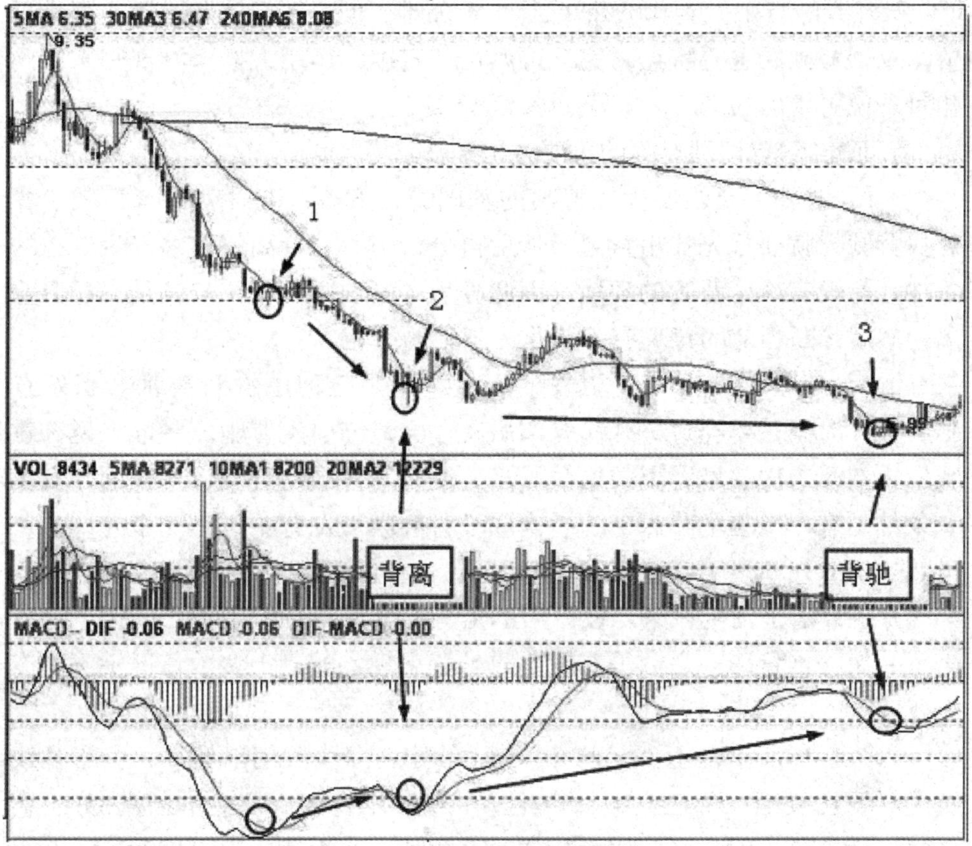

图4-9

从上述图例可以看出，背驰与背离息息相关，先有背离，后有背驰。背驰就是最后一次背离。背驰可以是最后一次背离，也可以是第一次、第二次，也可以是第N次。判断哪一次或哪一种背离最有可能转化为背驰，直接关系到实际操作的成功与否，因此有必要对背驰的几大特点加以认真剖析。

背驰是由背离产生出来的，没有背离就没有背驰。甄别背离与背驰，是操作中的关键。由于股票市场的复杂性，背离的判别做到精确已相当不易，背驰的判别要做到十分精确就更难。宣称判断背驰可以做到100%精确的人，要么在自欺，要么在欺人。

虽然判断背驰做到100%精确是难上加难，但也不必就此气馁，因为只要掌握了背驰的主要特点，完全可以扬长避短，运用大概率的规则来做到相对来说更精确的判断。

下面介绍4点识别背驰的主要方法和技巧。

（1）背驰一定是发生在背离的基础上，没有背离，就没有背驰。要寻找背驰，就要首先找出背离，然后再分析当下的背离够不够产生背驰的条件，有没有产生背驰的环境。因此分析中的顺序，第一步就是先找出背离，然后诊断当前的背离有无演化为背驰的可能。

（2）背驰都是由背离引发的，但并不是任何一次背离都会引发背驰。很多时候，要经过好几次背离后，才会最终引发背驰。一般来说，背驰发生在第二次隔堆背离的次数居多，但有时背驰与背离也可以同时发生（条件是有一次隔堆背离）。一次隔堆背离就引发背驰也是完全允许的，虽然这样的几率很小，但却不可忽视。

背驰肯定是发生在第二段以后的走势中，与第一段走势之间至少已发生了一次隔堆背离。之前没有发生隔堆背离现象的，大多数情况下不能产生背驰。

如图4–10所示，上涨趋势中，新高2处黄白线虽创出新高，但彩柱线长度、彩柱线面积都已衰减，产生第一次隔堆背离。之后的新高3处，黄白线、彩柱线长度、彩柱线面积均明显背离，产生第二次隔堆背离，并由此背离最终引发背驰。这种在第二次隔堆背离处产生背驰的现象最为常见，应当引起注意。

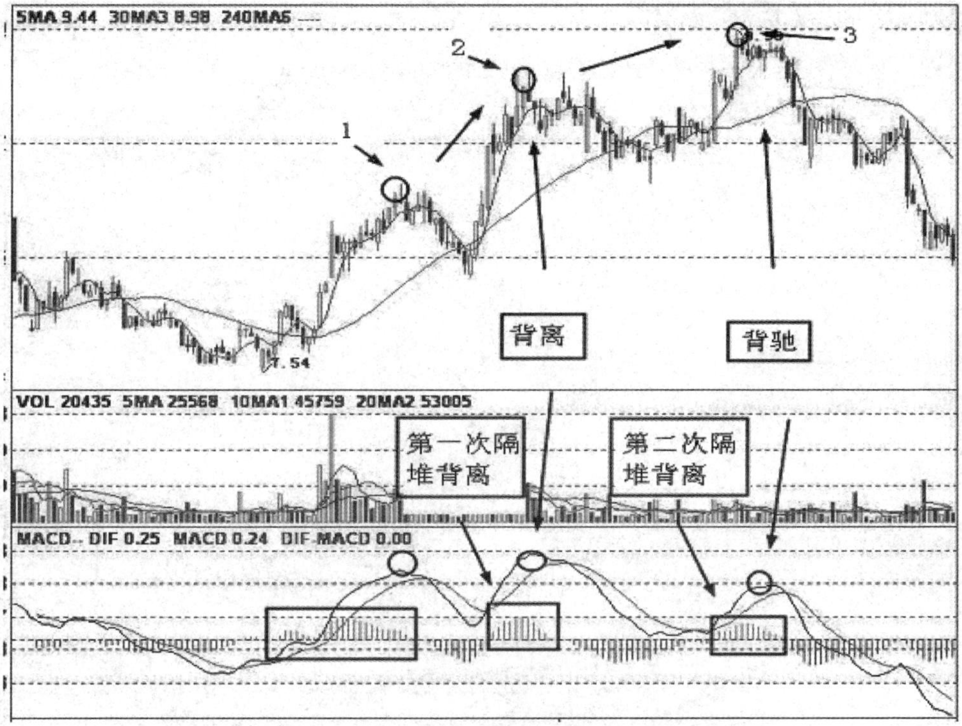

图4-10

如图4-11所示，上涨趋势中，新高2处对比前高1处MACD黄白线下降得厉害，彩柱线长度、彩柱线面积也已衰减，产生第一次隔堆背离。之后经过调整后再创出新高3，其MACD黄白线、彩柱线长度、彩柱线面积，对比1处均背离明显，产生第二次隔堆背离，并由此背离最终引发背驰。像这种在第二次隔堆背离处产生背驰的现象最为常见，应当引起重视。

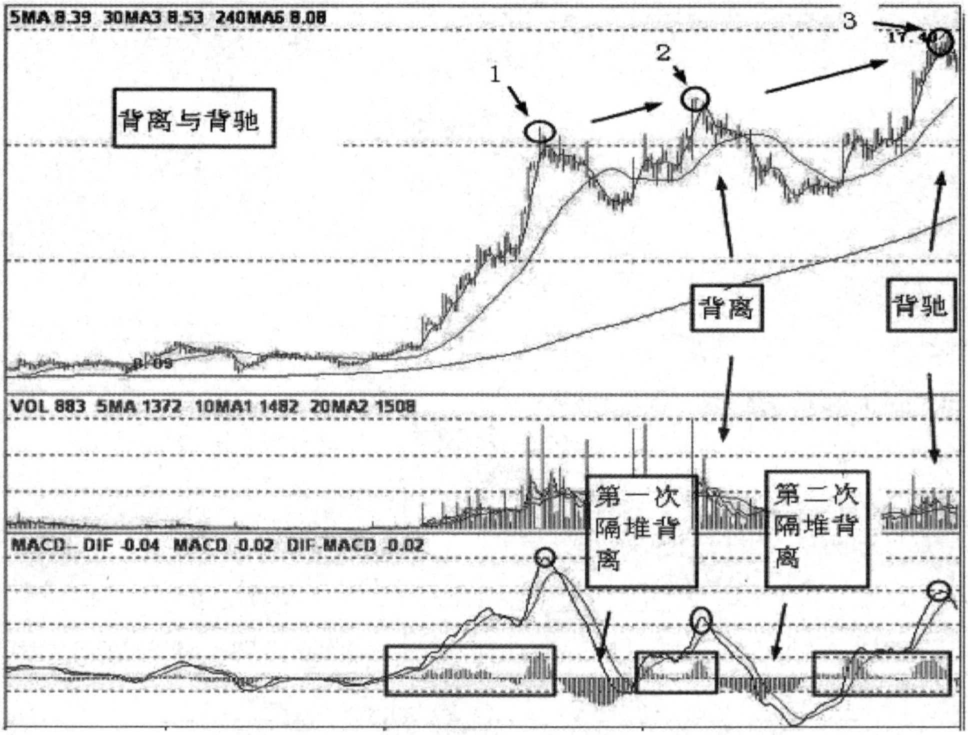

图4-11

如图4-12所示，下跌趋势中，新低2对比前低1处，MACD黄白线抬升得厉害，彩柱线长度、彩柱线面积也已明显衰减，产生第一次隔堆背离。之后发生轻微反弹后再创出新低3，其MACD黄白线、彩柱线长度、彩柱线面积，对比1处均再度背离，产生第二次隔堆背离，并由此背离最终引发底背驰。像这种在第二次隔堆背离处产生背驰的现象最为常见，应当引起关注，把握好买入时机。

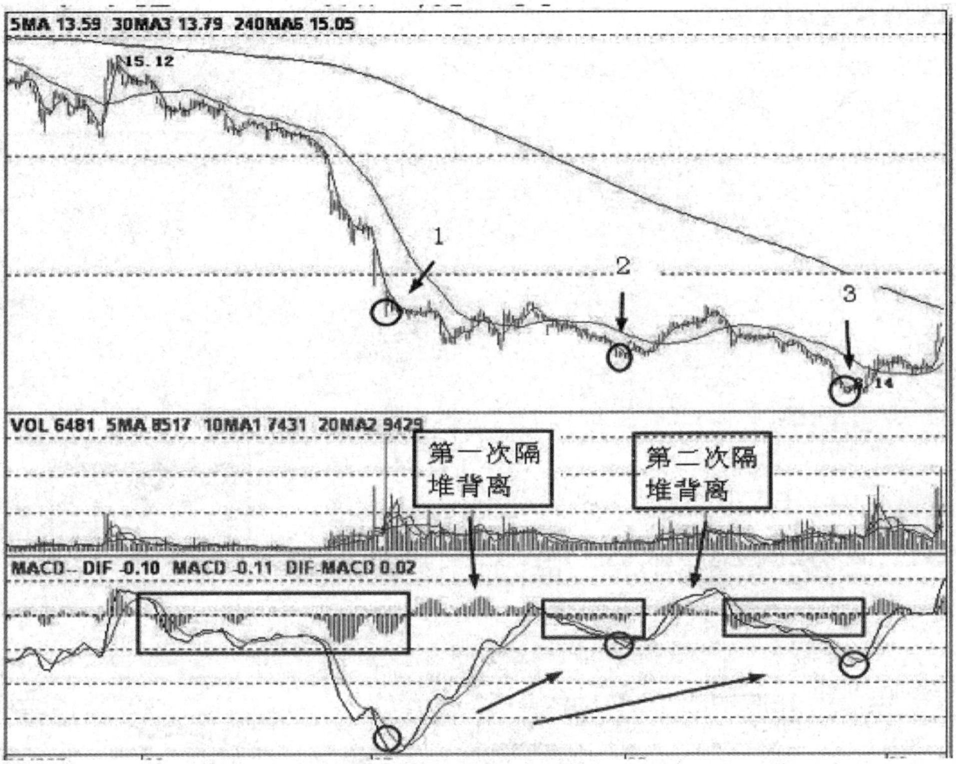

图4-12

（3）背驰虽大多发生在第二次隔堆背离之后，但并不排除第一次隔堆背离就发生背驰。只是第一次隔堆背离就引发背驰还有一个附加条件，即MACD指标的黄白线至少存在一个返回0轴的过程。满足这个条件，第一次隔堆背离就完全可以引发背驰。

如图4–13所示，上涨趋势中，新高2对比前高1，MACD黄白线、彩柱线高度、彩柱线面积均发生背离。虽然此处为第一次隔堆背离，但就是这第一次隔堆背离，就引发了背驰，最终引发趋势向下反转。这种第一次隔堆背离就引发背驰的几率虽然很小，但却不可忽视。

注意：图中MACD黄白线有一次从高位返回0轴的过程，这个过程是产生背驰的必要条件。有了这个条件，第一次隔堆背离就引发背驰是完全可能的。

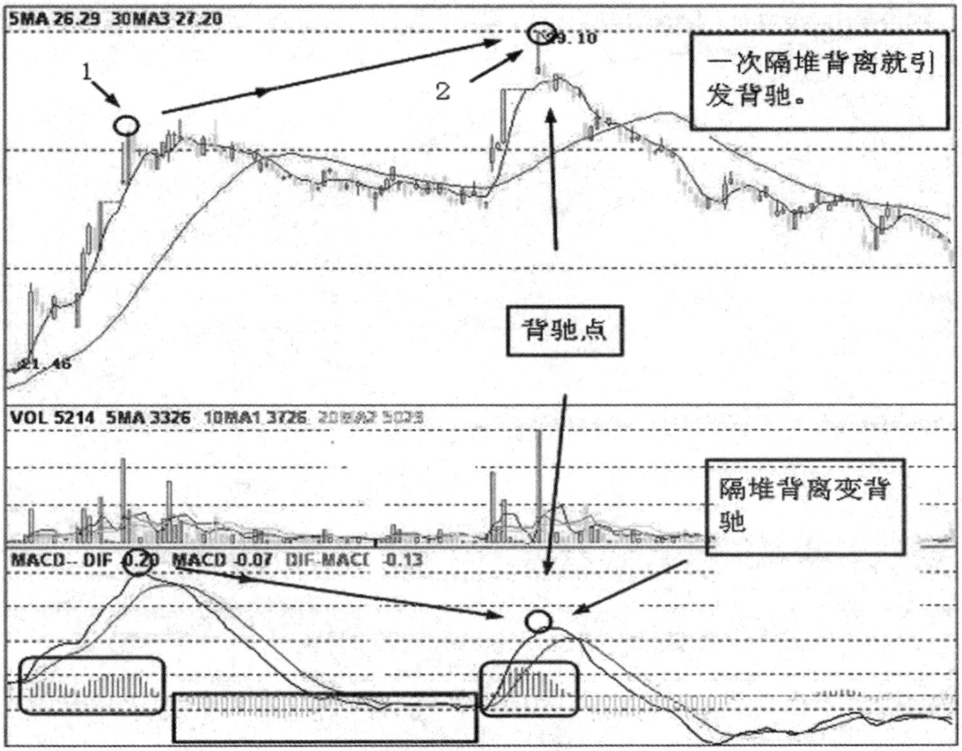

图4-13

如图4-14所示，上涨趋势中，新高2对比前高1，MACD黄白线、彩柱线高度、彩柱线面积均未发生背离。之后经过横盘整理，至3处股价再创新高，MACD黄白线、彩柱线高度、彩柱线面积和2相比均发生背离。虽然这是第一次隔堆背离，但由于MACD黄白线有一个从高位返回0轴的过程，之后重新上升不创新高，已具备产生背驰的条件。虽然这种第一次隔堆背离就引发背驰的几率很小，却万万不可轻视，当趁早卖出为宜。

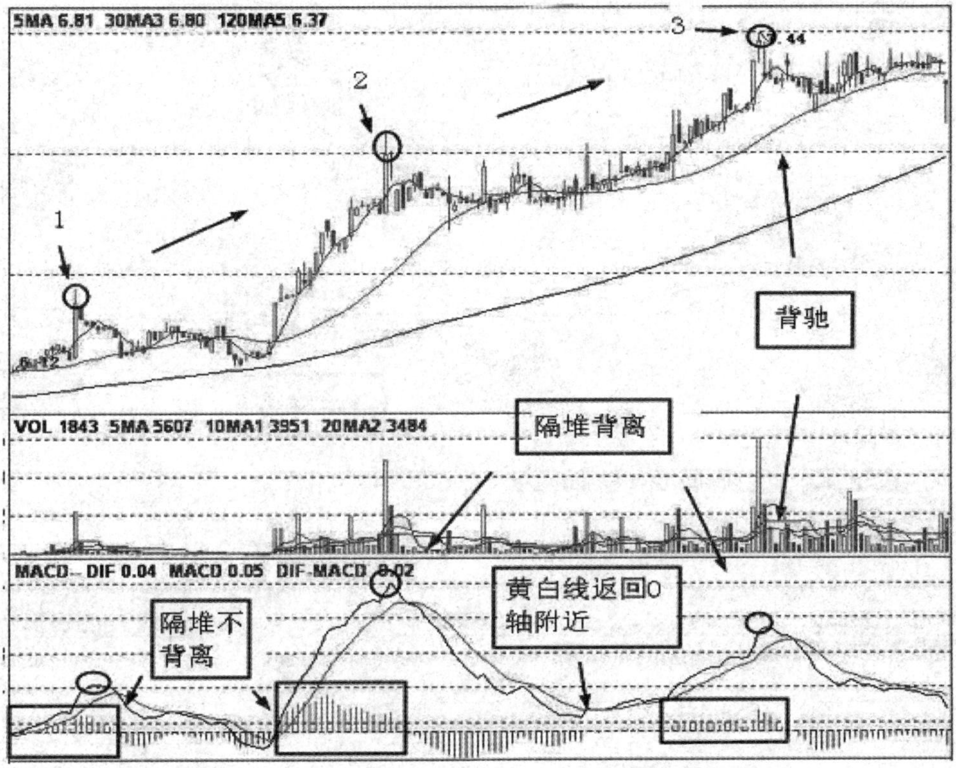

图4-14

如图4-15所示，上涨趋势发展到新高2处，与前高1对比，无论MACD黄白线、彩柱线长度、彩柱线面积均未背离，所以可以继续持股。至新高3处，MACD黄白线、彩柱线长度、彩柱线面积均背离，但此处背离为邻堆背离，一般不会引发背驰，因此长线仍可持股，等待再创新高时再观察是否产生背驰。

注意：这里3处的MACD黄白线尚无从高位返回0轴的过程，亦未产生隔堆背离，因此尚未达到产生背驰的条件。

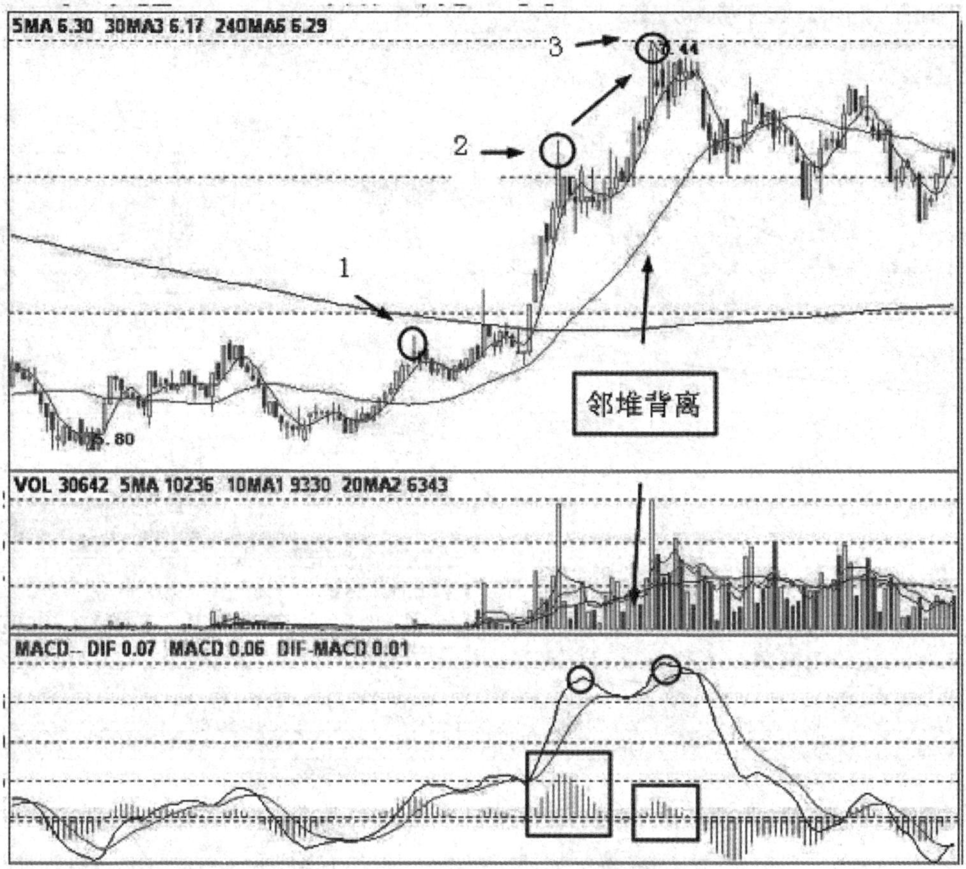

图4-15

（4）背驰时MACD黄白线已经有了一次远离0轴的过程，之后返回0轴附近再重新上升或下降，股价创新高或新低，而MACD黄白线不再创新高或新低，这个时候就极易产生背驰。一旦发生上述现象，就要引起警惕。

注意：一次MACD黄白线返回0轴后再出现背离，就有了产生背驰的条件，但并不等于一定产生背驰。也有的背驰可能产生在MACD黄白线第二次返回0轴之后，尤其是在下跌趋势中，这种现象要比上涨趋势中出现的多得多。

如图4-16所示，上涨趋势发展到2处，15.14元这根创新高K线出现了K线背离，同时对应的彩柱线反而缩短，出现当堆背离。但2与前上涨段1处发生隔堆背离，MACD黄白线远离0轴后返回0轴，重新上升不再创新高，因此2处的背离具备背驰的特点，表明向下变盘风险加剧，应当考虑卖出。这里的背驰就发生在MACD黄白线从高位第一次返回0轴之后。

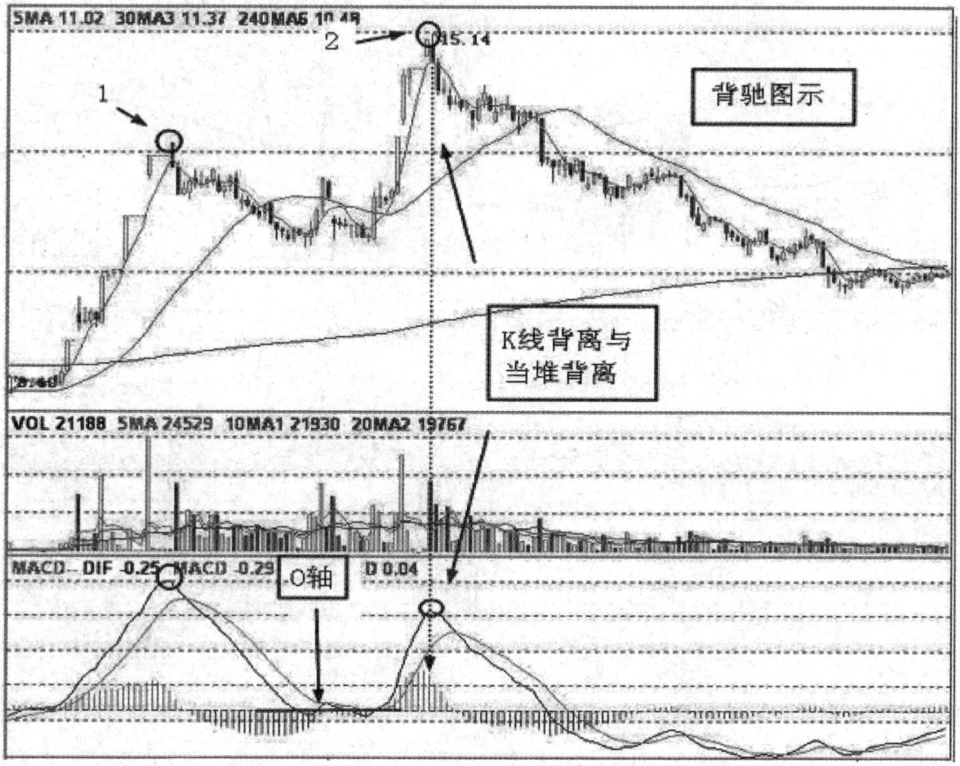

图4-16

如图4-17所示，上涨趋势发展到新高2处，产生邻堆背离，此时仍可持股。至新高3处，产生第一次隔堆背离。由于此处MACD黄白线尚未返回0轴，并且是第一次产生隔堆背离，因此可以谨慎持股，稳健者提前出来亦可。至新高4处，MACD黄白线返回0轴后重新上升，但不创新高，且第二次产生隔堆背离，背驰风险加剧，应当注意迅速卖出。

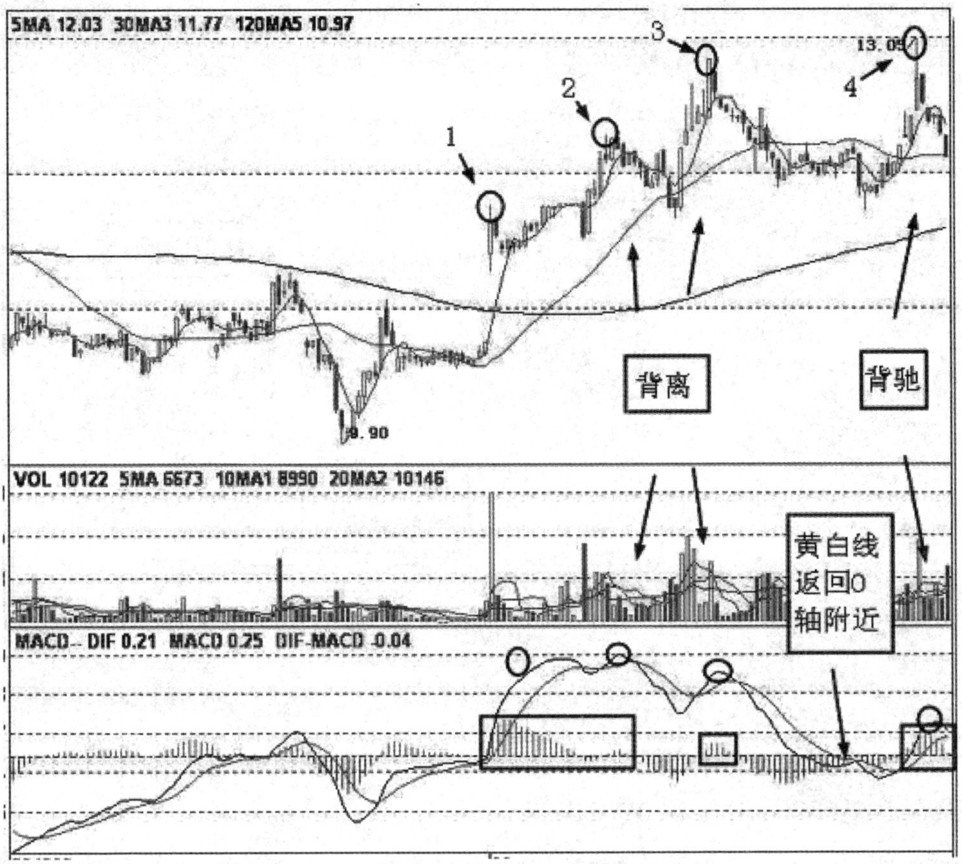

图4-17

第三节　背离背驰操作原则

前面已经就背离和背驰的关系及区别进行了详细分析。很明显，相对于背驰来说，背离在判断上无疑要容易得多。但如果按背离来操作，难免会遇到背离了又背离的情况，极易造成操作上的困惑；相对于背离来说，用背驰来指导买卖，无疑要高效安全得多。可惜的是，对背驰的判断不易掌握火候，难于做到十分精准。如何解决这一实际操作难题呢？

美国著名技术分析大师约翰·墨菲曾经说过一句十分经典的话：技术分析是历史经验的总结，其有效性是以概率形式出现的。约翰·墨菲可以说一语道出了技术分析的本质。对于背驰判断这种技术分析活儿，虽然无论是谁，都不可能做到百分之百精准，但却完全可以依据大概率来做到更接近于精准。

既然第二次隔堆背离以后发生背驰的概率，大于第一次隔堆背离发生背驰的概率，那么在买入的时候，就可以尽量选择那种发生了第二次隔堆底背离的股票来买入，这样买在背驰点的概率无疑会更大；既然第一次隔堆背离就完全可能引发出背驰，那么在卖出的时候，一旦发生第一次隔堆背离，并且具备产生背驰的条件，就尽早出来，以最大限度地规避下跌的风险。

1.卖出原则及注意事项

投资者在卖出时，总是渴望卖在最高点。从理论上看，行情顶背驰对应的背驰点，必然是趋势的最高点。因此，若是能将手里的股票在背驰点卖出，获利肯定最大。但是想要每次都准确无误地判断出背驰点并执行卖出操作，是有很大难度的，也是极不现实的。

准确判断背驰的难点在于，第一次隔堆背离后（MACD黄白线要返回0轴），随时都可能产生背驰。虽然第一次隔堆背离后立即产生背驰的概率很小，但很小并不等于不可能，万一这种情况偏偏让你遇到怎么办？投资不是一件可以心存侥幸的事。

在背驰的地方没有卖出，结果必然是蒙受惨重损失！因此在卖出的时候，一旦碰到可能产生背驰的强烈背离，就有必要将此背离当背驰看待，从而尽早收获利润。即使此处最终未发生背驰，也不会有太大的损失。因为卖在此高点，虽然也许会失去另一高点获利的机会，但后面的利益无疑已经越来越小，风险却越来越大。提前出来，既可以防止趋势突然转折，规避了下跌风险，保住了应有利润，也能获得充分的时间进行另一次投资。

值得注意的是，卖点用背离，并不是说一看到背离就要卖出，卖出的背离点是有基本条件的。

卖点用背离有两个基本条件：其一，MACD黄白线远离0轴后，返回0轴附近重新上升但不创新高，并且已产生出一次隔堆背离；其二，虽然MACD黄白线远离0轴后尚未返回到0轴附近，但已产生出二次或以上隔堆背离。

图4-18为卖点用背离案例图。1处的MACD虽未返回0轴附近，但此背离点已是二次隔堆背离，故应当卖出。在1处的背离点卖出，虽然之后仍在2处背驰点创出新高，但利润上与1处背离点相差无几。在1处的背离点提前卖出，无疑赢得了时间，规避了风险。

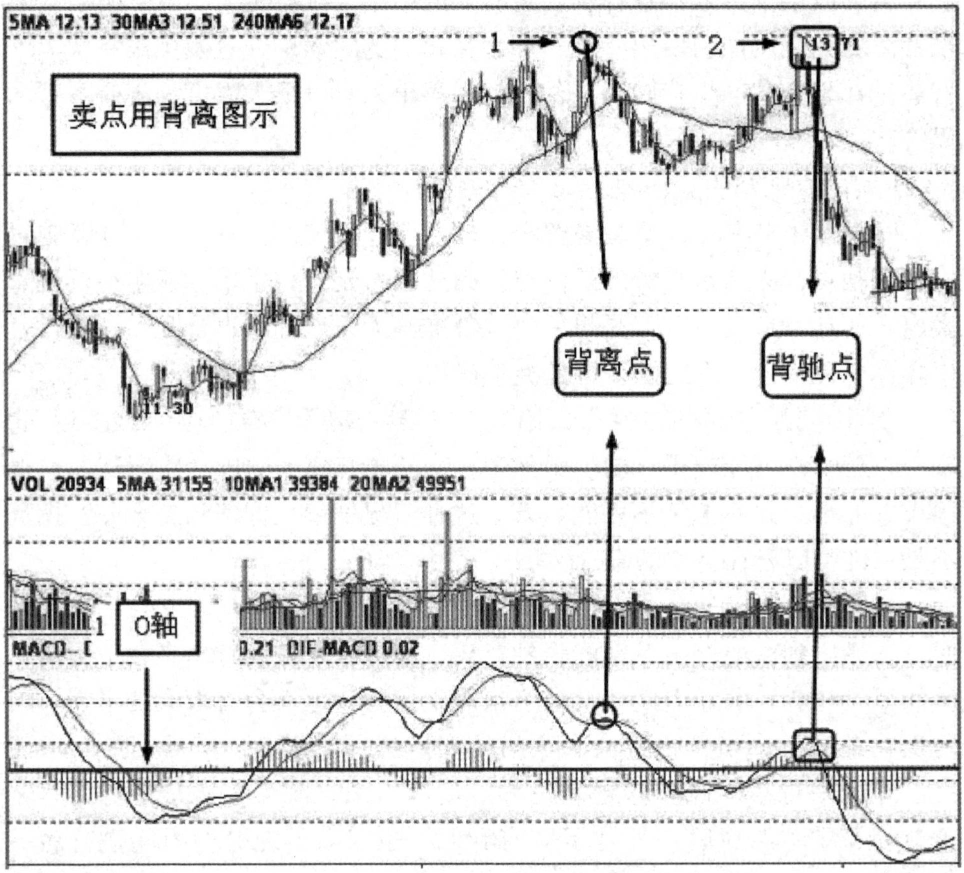

图4-18

如图4-19所示，2处新高无疑已出现背离，因为MACD未返回0轴，也未产生二次隔堆背离，因此尚不具备卖出条件，仍可暂时持股。至3处股价再创新高，但黄白线返回0轴后不创新高，加上已产生二次隔堆背离，具备产生背驰的条件，那么不管此处是否产生真正的背驰，都应当先于此处抛出，以规避变盘风险。

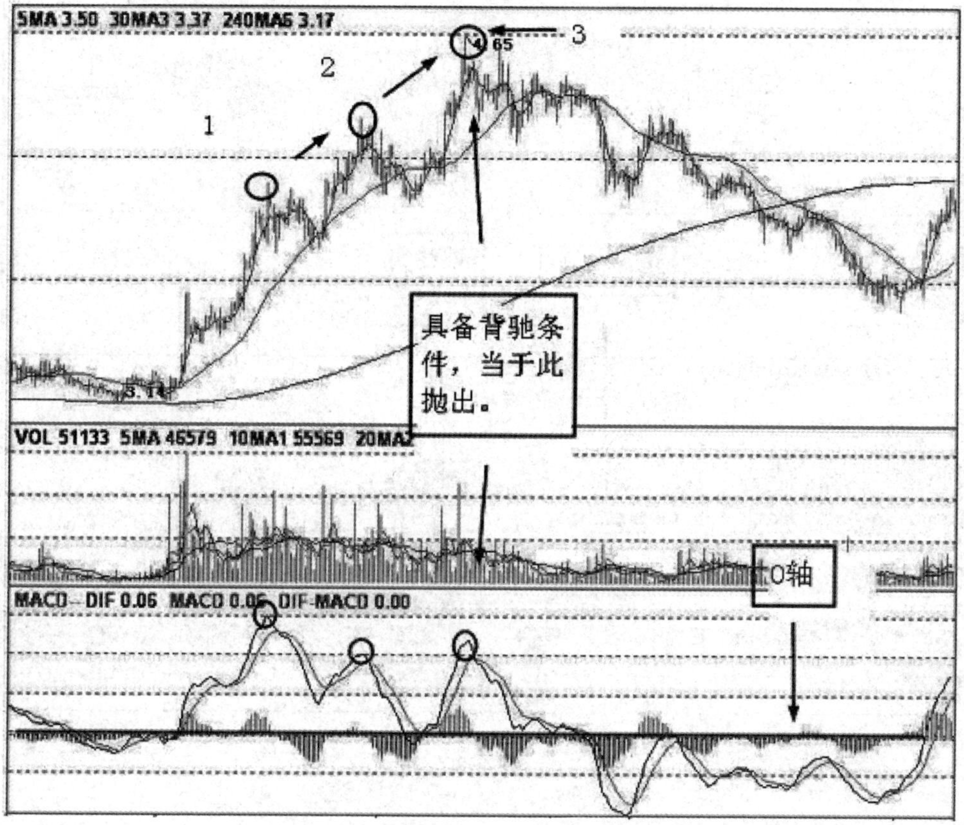

图4-19

如图4-20所示，1处股价创出新高，但MACD黄白线不再创新高，显示行情背离。因为MACD未返回0轴，另外未产生二次隔堆背离，因此不具备产生背驰的条件，故此处可以暂持股。至2处股价再次创出新高，黄白线已回到0轴，之后重新向上不创新高，已具备产生背驰的条件，行情背驰的可能性加剧，当于此处抛出。虽然后来一直到3处才产生真正的背驰，但相比2处卖出，股价升幅不大，但风险极高。在2处提前出来，已赢得了另一次投资机会。

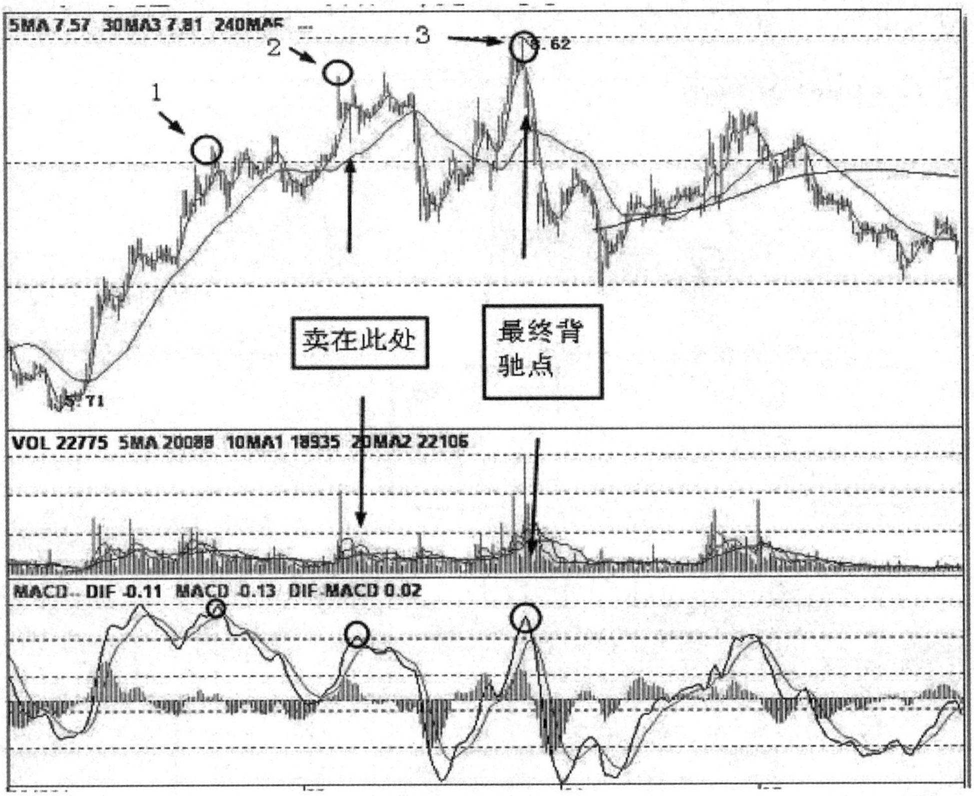

图4-20

2.买入原则及注意事项

投资者在买入时，总是渴望能买在最低点。从理论上看，行情的底背驰对应的背驰点，必然是趋势的最低点。若能买到某股票下跌趋势的底背驰点，获利肯定最大，效率肯定最高，因此买入时应尽可能采用背驰点，舍弃背离点。

虽然准确无误地判断出每一只股票的背驰点是难以做到的，但是由于买入时有很大的主动性，有众多的股票可供选择，所以投资者有足够的机会去选择那些背驰特征格外明显，产生了二次以上隔堆背离，MACD黄白线二次返回0轴重新向下不创新低的个股。对于那些不符合上述特征或特征不明显的个股，可以弃之不用，这样就可以在更大程度上保证买入的准确性和安全性。

买点用背驰原则，是力求买入安全可靠，不产生二次以上的隔堆背离。在买入时，MACD黄白线不是二次返回0轴后再度底背离的个股，坚决不予考虑。不要因害怕一次隔堆背离就产生背驰而错失低价买入的机会，因此放低选股标准，须知可供选择的个股非常多，错失一两次背驰机会算什么呢？股市中的机会遍地都是，只有要耐心，买入的机会仍然有的是。

对于下跌趋势中的买入，有如下两个基本要求：其一，产生了二次以上隔堆背离；其二，MACD黄白线二次返回0轴后再度底背离。同时满足这两个基本条件，就可以保证介入的背离点最大程度上接近背驰点，使买入背离点等同于背驰点的几率大大增大，买入风险降至最低。

如图4–21所示，下跌趋势中，2处股价创新低，MACD黄白线有所抬升，彩柱线面积出现萎缩，表明行情背离，但黄白线未返回0轴，因此不必买入。

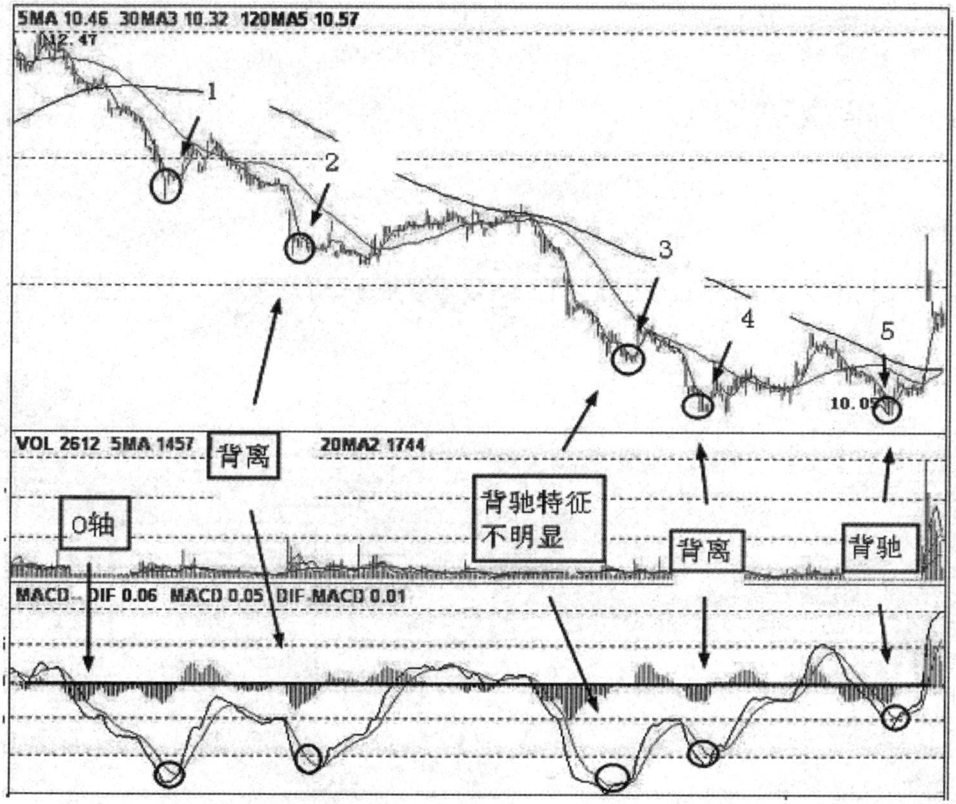

图4–21

至3处股价再创新低，MACD黄白线亦首次返回0轴以上并重新向下，但黄白线亦再创新低，彩柱线长度、面积均背离不明显，背驰特征不显著，不必买入。

4处股价再创新低，显示底背离，但MACD尚未二次返回0轴，不必买入。

5处MACD黄白线返回0轴以上并重新向下，但没有创出新低，亦系二次返回0轴后再度底背离，背驰特征十分明显，也符合买入条件，可以考虑买入。

如图4-22所示，下跌行情中，新低1处MACD黄白线创新低，尚未背离，不考虑买入。新低2处第一次隔堆背离，MACD黄白线第一次返回0轴，暂不买入。新低3处黄白线第二次返回0轴后向下不创新低，背驰概率极大，也符合买入条件，可以考虑买入。

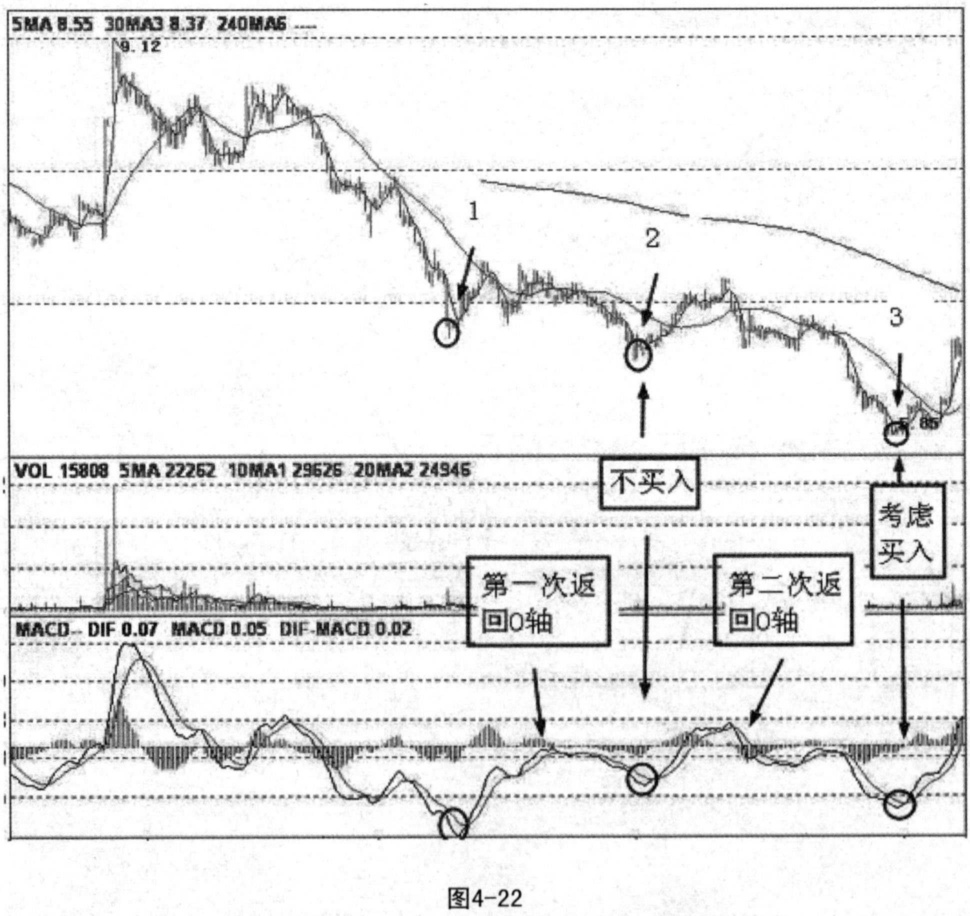

图4-22

如图4-23所示，下跌趋势中，在新低1处，MACD黄白线创新低，不考虑买入。在2处发生隔堆背离，黄白线有了一次上穿0轴，虽具备背驰条件，仍不符合买入要求，不买入。

3处再创新低后，MACD黄白线第二次上穿0轴，符合背驰买入条件。但此波下跌段绿柱长度、面积均较明显，稳健者可以缓买，再观察一下，直至4处再创新低时背离强烈，可以大胆介入。

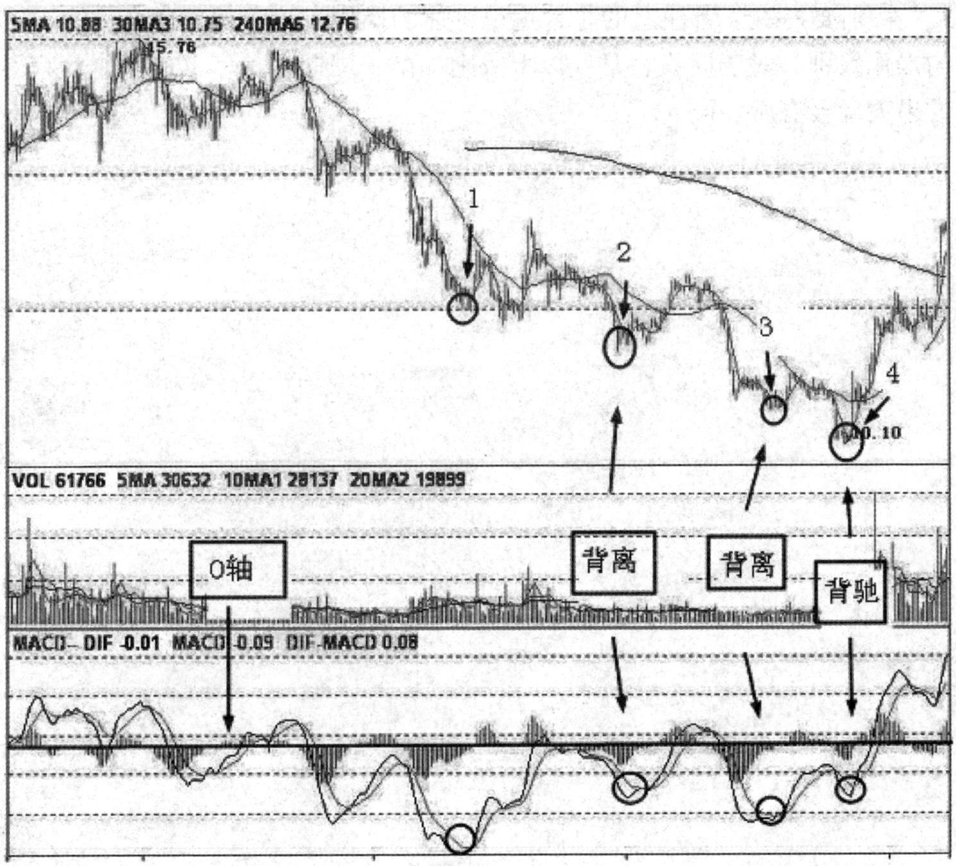

图4-23

小结：

卖点用背离，买点用背驰的方法，是笔者在《磁区理论》中提出的一种根据买卖不同的实际情况，扬长避短，灵活运用的操作方法，其特点及效果是：卖出时规避了一次隔堆背离就引发背驰的突发风险，买入时规避了背离又背离的普遍风险，因而是一种值得投资者重视并运用于实际操作的上佳原则。

特别要提醒读者注意的是，这里讲述的操作方法，比较适合日线以下的操作级别。对于周线、月线以上级别，由于周期较长，据此操作，获得效果无疑会有所降低。

第五章 其他背离

从趋势形态、MACD技术指标这些方面入手分析背离，虽然是分析证券背离的最主要方式，但除此之外，背离还有其他许多分析途径。比如KDJ背离、CCI背离、RSI背离、量价背离、基本面背离、政策及消息背离等。虽然分析的对象有所不同，但殊途同归。无论哪一种背离，只要掌握得当，同样可以对实际操作起到一定的帮助作用。

第一节 KDJ指标背离

KDJ指标是乔治·蓝恩博士（George Lane）最早提出的一种相当实用的技术分析指标，比较适合中短期趋势分析。其原理是以某时段内最高价、最低价及收盘价为基本数据，经过计算得出周期（n分钟、日、周、月等）的RSV值，然后根据RSV值再计算出K值、D值、J值，标出其在坐标上的数值点，再分别按K值、D值、J值连接无数个数值点，就在K线技术指标图上形成三条能反映价格波动趋势的K、D、J曲线，进而形成完整的KDJ指标。

KDJ指标在设计过程中主要是研究最高价、最低价和收盘价之间的关系，同时也融合了动量观念、强弱指标和移动平均线的一些优点，因此能够比较迅速、快捷、直观地研判行情。

如图5-1所示，图中J线围绕K线上下波动，J线和K线又围绕D线上下波动。J线为方向敏感线，最富于变化；K线是快速确认线，变化速度次之；

D线是慢速主干线，变化相对最小。从图中亦可以看出，其波动峰值按J、K、D从大到小依次排列，其波动谷值按J、K、D从小到大依次排列。

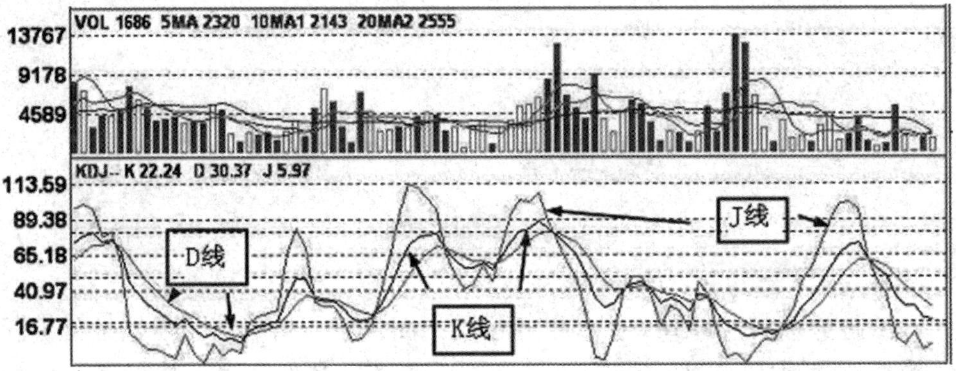

图5-1

如图5-2所示，J线为方向敏感线：J线数值在100以上时为超买，说明买方力量使用过度，即将衰竭，行情将由买方市场转向卖方市场。J线数值在0以下为超卖，说明卖方力量使用过度，即将衰竭，行情将由卖方市场转为买方市场。

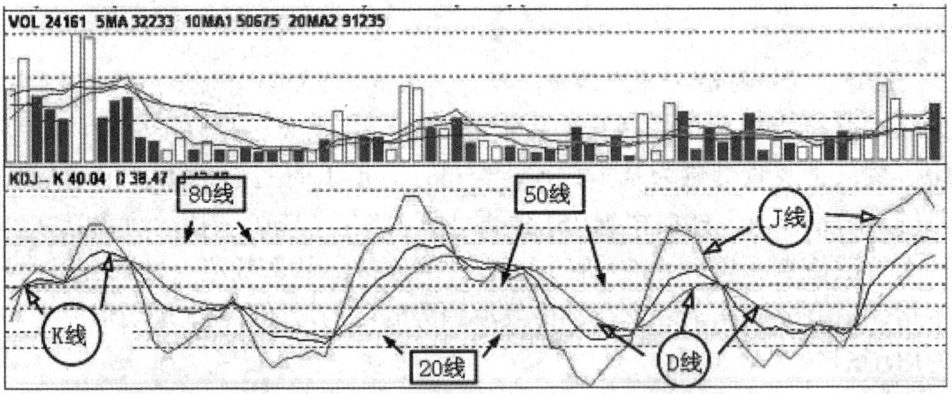

图5-2

K线是快速确认线：K线数值在90以上时为超买，说明买方力量使用过度，即将衰竭，行情将由买方市场转向卖方市场。K线数值在10以下为超卖，说明卖方力量使用过度，即将衰竭，行情将由卖方市场转为买方市场。

D线是慢速主干线：D线数值在80以上时为超买，说明买方力量使用过度，即将衰竭，行情将由买方市场转向卖方市场。D线数值在20以下为超卖，说明卖方力量使用过度，即将衰竭，行情将由卖方市场转为买方市场。

KDJ指标的三个参照区域为80、50、20，分别由三根水平虚线代表。80线为最上面的虚线，50线为中间的虚线，20线为最下面的虚线。

1.KDJ指标金叉与死叉

KDJ指标金叉：KDJ指标的KD值在20线以下，K线向上穿过D线，谓之KDJ指标金叉。KDJ指标金叉一般来说存在短线买入的机会，应当注意把握。

如图5-3所示，KDJ指标在图中A、B两处20线以下发生金叉，形成两处短线介入的绝佳机会。

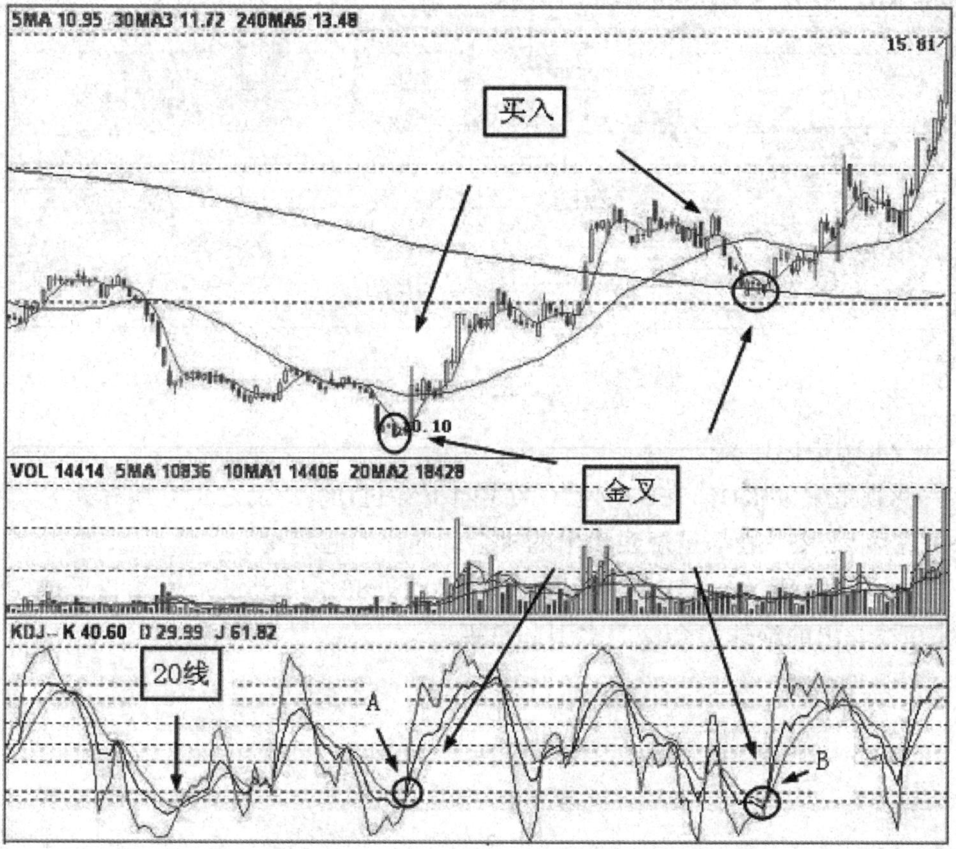

图5-3

如图5-4所示，KDJ指标在图中A、B两处20线以下发生金叉，形成两处短线介入的绝佳机会，应当注意把握。

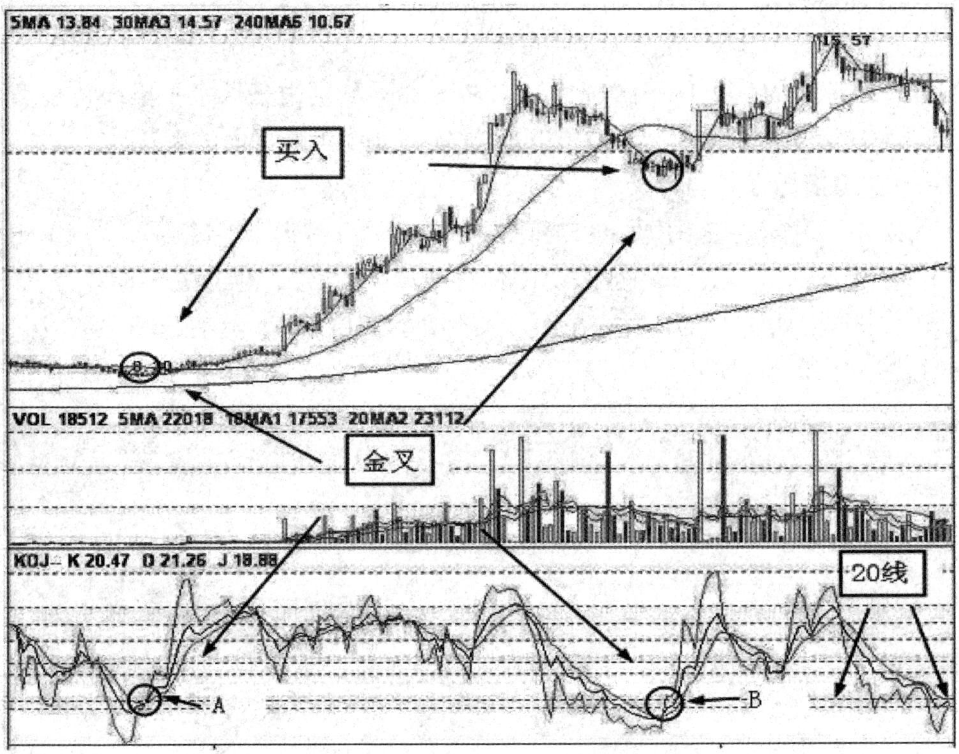

图5-4

2.KDJ指标死叉

KDJ指标的KD值在80以上，K线向下穿过D线，谓之KDJ指标死叉。KDJ指标死叉一般都是短线卖出的机会，应当引起警惕。

如图5-5所示，KDJ指标在图中A、B两处80线以上发生死叉，形成两处短线卖出的绝佳机会，应当引起重视。

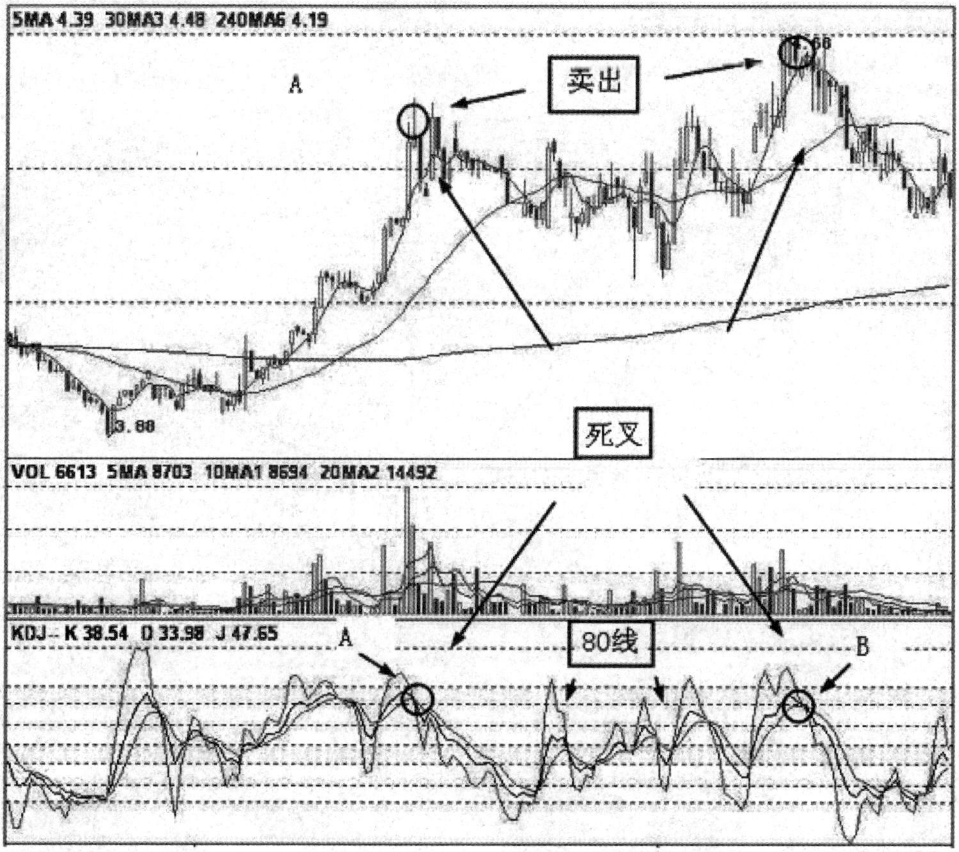

图5-5

如图5-6所示，KDJ指标在图中A、B、C三处80线以上发生死叉，形成三处短线卖出的绝佳时机，应当引起重视。

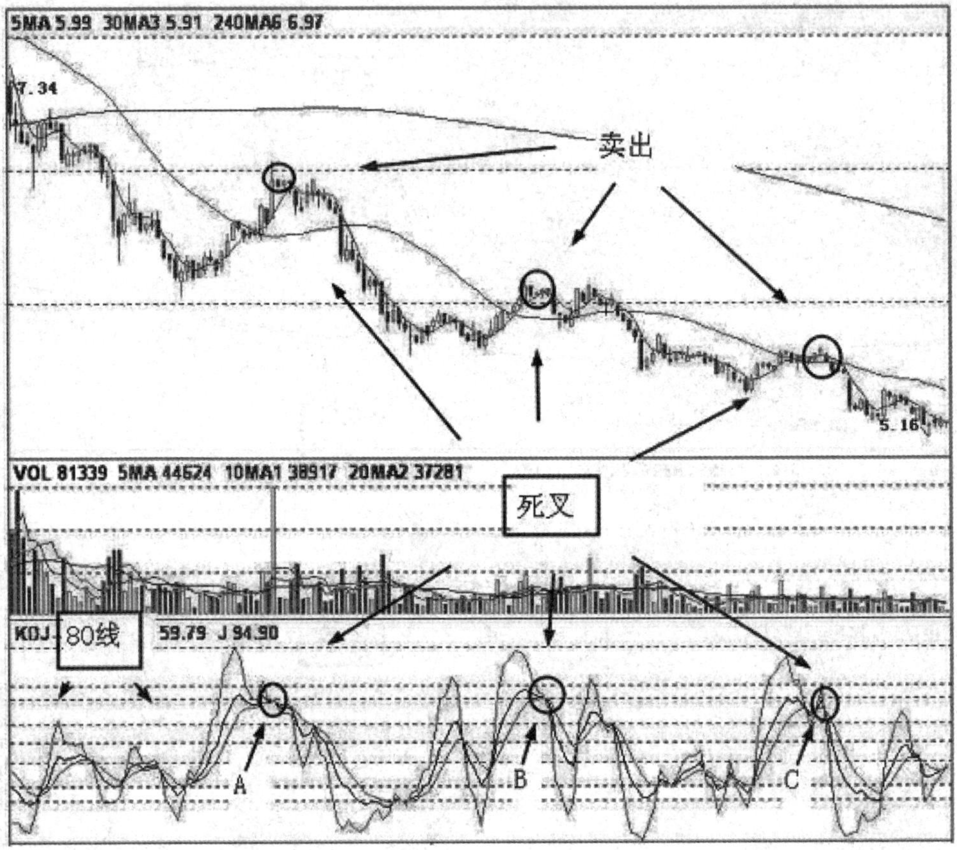

图5-6

小结：

对于KDJ金叉和死叉，应注意其KD线交叉时的数值范围：金叉时数值在20以下，死叉时数值在80以上。不满足这个条件，KD线在其他数值范围形成的交叉，参考意义不大，不算金叉或死叉。

如图5-7所示，图中的几处K线上穿D线处，仅A、B处数值在20以下，A、B处为金叉。C、D、E三处数值都不在这一范围，因此不算金叉。理解时要注意这种细微区别。

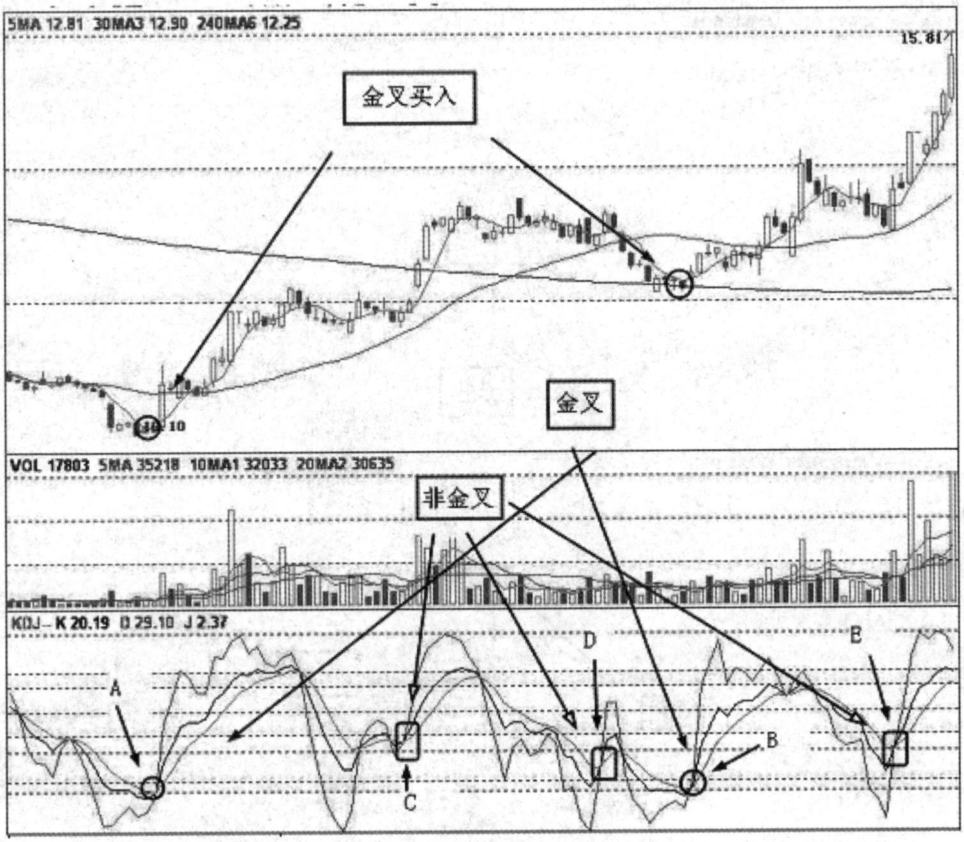

图5-7

如图5-8所示，图中几处K线下穿D线处，仅A处数值在80以上，因此A处为死叉。B、C两处数值都不在这一范围，因此不算死叉。

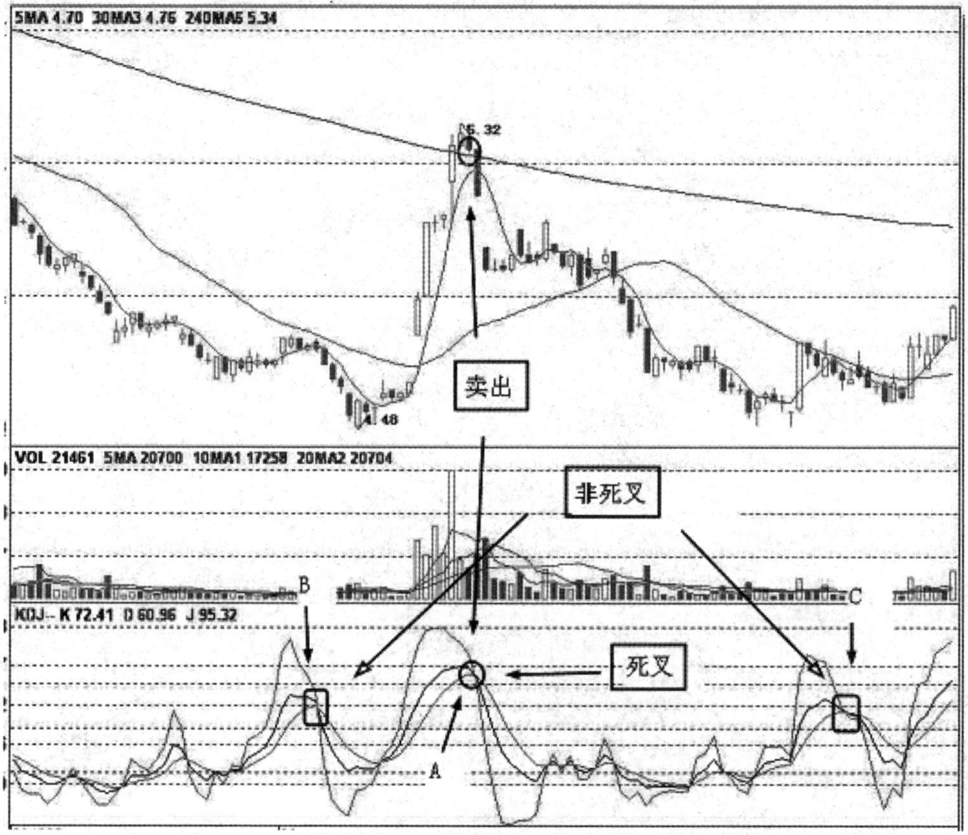

图5-8

采用KDJ金叉和死叉方法来指导操作，对于金叉来说，在上涨趋势中，几乎所有金叉都是买入点。但在下跌趋势中，只有KDJ底背离后的金叉点，才是真正有价值的买入点。

如图5-9所示，上涨趋势中，KDJ指标形成的A、B、C、D四个金叉，都是买入点，因此上涨趋势中出现的KDJ指标金叉，理论上都可以买入。

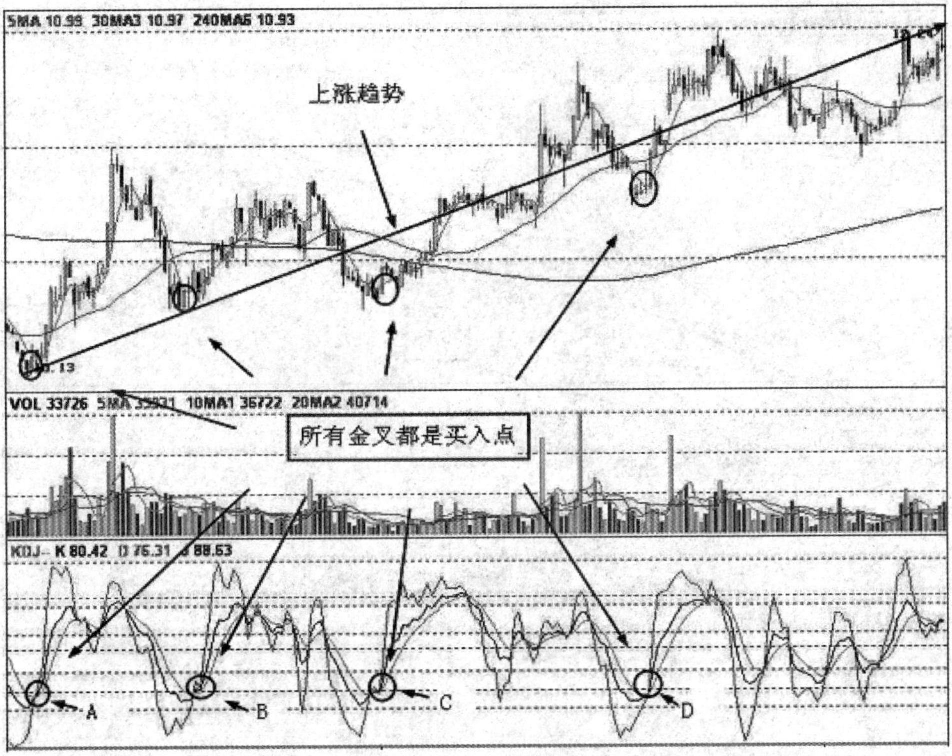

图5-9

如图5-10所示，上涨趋势中，KDJ指标形成的A、B、C三个金叉都是买入点。上涨趋势中出现的KDJ指标金叉，理论上都可以买入。

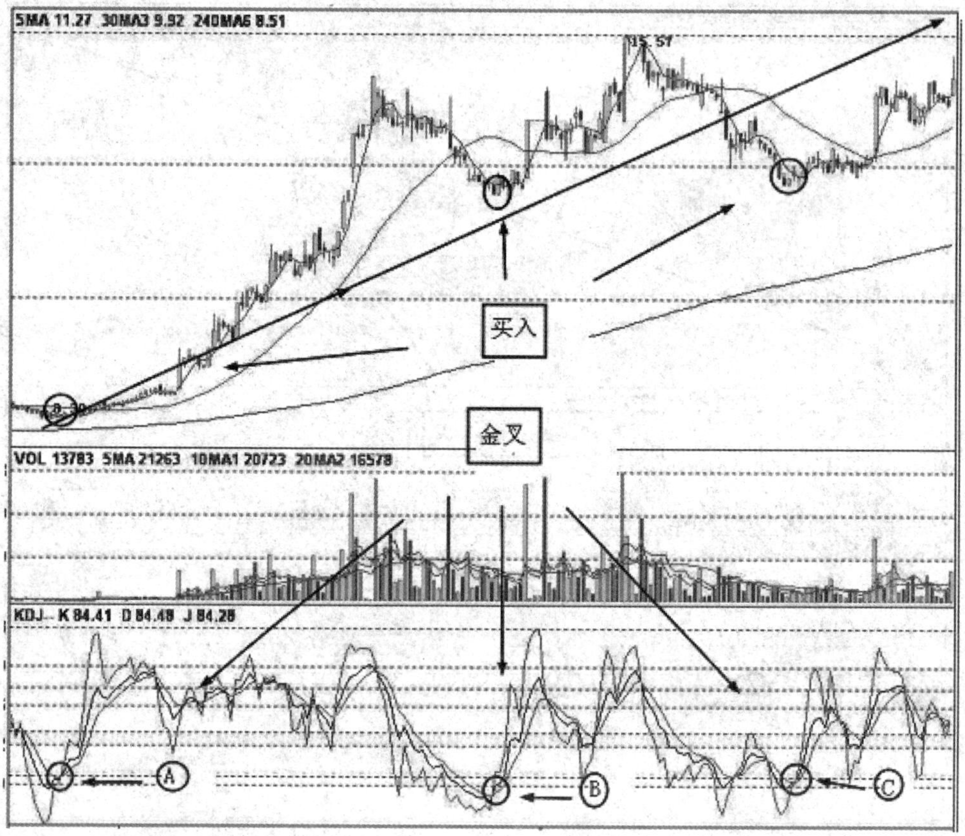

图5-10

如图5-11所示，下跌趋势中，会产生很多KDJ金叉，但只有最后一个底背离后的金叉，才是真正有价值的买入点。因此下跌趋势中出现的KDJ指标金叉，和上涨趋势中出现的KDJ指标金叉性质完全不一样，只有KDJ指标底背离后的金叉才值得买入。

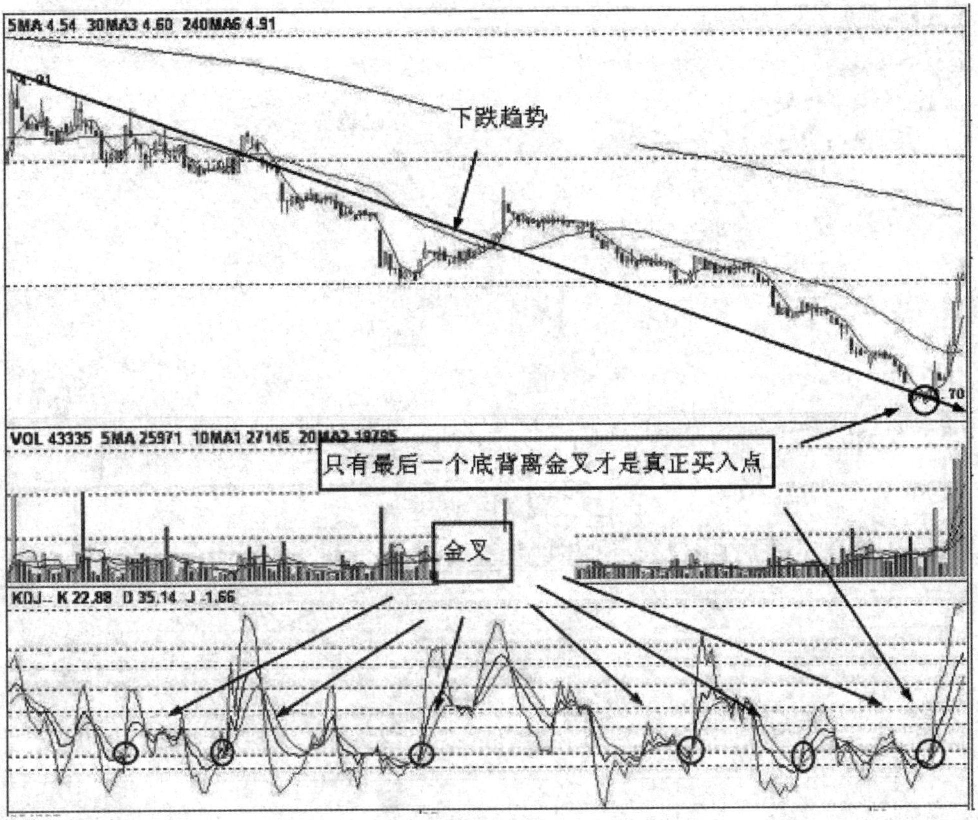

图5-11

如图5-12所示，下跌趋势中，产生出A、B、C、D、E等KDJ金叉，但只有最后一个底背离后的金叉E，才是真正有价值的买入点。因此下跌趋势中出现的KDJ指标金叉，和上涨趋势中出现的KDJ指标金叉性质完全不一样，只有KDJ指标底背离后的金叉方值得买入。

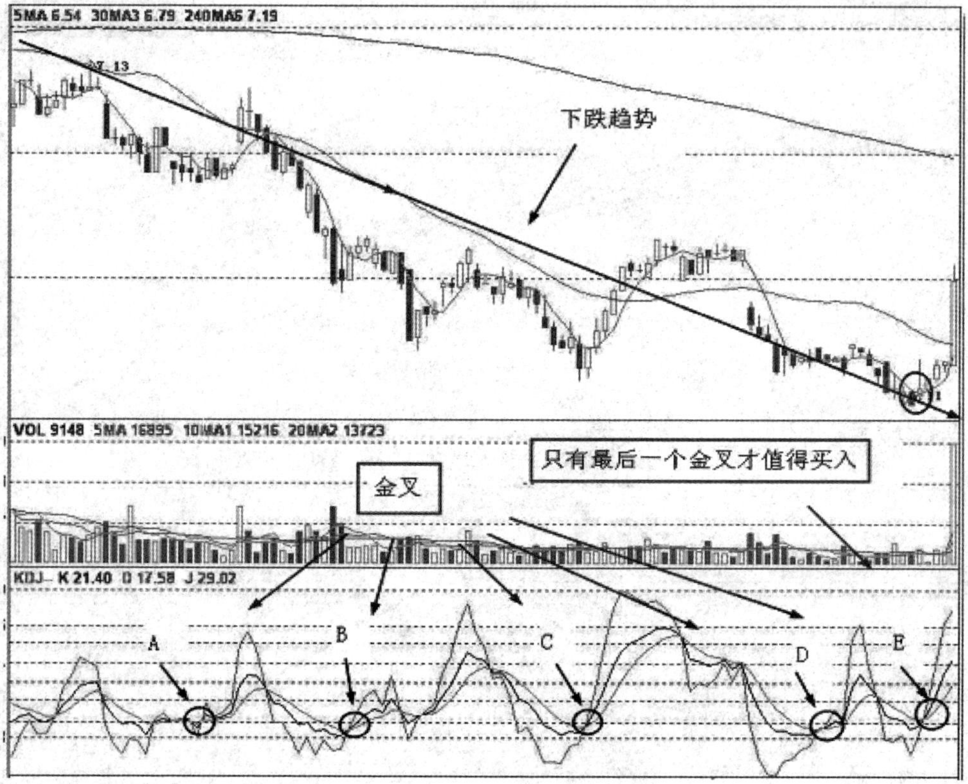

图5-12

小结：

上涨趋势一旦确立，之后产生的每一KDJ指标金叉，都是短线介入的机会。这种机会越是靠前，其操作的价值越大。下跌趋势中，则只有KDJ底背离以后的KDJ指标金叉，才具备买入价值，因此下跌趋势中未出现KDJ底背离之前，所有的KDJ指标金叉都可忽略。

对于KDJ指标死叉来说，在下跌趋势中，几乎所有的死叉都是短线卖出点。在上涨趋势中，只有KDJ指标顶背离后的死叉，才是真正意义上的卖出点。

如图5-13所示，下跌趋势中，KDJ指标产生A、B、C三个死叉点，每个死叉点都是短线卖出的上佳点。因此下跌趋势中出现的KDJ指标死叉，都应卖出。

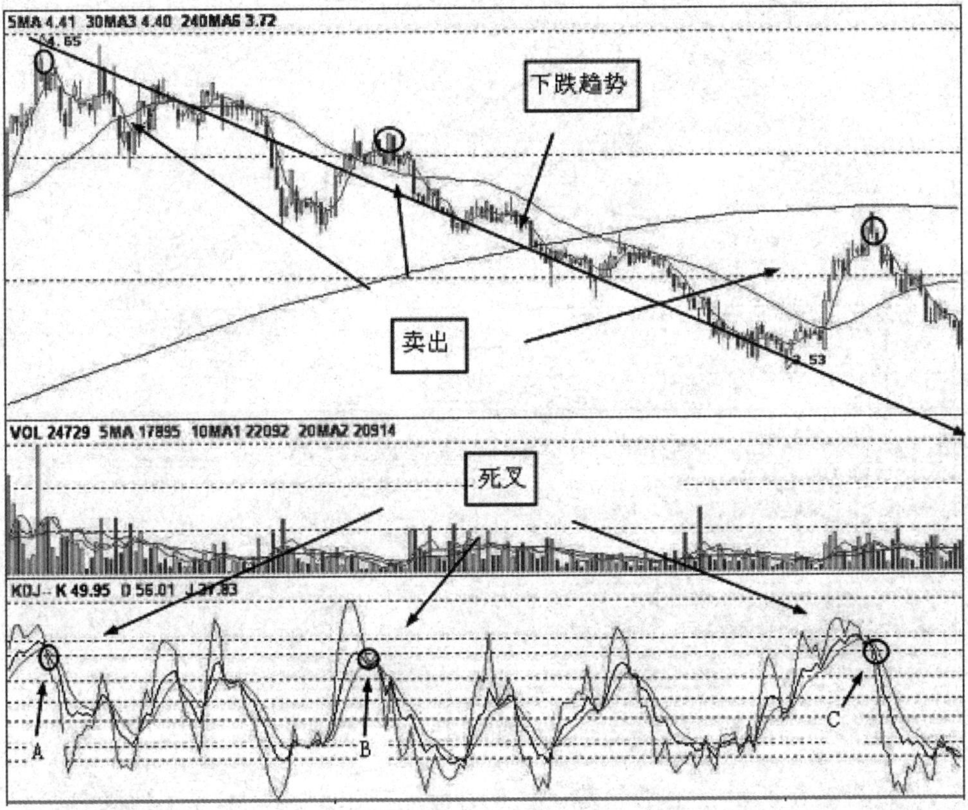

图5-13

如图5-14所示，下跌趋势中，KDJ指标产生A、B、C三个死叉点，每个死叉点都是短线卖出的上佳点。因此下跌趋势中出现的KDJ指标死叉，都应卖出。

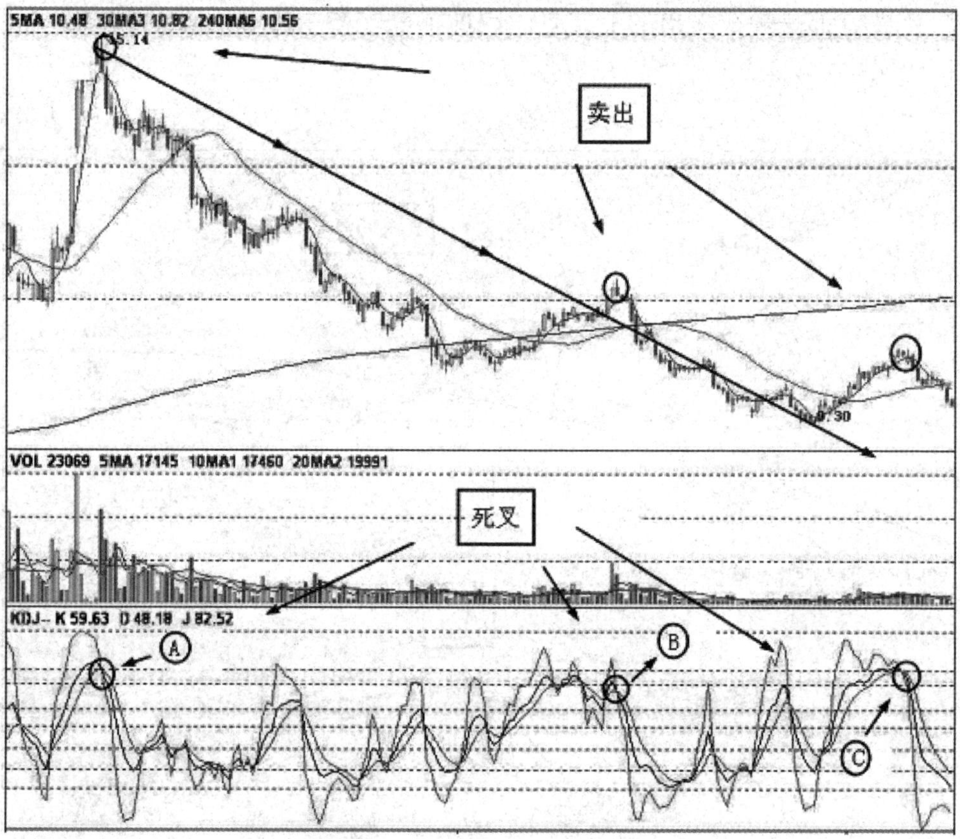

图5-14

如图5-15所示，上涨趋势中，KDJ指标产生A、B、C三个死叉点，只有C处是KDJ指标顶背离后的死叉点，因此该点才是真正的卖出点。从这里可以看出，上涨趋势中出现的KDJ指标死叉，和下跌趋势中出现的KDJ指标死叉完全不一样，只有KDJ指标顶背离后产生的死叉才是真正卖点。

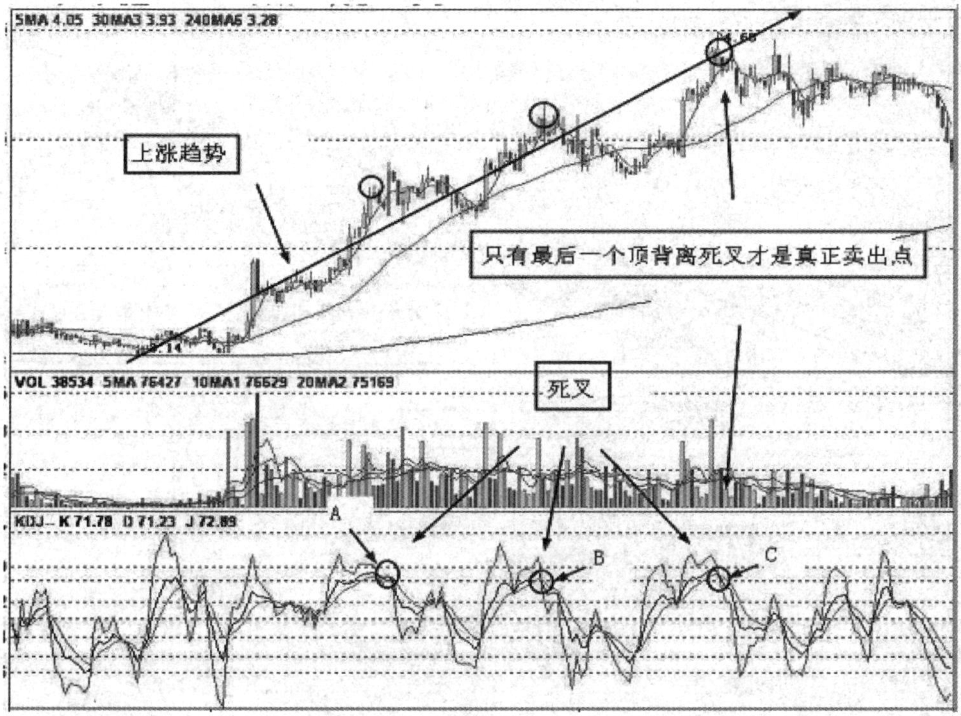

图5-15

如图5-16所示，上涨趋势中，KDJ指标产生A、B、C、D四个死叉点，只有D处是KDJ指标顶背离后产生的死叉点，因此该处才是真正的卖出点。从这里可以看出，上涨趋势中出现的KDJ指标死叉，和下跌趋势中出现的KDJ指标死叉完全不一样，只有KDJ指标顶背离后产生的死叉才是真正卖出点。

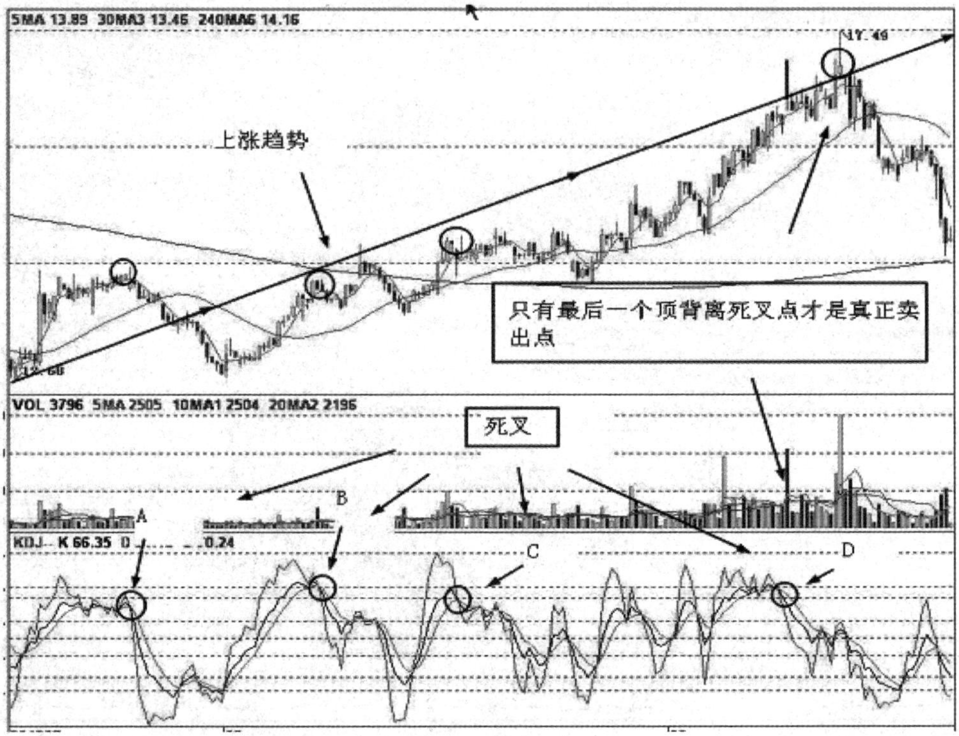

图5-16

小结：

下跌趋势一旦确立，之后产生的每一个KDJ指标死叉，都是短线卖出的机会。这种机会越是靠前，其操作的价值越大。上涨趋势中，则只有KDJ顶背离以后的KDJ指标死叉，才具备真正意义上的卖出价值。因此上涨趋势中未出现KDJ指标顶背离之前，所有的KDJ指标死叉都可以忽略。

KDJ指标金叉和KDJ指标死叉的性质，说明了一个鲜明的问题：在使用KDJ指标金叉和死叉指导操作时，下跌趋势中的金叉买入和上涨趋势的死叉卖出，很有必要结合KDJ指标背离技术。要彻底掌握KDJ指标金叉和死叉的用法，就必须继续深入分析KDJ指标的顶底背离。

3.KDJ指标顶底背离

和MACD技术指标背离一样，KDJ技术指标背离同样是判断趋势发生转折的重要辅助工具。KDJ技术指标也分顶背离和底背离。

KDJ顶底背离，其原理和MACD黄白线背离大同小异。由于J值过于敏感，不确定性成分较多，因此在使用KDJ指标来判断背离时，主要取用K、D值来作比较，这样判断的结果会更有稳定性和可行性。

（1）KDJ技术指标顶背离。

KDJ技术指标顶背离是指上涨趋势中，当股价再一次创出新高，对应的KDJ数值在80线上却不再创出新高，股价和KDJ数值形成较明显反差，就称为KDJ指标顶背离。KDJ指标顶背离是较强烈的卖出信号。

如图5-17所示，上涨趋势中，股价至B处创新高，对应的KDJ指标KD值在80以上同时创新高，KDJ指标未显背离。至C处股价再创新高，但对应处KDJ指标KD值无法突破80，相比B处明显下降，就形成KDJ指标KD值顶背离，这是较强烈的卖出信号，应当注意及时抛出。

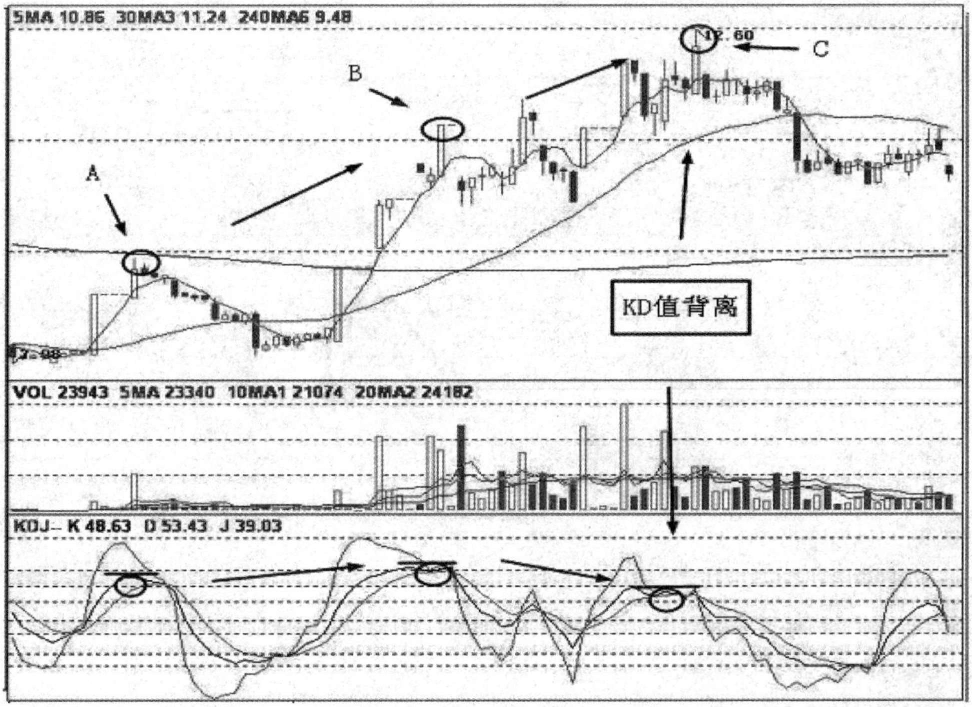

图5-17

如图5-18所示，上涨趋势中，股价至B处再创新高，对应的KDJ指标KD值在80以上背离不明显。至C处股价再创新高，但对应的KDJ指标KD值相比B处下降明显，就形成KDJ指标KD值顶背离，是较强烈的卖出信号，应当注意及时抛出以规避风险。

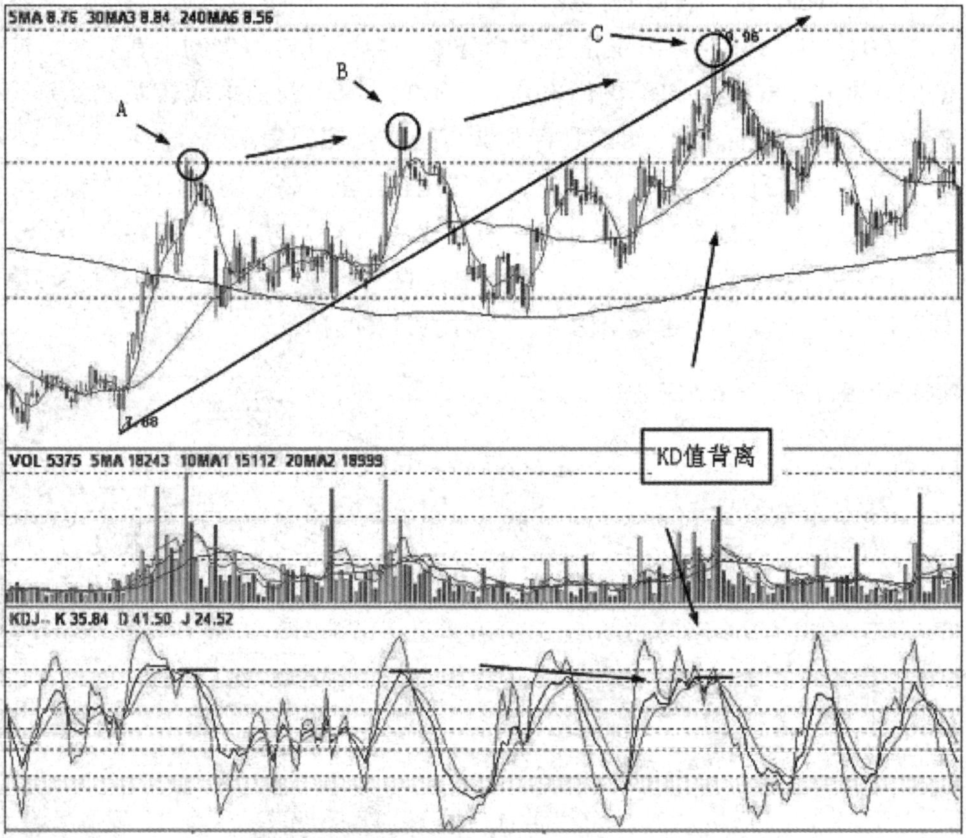

图5-18

判断KDJ指标顶背离，也可以说就是比较前后两个KD值发生死叉的位置高低，若股价创新高，后一死叉发生的位置低于前一死叉发生的位置，就形成KDJ指标顶背离。

如图5-19所示，上涨趋势中，股价一波比一波高，对应的KDJ指标在80值附近形成的A、B、C三个死叉位置一波比一波低，顶背离明显，表明上涨趋势进入尾声，应当据此卖出。

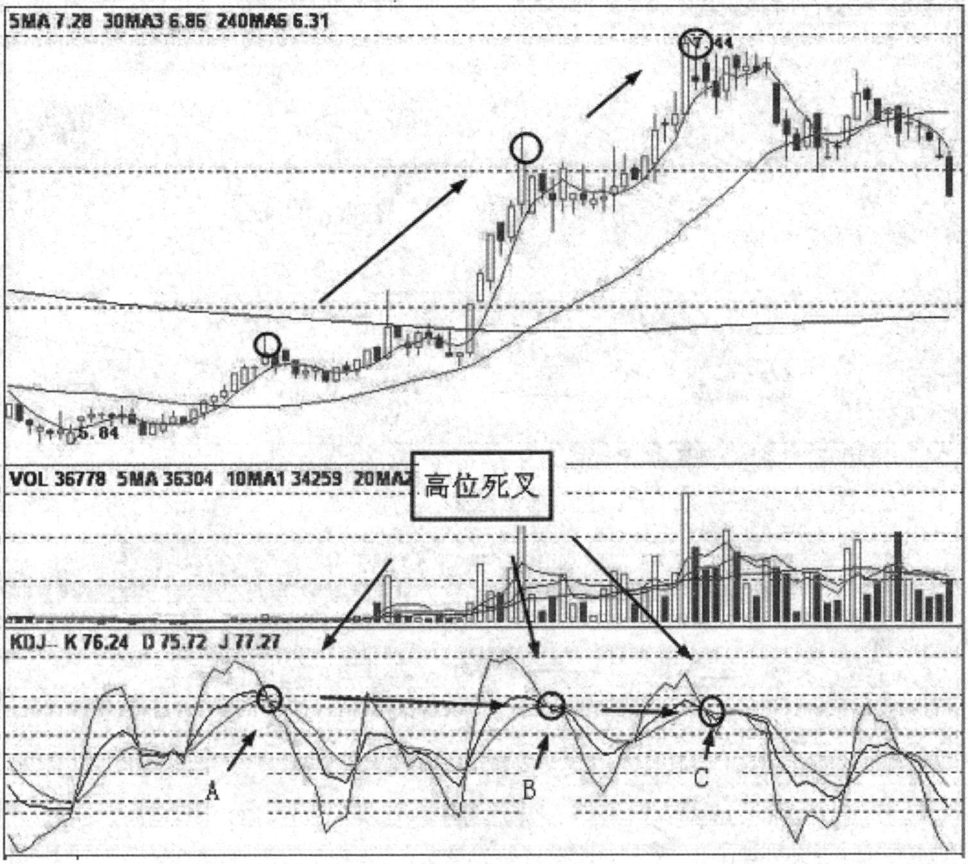

图5-19

如图5-20所示，上涨趋势中，B处再创新高，但对应处KDJ死叉位置相比前高A处KDJ死叉位置明显降低，表明KD值顶背离，上涨趋势进入尾声，应当据此卖出以规避下跌风险。

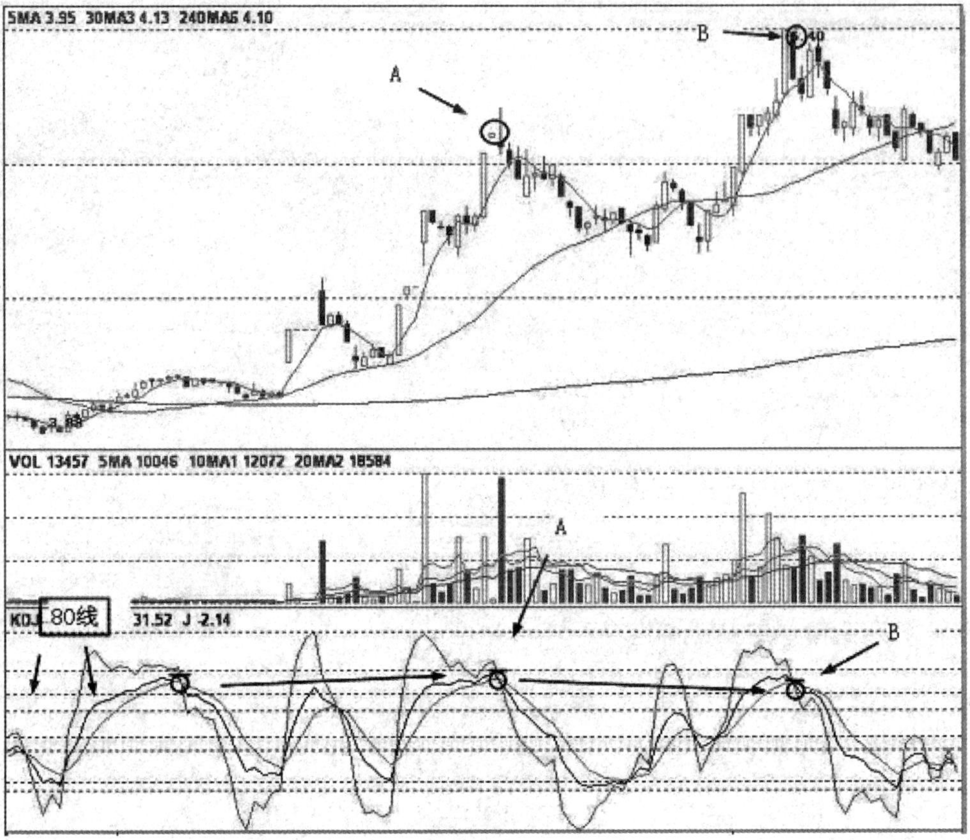

图5-20

（2）KDJ技术指标底背离。

KDJ指标底背离是指下跌趋势中，当股价再一次创出新低，对应的KDJ数值在20线以下却不再创出新低，股价和KDJ数值形成较明显反差，就称为KDJ指标底背离。KDJ指标底背离是较强烈的买入信号。

如图5-21所示，下跌行情至B处再创新低，但对应处KD值相比A处在20线以下向上有所抬升，股价下跌，KD值不再继续降低，就形成KDJ指标KD值底背离。KDJ指标KD值底背离是较强烈的买入信号，应当注意把握买入机会。

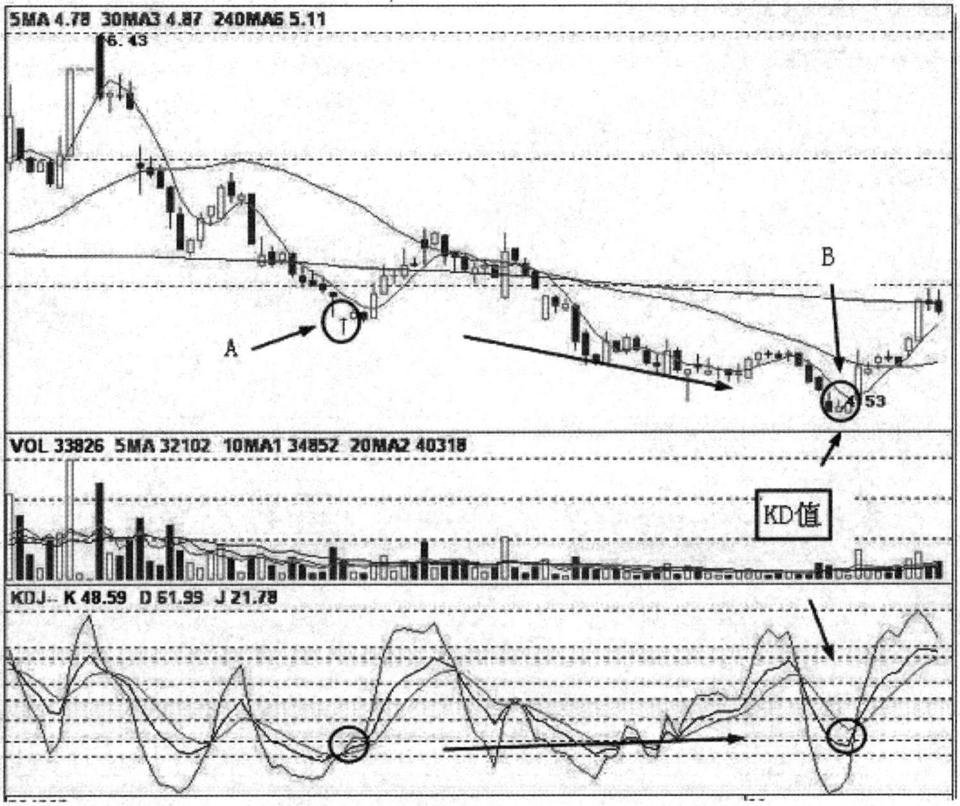

图5-21

如图5-22所示，下跌行情至B处再创新低，但对应处KD值相比A处在20线以下向上有所抬升，股价下跌KD值不再继续降低，就形成KDJ指标KD值底背离。KDJ指标KD值底背离是较强烈的买入信号，应当注意把握买入时机。

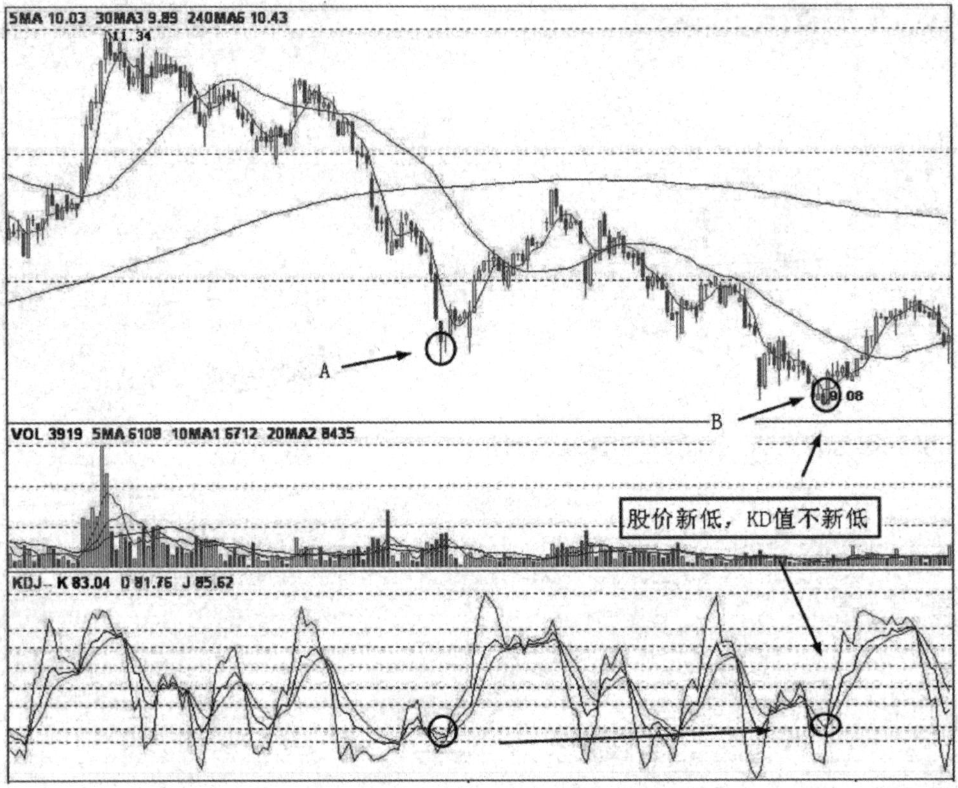

图5-22

判别KDJ指标底背离，就是比较前后两个KD值发生金叉的位置，若股价创新低，而后一金叉发生的位置高于前一金叉发生的位置，就形成KDJ指标底背离。

如图5-23所示，下跌趋势中，股价一波比一波低，对应处KDJ指标20值附近形成的A、B、C三个金叉位置一波比一波抬高，底背离明显，应当考虑买入。

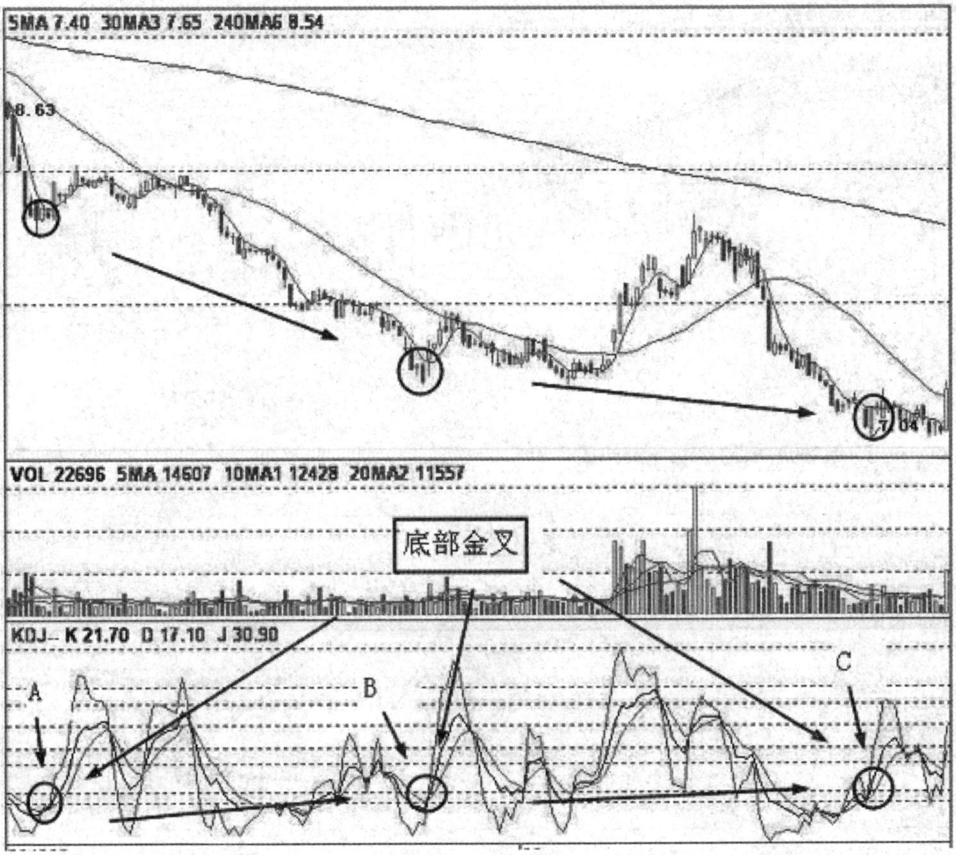

图5-23

如图5-24所示，下跌趋势中，A、B、C三处股价一波比一波低，对应的KDJ指标在20值附近形成的三个金叉位置一波比一波抬高，底背离明显，是考虑买入的机会。

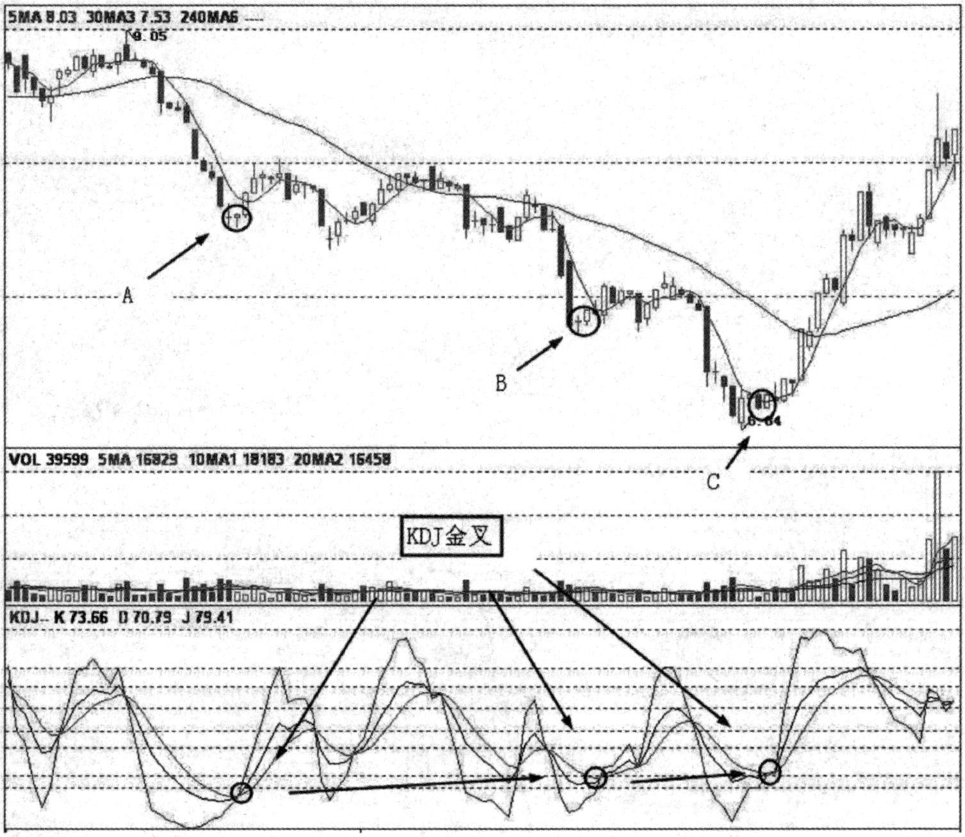

图5-24

小结：

采用KDJ指标KD值顶底背离来指导操作，实际上就是通过对前后金叉或死叉位置的比较，来确定哪一种位置的金叉更有买入价值，哪一种位置的死叉更具有卖出价值。两个金叉、死叉之间的时间跨度越长，背离就越准确，操作成功率也就会越高。

掌握了KDJ指标KD值顶底背离的分析和操作技术，再结合KDJ指标金叉、死叉的固有用法，那么无论是处在上涨还是下跌趋势中，对于什么样的金叉或死叉应怎样操作，就会了然于胸。如果对位置的分析，再与前面讲述的趋势形态、MACD指标等背离技术综合考察，则操作的成功率会大大增加。

第二节　CCI指标背离

CCI指标是一种超买超卖指标，也称为顺势指标，由美国股市分析家唐纳德·R·兰伯特（Donald R.Lambert）于20世纪80年代提出，主要用于分析股票市场的超买超卖现象，用以指导证券投资者进行中短线交易。

CCI的计算方式较为复杂，其公式为：CCI=1/0.015×[Pt-SMA(Pt)/σ(Pt)。其中，Pt等于最高价、最低价和收盘价之和除以3，SMA(Pt)等于最近N日Pt的平均值，σ(Pt)则等于最近N日Pt的平均绝对偏差，0.015为计算系数。根据上述公式计算出任一时间的CCI值，在CCI坐标上标出对应的点，连接这些点，就构成行情软件CCI指标图中的曲线。

如图5-25所示，CCI指标图中的曲线为CCI曲线；最上面的那条水平虚线为+100线，为方便解说，可称为春天线；中间那条水平虚线为0线，可称为中轴线；最下面那条水平虚线为-100线，可称为秋天线。

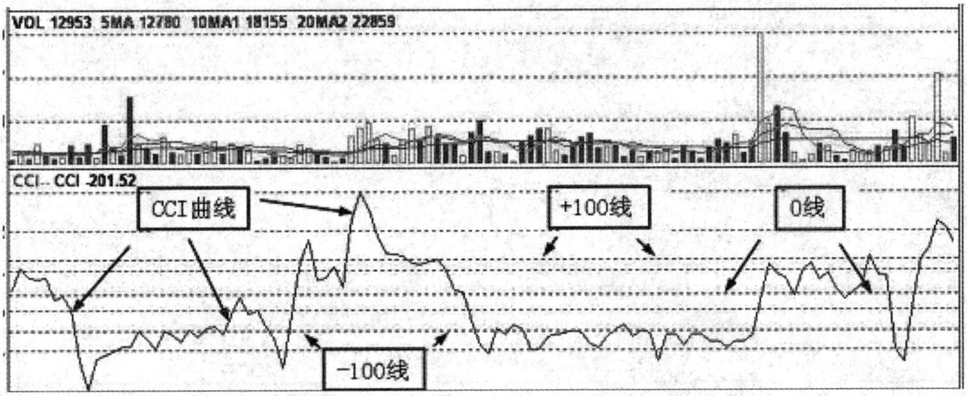

图5-25

和其他分析超买超卖类指标有所不同，CCI指标有一个比较特殊的技术参照区域：+100（春天线）至-100（秋天线）。+100（春天线）以上为超买区，-100（秋天线）以下为超卖区，+100（春天线）到-100（秋天线）之间为震荡区。

值得注意的是：该指标在超买超卖区域当中运行时，所代表的技术含义与其他技术指标的超买超卖含义是不同的。其他指标如KDJ指标进入超买，是买方力量使用过度，买方能量即将衰竭，应当考虑卖出；进入超卖，是卖方力量使用过度，卖方能量即将衰竭，应考虑买入。

CCI指标则反其道而行，进入超买，是买方力量加强，应考虑买入；进入超卖，是卖方力量加强，应考虑卖出。所以CCI指标有顺势指标之称，即顺着指标值进行买卖。CCI值突破+100春天线跟进，CCI值跌破-100秋天线出来。这很有点追涨杀跌的意思。

CCI指标还有一个有别于其他指标的地方，就是指标波动范围没有上限和下限，+100春天线向上可以无穷大，-100秋天线向下可以无穷小。这种奇特现象使CCI指标在众多指标中独树一帜。

如图5-26所示，CCI值进入+100春天线以上区域，为超买区，超买区没有上限，理论上可以无穷大。当指标突破+100春天线时，投资者可以考虑跟进买入。当CCI值进入+100春天线以下与-100秋天线以上区域，为震荡区，震荡区内CCI值参考意义不大，投资者宜观望。当CCI值进入-100秋天线以下区域，为超卖区。超卖区没有下限，理论上可以无穷小。当指标跌破-100秋天线时，投资者应当考虑卖出。

图5-26

如图5–27所示，A处CCI值跌破–100秋天线，进入超卖区，应当考虑卖出。之后行情下跌，至B处升破+100春天线，进入超买区，应当考虑买入。之后在C处再次升破+100春天线，应当考虑买入。用CCI指标指导实际交易，其操作方法为跌破–100秋天线卖，升破+100春天线买，一切顺着指标来做，故CCI指标有顺势指标之称。

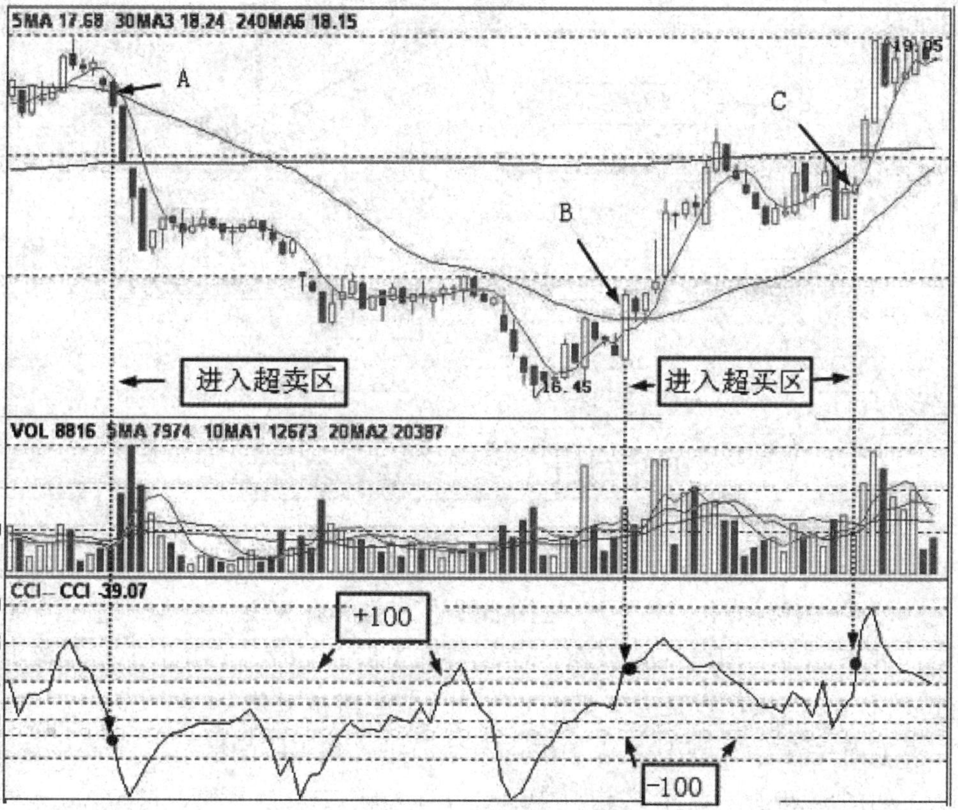

图5–27

如图5–28所示，当CCI曲线在A处进入–100秋天线以下，行情进入超卖区，对应处A就是卖出点。之后CCI曲线一直在+100春天线以下徘徊，可持币等待，直到在B点处CCI曲线突破+100春天线，进入超买区，产生B处买入点，可以跟进买入。

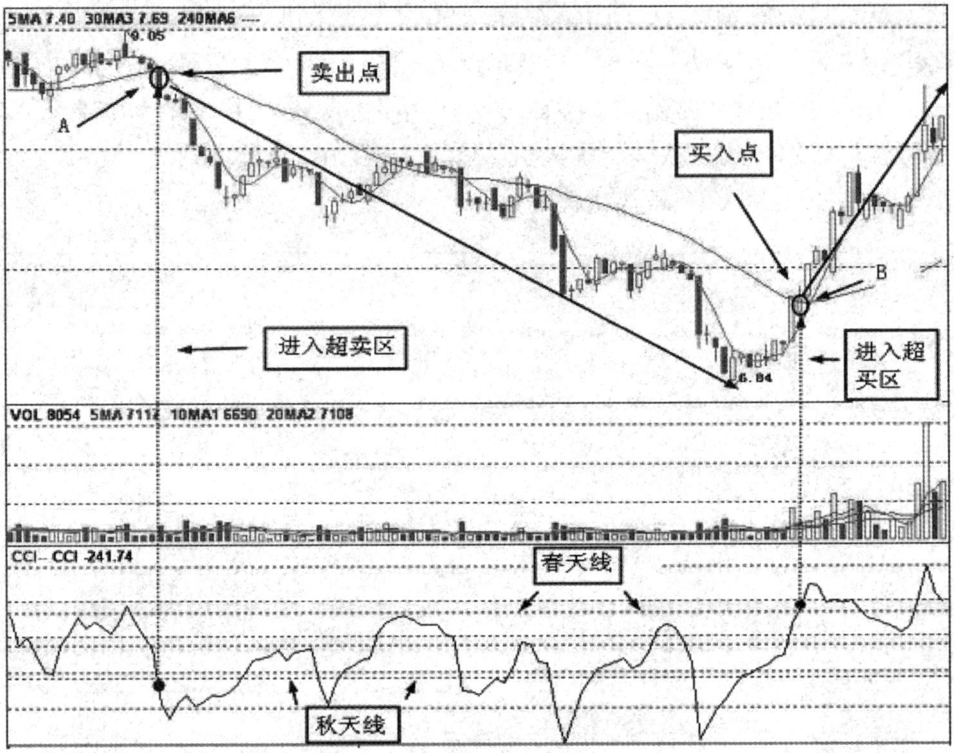

图5-28

运用CCI指标时，原则上是CCI曲线进入+100春天线上买入，进入-100秋天线下卖出。但要注意：在上涨趋势和下跌趋势中，CCI曲线进入超买超卖区域，其操作意义会有不小的区别，应当辨析清楚。

下面先看看CCI曲线突破+100春天线，进入超买区的情况。

如图5-29所示，下跌趋势中，CCI值突破+100春天线，形成A、B两点，其实际操作意义很小。因此在下跌趋势中，突破+100春天线，也并不可贸然买入。

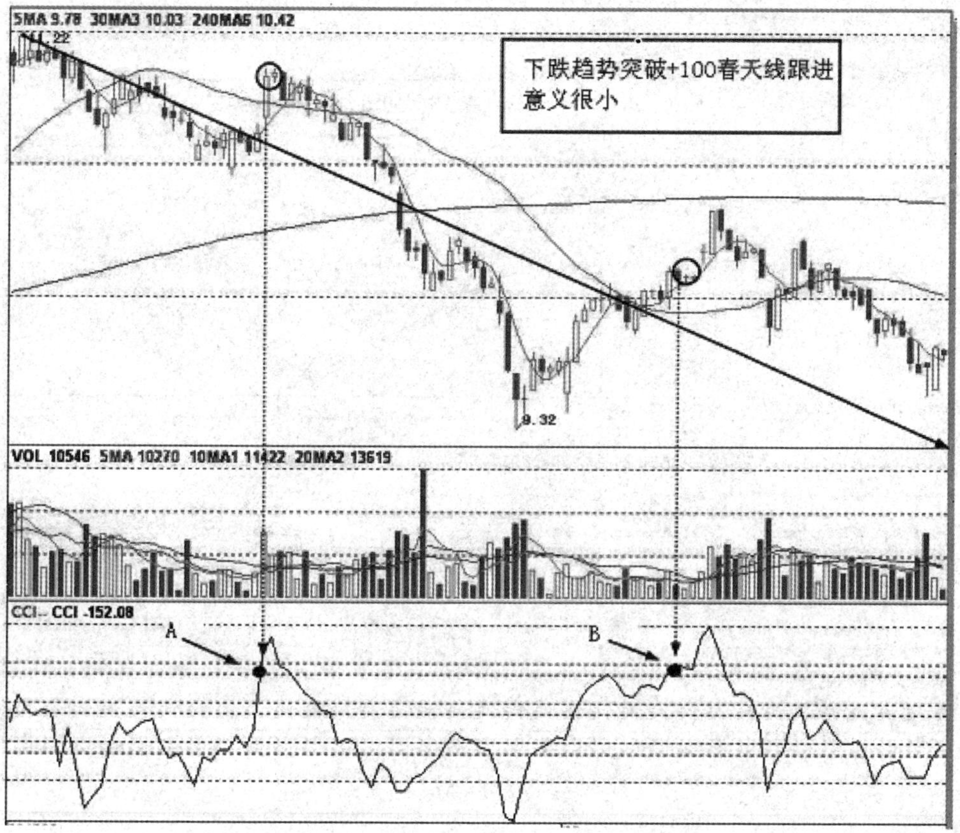

图5-29

如图5-30所示，下跌趋势中，CCI值在A、B、C、D四个位置升破+100春天线，但只有最后在D处升破时才具有真正的操作意义。需要指出的是，D点必然发生在CCI底背离之后。也就是说，下跌趋势中用CCI指标指导操作，就要等到CCI底背离之后，当CCI值突破+100春天线时再跟进。因此，依据CCI指标指导操作，下跌趋势中的底背离就成了操作的关键。没有出现底背离之前，CCI值突破+100春天线时，其买入意义很小，基本可以忽略。

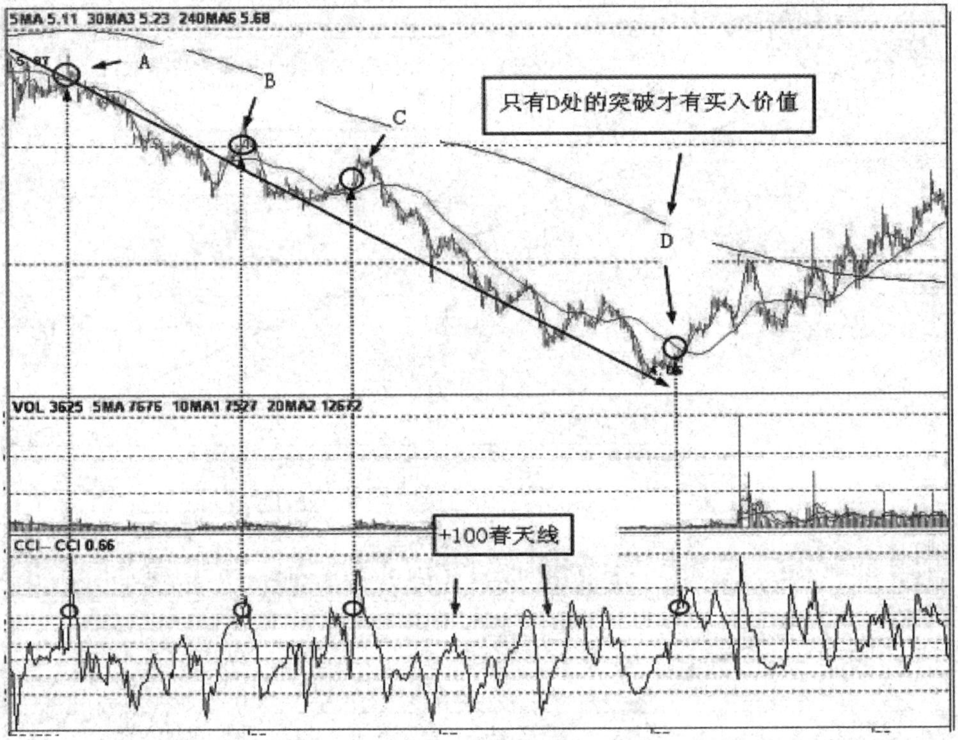

图5-30

如图5-31所示，上涨趋势中，CCI值产生出许多突破+100春天线的点，却只有最后一个A处不具备买入价值。在A点之后，必然形成CCI顶背离。因此，在上涨趋势中用CCI指标指导操作，就可以在每一CCI值突破+100春天线时跟进。一旦跟进后产生顶背离，则要求立即清仓。由此可以看出，上涨趋势的顶背离就成了操作的关键。在上涨趋势中，CCI值突破+100春天线时基本都可以买入，但应密切关注随后是否形成顶背离。一旦确认形成顶背离，则要求坚决离场。

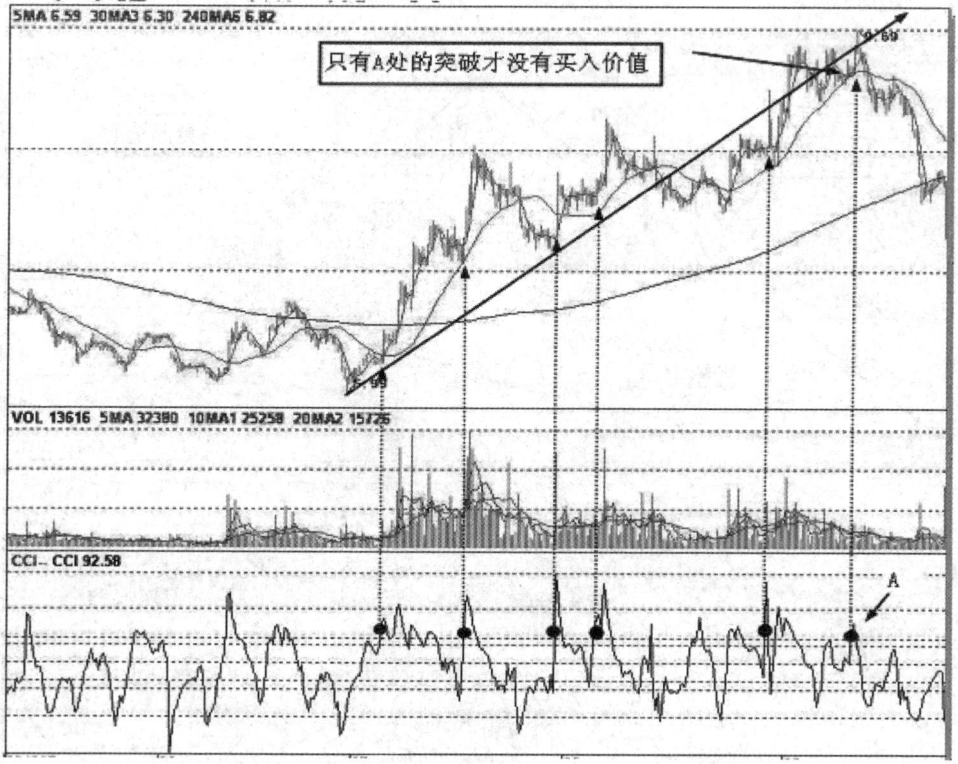

图5-31

分析了CCI值升破+100春天线，进入超买区的情况后，下面再看看CCI值跌破-100秋天线，进入超卖区的情况。

如图5-32所示，图中A、B、C三处CCI值跌破-100秋天线，进入超卖区，A处卖出意义不大，B、C处极具卖出价值。图中A处位于上涨趋势中，B、C处位于下跌趋势中，其中B处是上涨趋势顶背离后的第一次CCI值跌破-100秋天线。因此也可以说，上涨趋势中的CCI值跌破-100秋天线，只有顶背离后的跌破，才具有真正的卖出价值。因此，上涨趋势的顶背离就成了操作的关键。上涨趋势顶背离之前的CCI值跌破-100秋天线，卖出意义也并不大，基本可以忽略。而上涨趋势顶背离后的CCI值跌破-100秋天线，其卖出则极具价值。下跌趋势中的CCI值跌破-100，则基本都是卖出点。

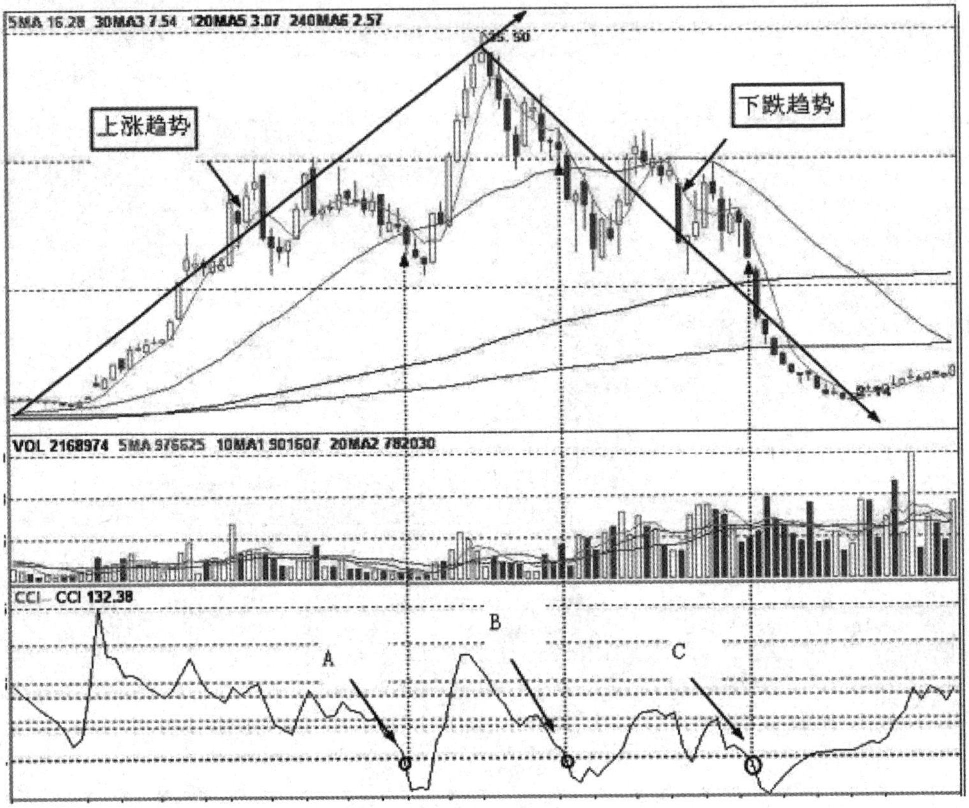

图5-32

如图5-33所示，图中A、B、C、D四处CCI值跌破-100秋天线，进入超卖区，A处卖出意义不大，B、C、D处都具有卖出价值。图中A处位于上涨趋势中，B、C、D则位于下跌趋势中，其中B处是上涨趋势顶背离后的第一次CCI值跌破-100秋天线。因此可以说，上涨趋势中的CCI值跌破-100秋天线，只有顶背离后的跌破才具有真正的卖出价值。因此，上涨趋势的顶背离就成了操作的关键。上涨趋势顶背离之前的CCI值跌破-100秋天线，卖出并无多大意义，基本上可以忽略。而上涨趋势顶背离后的CCI值跌破-100秋天线，其卖出则极具价值。下跌趋势中的CCI值跌破-100，如图中B、C、D处，则无一例外都是卖出点。

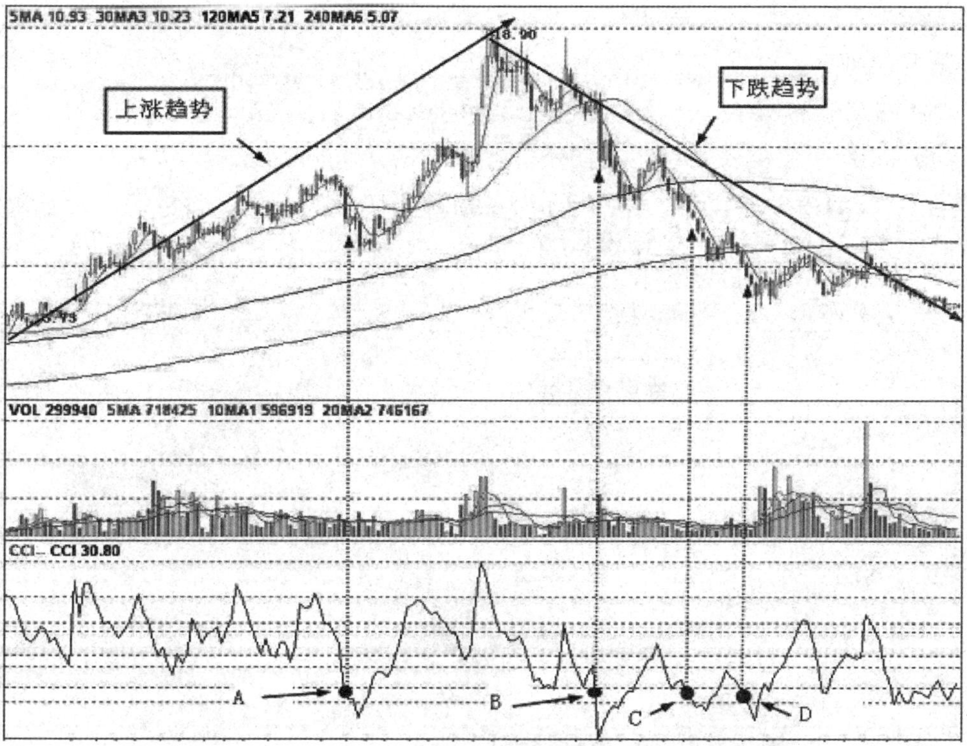

图5-33

综合来看，下跌趋势的底背离，上涨趋势的顶背离，都成了按CCI顺势指标顺势操作的关键，因此下一步的分析重点自然而然就落实到CCI指标的顶底背离上。

从操作级别上来看，短线级别的CCI指标虽较为敏感，但稳定性能极差。操作级别过小，就会产生频繁买卖、往来奔波而收效甚微的弊端。因此运用CCI指标指导操作时，最好采用日线、周线以上操作级别，只用日线以下级别作为短线观察手段。按照突破+100春天线跟进，跌破-100秋天线抛出原则操作时，还要求具有一定的短线操作经验和能力，能速战速决。一旦情况有变，务必即时了结，不可拖延。

和其他指标背离一样，CCI指标背离也分顶背离和底背离。上涨趋势中，当股价再次创出新高，CCI曲线跌回+100春天线之下后重新向上不创新高，就形成CCI指标顶背离。CCI指标出现顶背离现象，一般是股价在高位即将反转的信号，表明行情短期内即将反转，应当考虑及时卖出，以规避下跌风险。

如图5-34所示，上涨趋势中，股价至B处再创新高，但CCI曲线却重新返回+100春天线以上时，不但不能超越A对应处的高点，反而有所下降，就形成CCI指标顶背离。CCI指标出现顶背离现象，一般是股价在高位发出的即将反转的信号，应当考虑及时卖出，以规避未来下跌的风险。

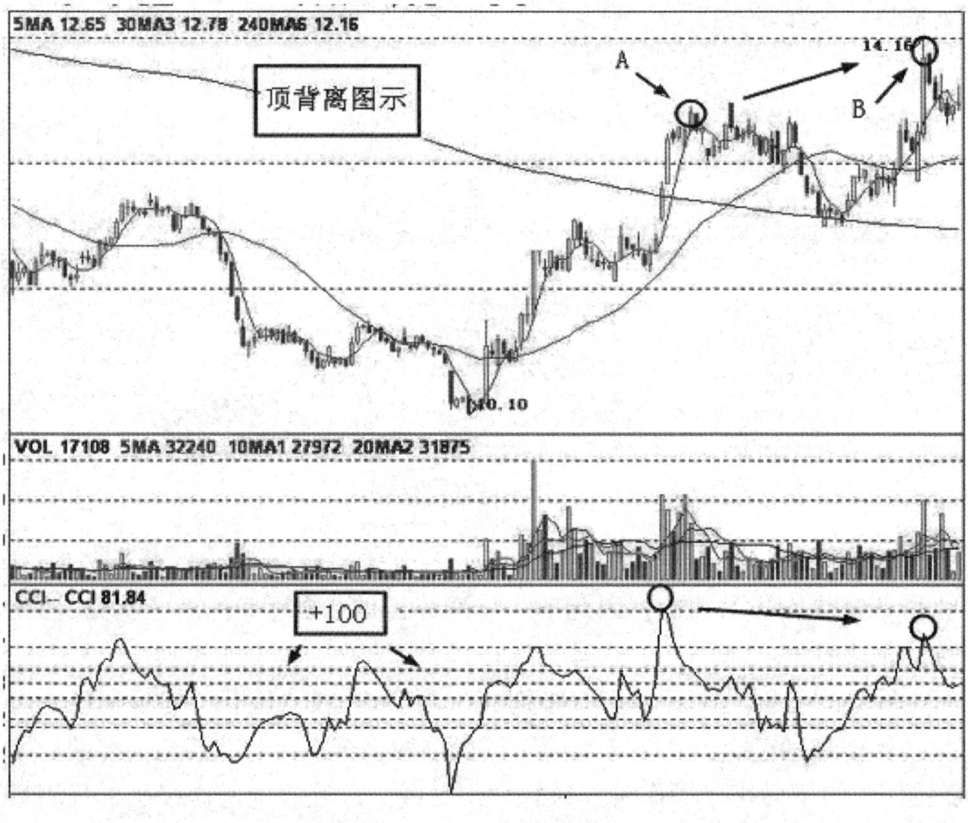

图5-34

如图5-35所示，上涨趋势中，股价至B处再创新高，但CCI曲线却在重新返回+100春天线以上时不再创新高，无法超越前高A对应处的高点，就形成CCI指标顶背离。这一般是股价在高位发出的即将反转的信号，应当考虑及时卖出，以规避未来下跌的风险。

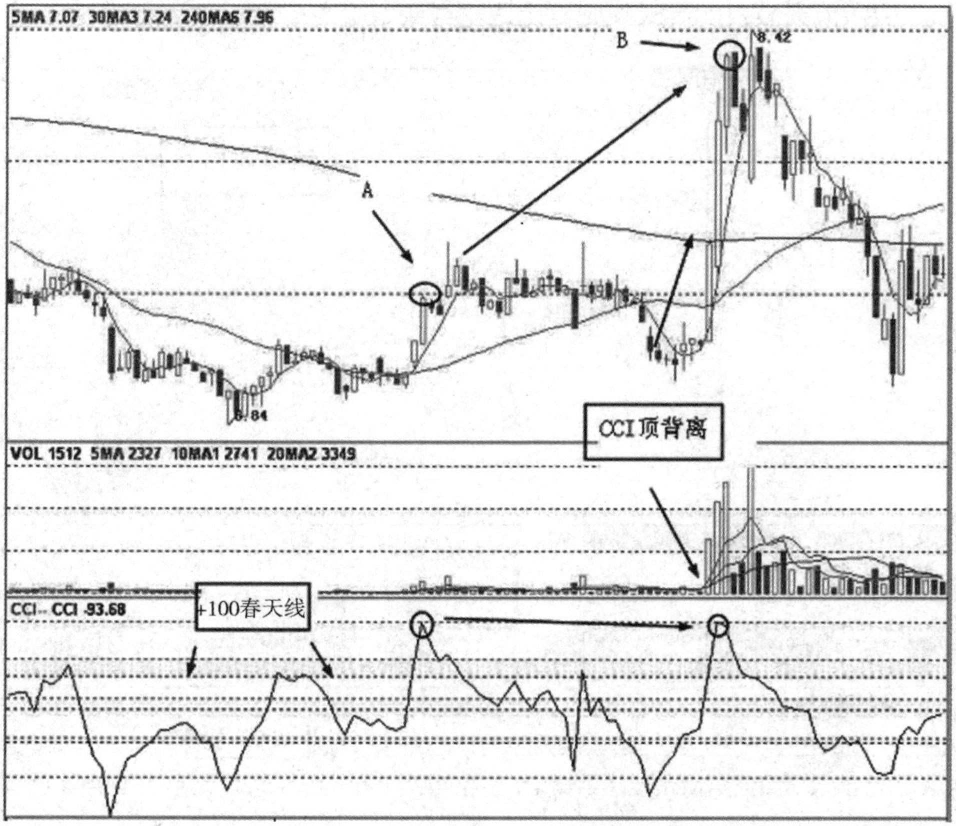

图5-35

同理，下跌趋势中，当股价再次创出新低，CCI曲线返回-100秋天线之上后重新向下不创新低，就形成CCI指标底背离。CCI指标出现底背离现象，一般是股价在低位即将反转的信号，表明股价短期内即将上涨，应当考虑伺机买入。但应注意，按CCI背离情况操作，底背离马上反转的概率相比顶背离要低，底背离背离了又背离的概率更大，因此买入需要慎之又慎。

如图5-36所示，下跌趋势中，股价至B处再创新低，但CCI曲线却在-100秋天线以下不但不创新低，反而向上抬升，就形成CCI指标底背离。CCI指标底背离后，行情有反转向上的迹象。但买入时也需要慎重，最好的方法是底背离后，再等CCI指标向上突破+100春天线时顺势跟进。

如不能向上突破+100春天线则弃之，这样买入会更安全，效率也更高。

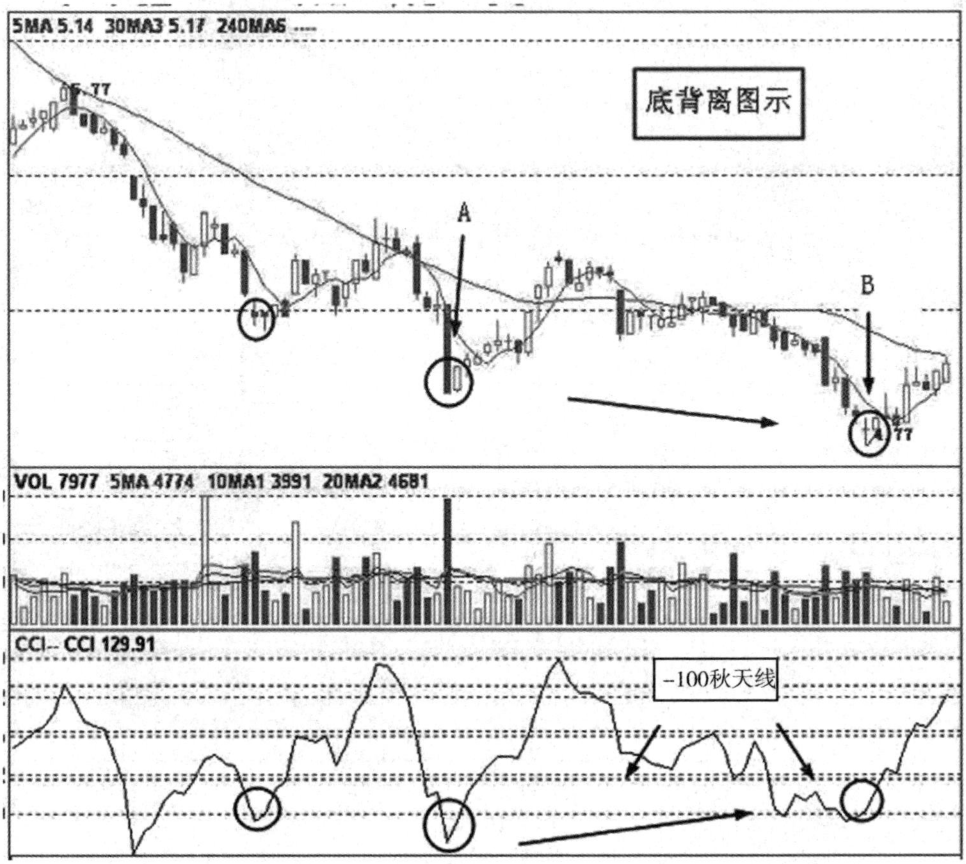

图5-36

如图5-37所示，下跌趋势中，股价至2处创新低，但对应CCI曲线却在-100秋天线以下相比前低1处不但不创新低，反而向上抬升，就形成CCI指标底背离。但一次底背离并未造成行情真正反转，股价至3处再创新低，而对应的CCI曲线却在-100秋天线以下相比2处继续抬升，就形成CCI指标二次底背离。一般来说，下跌趋势中，CCI指标二次底背离的反转概率要大于一次底背离，这时候应当注意把握买入时机。

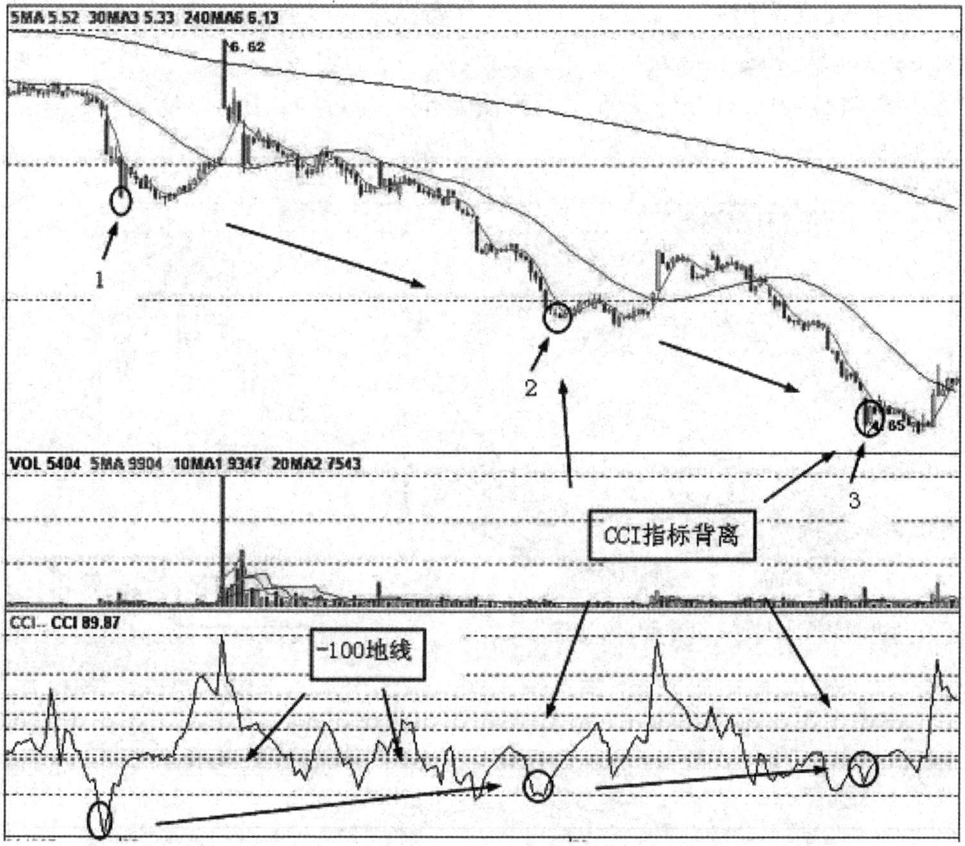

图5-37

对于CCI指标顶底背离的判断，顶背离时必须在超买区域，即CCI曲线在+100春天线以上；底背离时必须在超卖区域，即CCI曲线在-100秋天线以下，这样判断才会更有实际效果。CCI曲线在+100春天线以下和-100秋天线以上的震荡区域，是不存在背离的。

由图5-37可知，CCI指标的顶底背离，同样存在背离了又背离的情况，这在实际应用中应当引起高度重视。尤其是下跌趋势中的底背离，买入时最好选择那种已发生二次底背离以上情形的股票谨慎介入。

如图5-38所示，上涨趋势中，1处发生CCI指标顶背离，行情未出现转折。之后2处再创新高，发生二次CCI指标顶背离，行情仍未转折，直至3处再创新高，发生三次CCI指标顶背离，行情才真正进入转折，但操作上最好在2处提前出来。如果第一次顶背离没来得及出来，之后CCI曲线若跌破-100秋天线，则是出来的又一次机会。图中第一次顶背离后CCI曲线并未跌破-100秋天线，但之后再次发生了顶背离，则在3处离场已经成为必要。

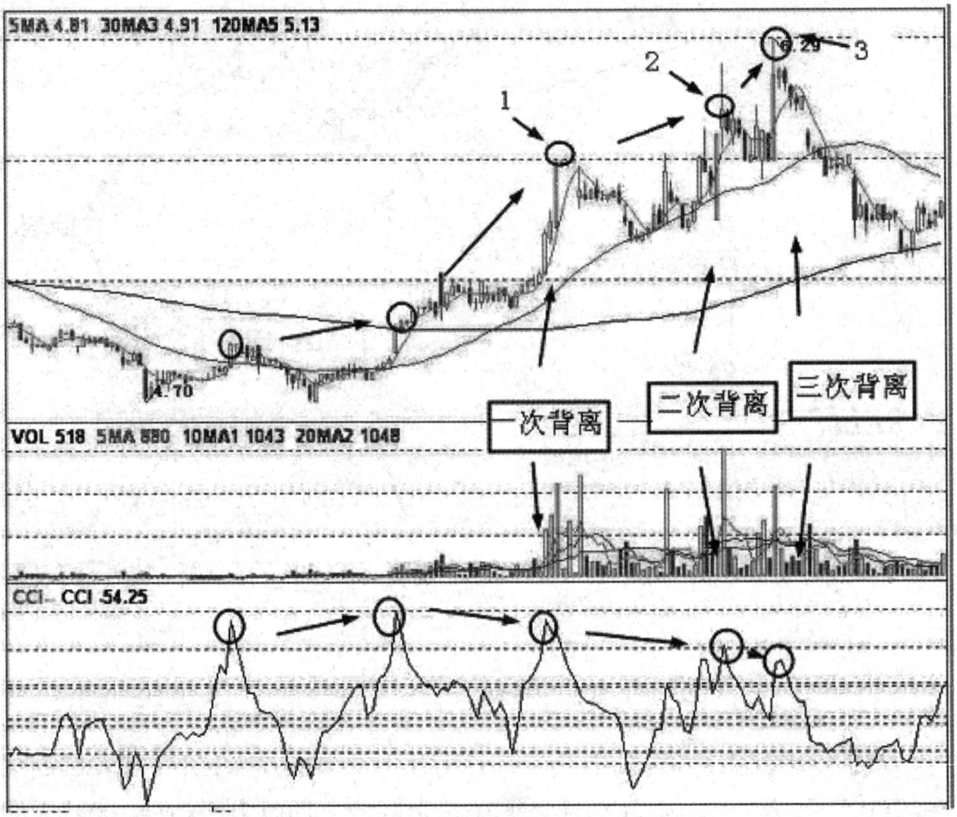

图5-38

如图5-39所示，上涨趋势中，A处产生第一次CCI指标背离。在此处若未卖出，之后当CCI指标在B处跌破-100秋天线，则很有必要先在B处出来，然后继续观望。

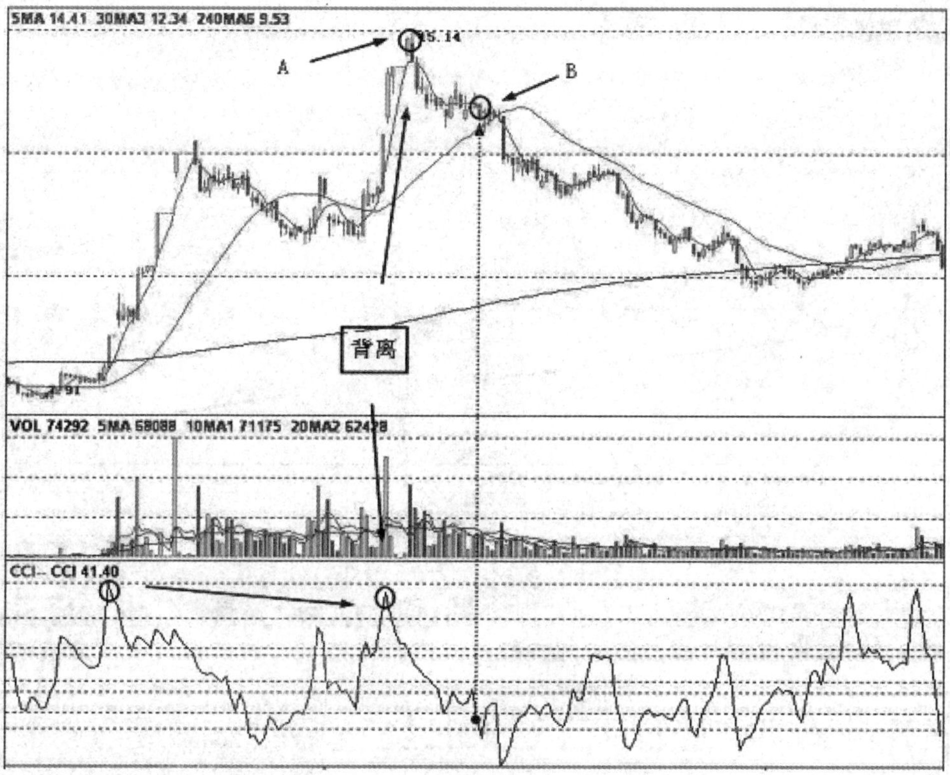

图5-39

如图5-40所示，下跌趋势中，股价在B处创新低，CCI曲线在-100秋天线以下相比A处不创新低，发生CCI指标底背离，但行情并未就此转折。之后股价在C处再创新低，CCI曲线在-100秋天线以下再次抬升，发生CCI指标二次底背离。像这种背离了又背离的情况，在下跌趋势中是经常可以见到的，操作中一定要引起重视，尽可能选择那种发生了二次以上CCI指标底背离的股票买入。稳健者甚至可以等到二次以上CCI指标底背离后，CCI曲线突破+100春天线时再跟入。

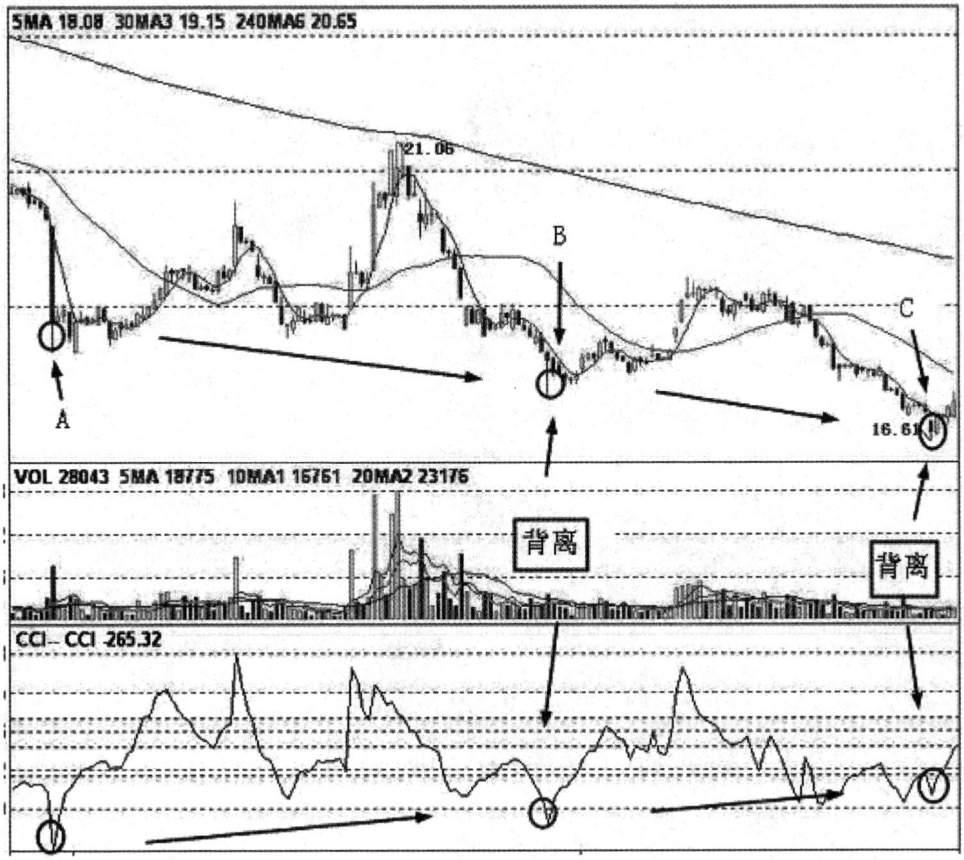

图5-40

如图5-41所示，下跌趋势中，B处创新低，CCI值在-100秋天线以下相比A处有所抬升，行情首次背离。至C处再创新低，CCI值在-100秋天线以下继续抬升，行情二次背离，可以考虑买入。稳健者可以等到之后CCI曲线突破+100春天线，如图中D或E处再介入，这样安全性更好，效率更高。

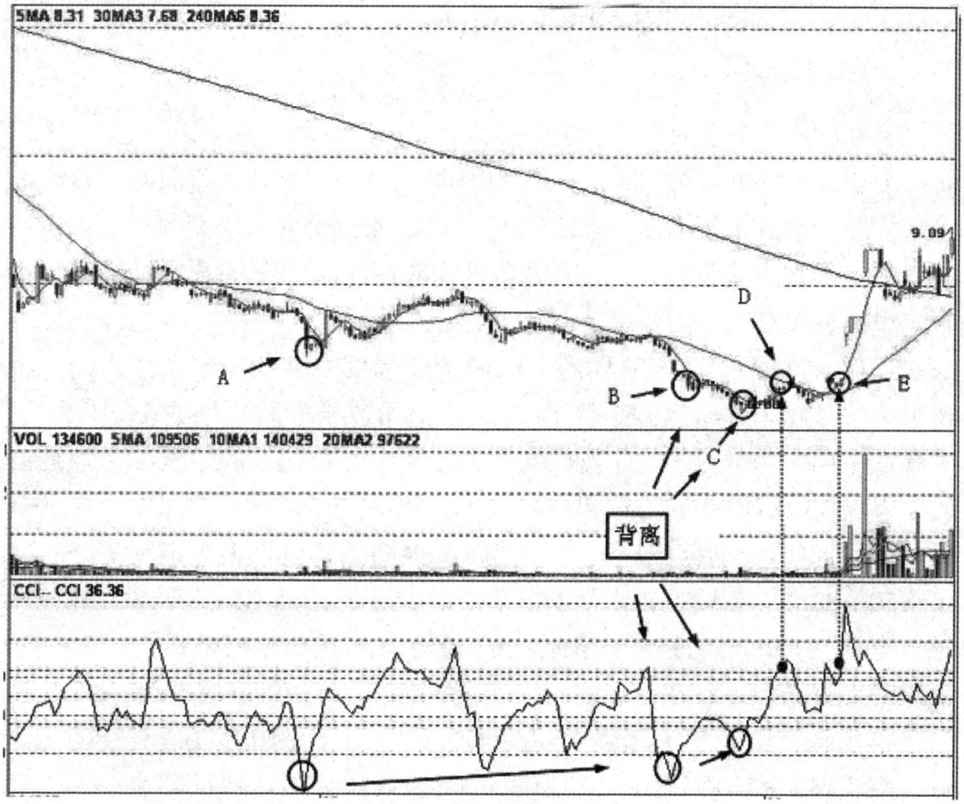

图5-41

小结：

由于CCI指标属于顺势指标，在指导短线“追涨杀跌”操作方面具有速战速决的显著效果。在背离操作方面，CCI指标的指导性和MACD、KDJ等指标相比，可能相对不是长项，因而用CCI指标背离来指导操作时，最好与其他方面的背离综合考察，或等待出现如图5-41的超买情况时再介入，这样效果会更好。

第三节 RSI指标背离

RSI指标是一种相对强弱指标，也称为力度指标，由美国人威尔斯·维尔德（Welles Wilder）设计。RSI指标是通过比较某段时间内价格的涨跌幅度，来分析判断多空双方买卖力量的强弱程度，从而判断未来市场走势的一种技术指标。RSI指标也是目前应用比较广泛的技术指标，对指导中短线买卖有很好的效果。

RSI曲线是根据一定时期内上涨和下跌幅度之和的比率制作出的一种技术曲线，RSI值＝[上升平均数÷(上升平均数＋下跌平均数)]×100。由于参数不同，RSI指标有两条曲线组成，其中参数较小的曲线称为短期曲线，参数较大的曲线称为长期曲线。

RSI的数值变动范围在0—100之间，强弱指标值大多数情况下分布在20—50—80这一区域，50为强弱分界线。当强弱指标值运行于80—50区域时，市场特征表现为强势，操作上应持有；当强弱指标值运行于50—20区域时，市场特征表现为弱势，操作上宜观望。当RSI值处于80—100区域时，市场特征则表现为超强（超买），买方力量使用过度，有衰竭的危险，应当注意卖出；当RSI值处于20—0区域时，市场特征则表现为超弱（超卖），卖方力量使用过度，有衰竭迹象，宜买入。

如图5-42所示，图中黑色线为短期RSI线，参数为6；黄色线为长期RSI线，参数为12。以数值50线（中间水平虚线）为界，往上至80（最上水平虚线）为强区域，往下至20（最下水平虚线）为弱区域。80以上为超强区域，20以下为超弱区域。

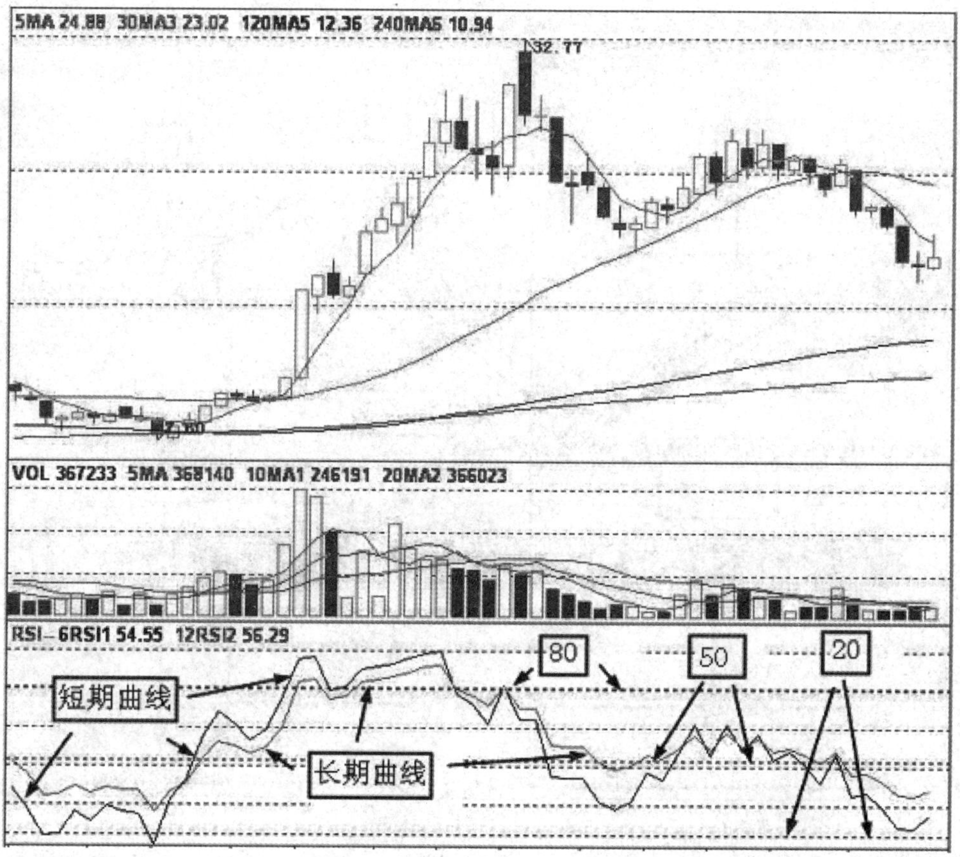

图5-42

如图5-43所示，A、C范围的RSI线运行于50以下，为弱势区域，在图中对应的股价表现为下跌；B范围的RSI线运行于50以上，为强势区域，在图中对应的股价表现为上涨。

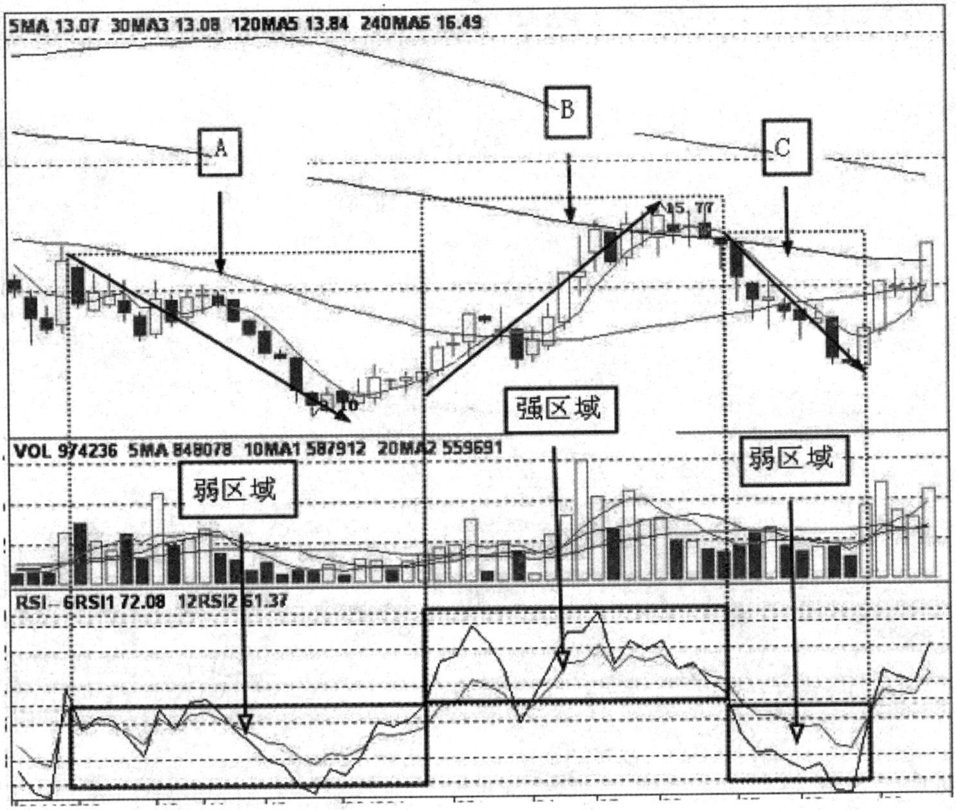

图5-43

RSI指标的一般运用方法是：当RSI曲线从下向上突破50线时为买入信号，从上往下跌破80线时，为第一卖出信号，从上往下跌破50线时为第二卖出信号。但此方法只在趋势明显的上涨趋势中比较适用，真正掌握RSI指标的用法，还要学会识别RSI指标的顶底背离。

1.RSI顶背离

上升趋势中，股价再次创出新高，而相应的RSI指标值在80以上不超越前期高点，RSI值与股价不同步，从而形成RSI顶背离。RSI出现顶背离后，股价见顶反转的可能性较大，应当注意及时卖出。

如图5-44所示，上涨趋势中，股价至15.14元处再创新高，但对应的RSI值B，相比前高对应的RSI值A反而有所下降，即形成RSI指标顶背离。

RSI指标顶背离，预示股价见顶反转的可能性较大，操作上应当考虑卖出。

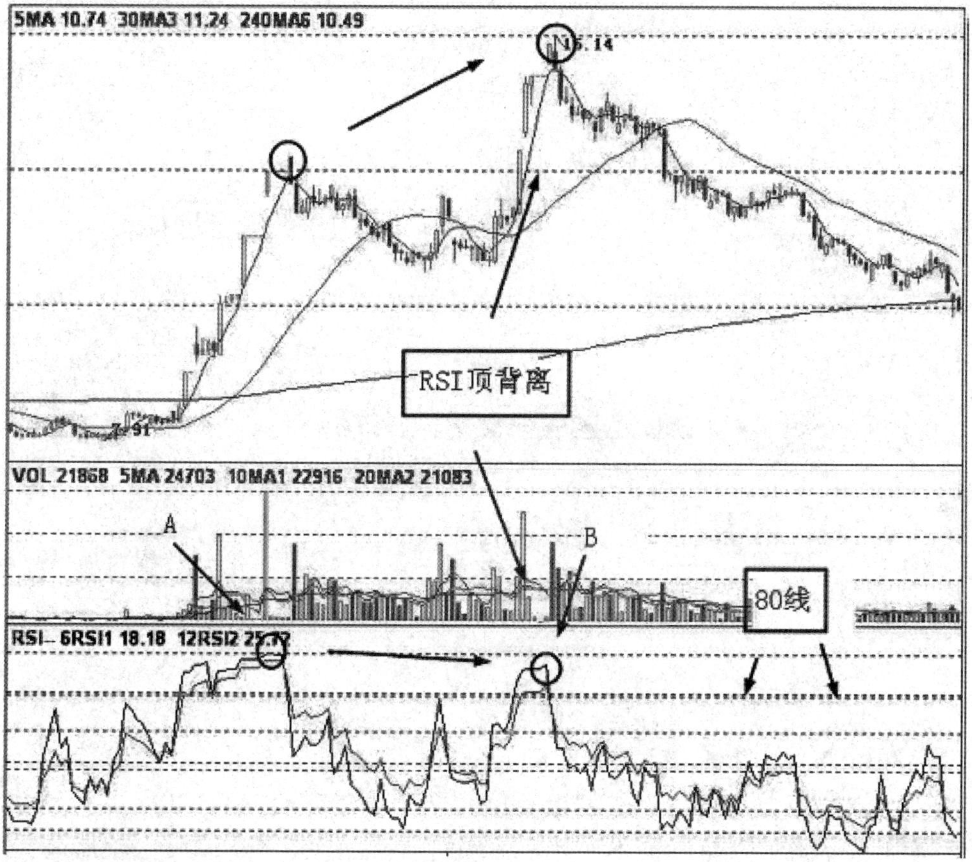

图5-44

如图5-45所示，上涨趋势中，股价在4.68元处再创新高，但对应的RSI值B，相比前高对应的RSI值A反而有所下降，即形成RSI指标顶背离。RSI指标顶背离，预示股价见顶反转的可能性较大，操作上应当考虑卖出。

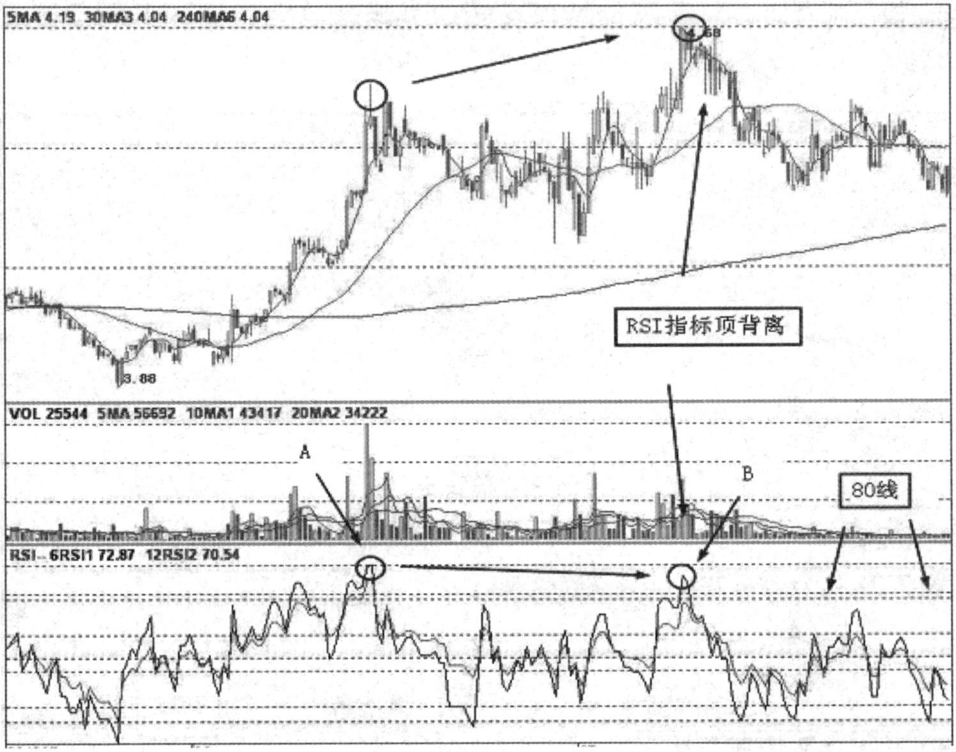

图5-45

2.RSI底背离

下跌趋势中，股价再次创出新低，而相应RSI指标值在20以下不超越前期低点，RSI值与股价不同步，从而形成RSI底背离。RSI出现底背离后，股价见底反转的可能性较大，应当注意及时买入。

如图5-46所示，下跌趋势中，B处RSI值在20线以下，相比A处RSI值不再下降，显示RSI指标背离。C对应的股价再创新低，而RSI值相比B处RSI值再次抬高，表明RSI指标再次背离。股价由此见底反转的可能性较大，应当注意把握买入时机。

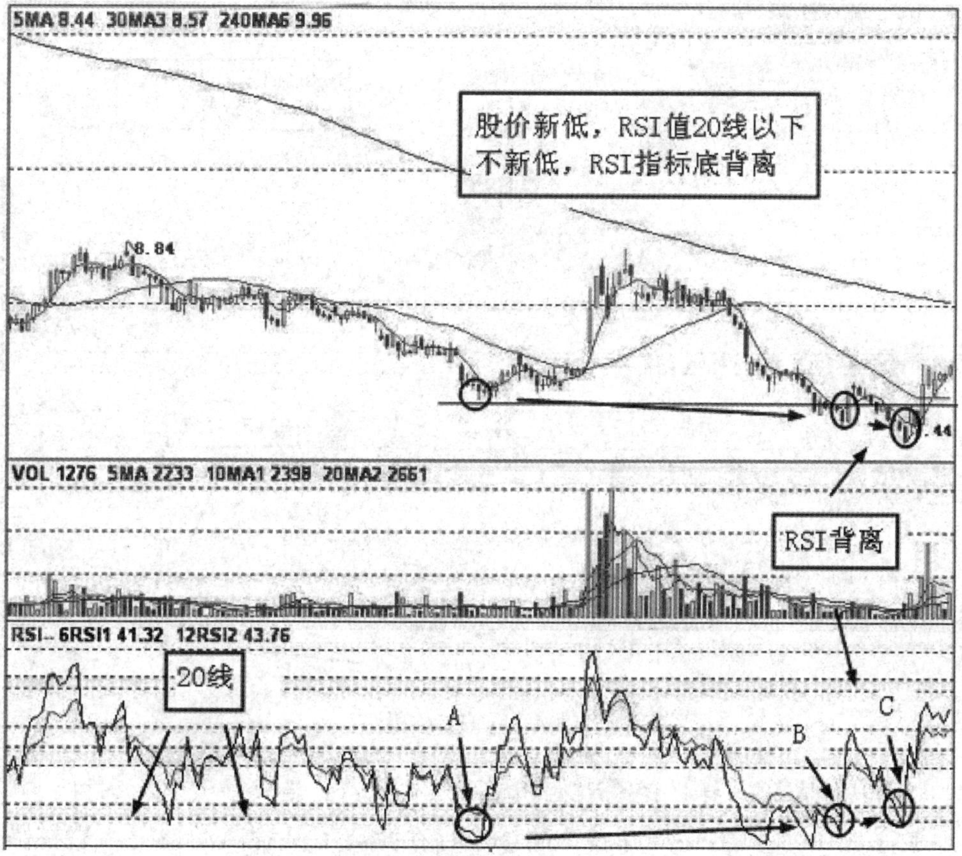

图5-46

如图5-47所示，下跌趋势中，B处股价创新低，RSI值在20线以下相比A处RSI值不再下降，反而有所抬升，RSI指标背离明显。这种走势显示股价就此见底反转的可能性较大，应当注意把握买入时机。

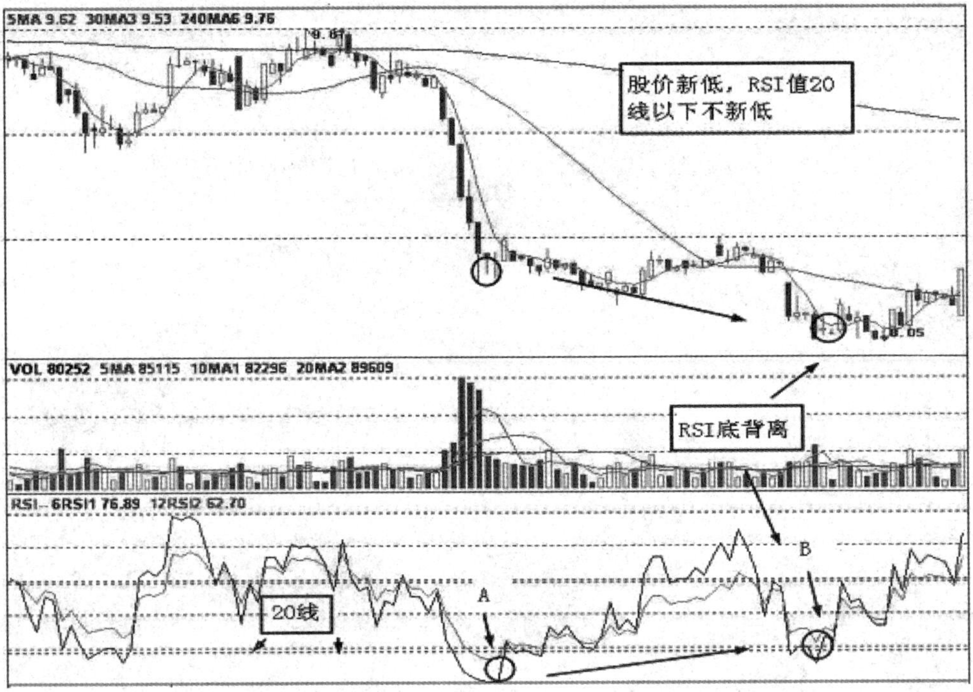

图5-47

和其他背离一样，RSI指标背离后产生趋势反转只是大概率事件，并不能保证100%发生趋势反转，同样也存在背离了又背离的情况，这在操作中需要引起注意。买入时最好的方法是等RSI指标背离后继续观察，待RSI值向上强势突破50线时再谨慎买入，这样成功率会更高。

第四节　量价背离

分析量价背离之前，有必要先简述一下成交量这一常用概念。所谓成交量，是指某股票在一个特定时间单位内成交的数量（或资金数量）。因为市场的原因，同一股票在不同时间段内产生的成交量是不相同的，一般来说，多空分歧加剧，愿买的多，愿卖的也多，市场交投活跃，成交量相对就会增加；若市场低迷，多空观望气氛浓厚，买者惜金，卖者惜票，交投清淡，成交量相对就会减少。成交量是判断股票价格趋势的一个比较重要的辅助依据。

任何一只股票，要有成交，得同时满足两个条件，即该股票在某一价位上既要有买方，又要有卖方，这样成交才会最终实现。成交量是买卖双方共同创造出来的，仅有买方或者仅有卖方的市场，都无法产生成交量。

为什么在同一价位区域会形成买卖双方呢？这是由于在此价位区间，参与市场交易的人很多，他们的意见存在分歧，有人对后市看淡，因此卖出；有人对后市看好，因此买入。分歧越大，成交量就会越大，分歧越小，成交量也就会相应萎缩。

量价的表现形式概括起来，主要有如下四种基本形式：①价升量增；②价跌量缩；③价升量缩；④价跌量增。其中①和②，即价升量增和价跌量缩，其量价关系为正常关系；③和④，即价升量缩和价跌量增，其量价关系为非正常关系，称为量价背离。

一般来说，上涨趋势都是由资金不断买入来推动的，因此上涨趋势比下跌趋势更需要成交量来推动。上涨趋势初期，成交量温和放大，价格随成交量的递增而上涨，即价增量增，其量价关系为正常关系，表明上涨动能充足，后市向好。上涨趋势的回档整理过程中，成交量逐步萎缩，即所谓缩量下跌（也称缩量整理），其量价关系亦为正常关系，表明持股方多有惜售心理，当前价位抛售愿望清淡，后市向好。但上涨趋势末期出现价升量缩或量增价跌现象，都是量价背离的先兆，预示行情很快将要见顶。

如图5–48所示，上涨初期，量能温和放大，价升量增，量价同向，这种量价配合关系，一般表明上涨动能充足，后市向好，应增强持股信心。

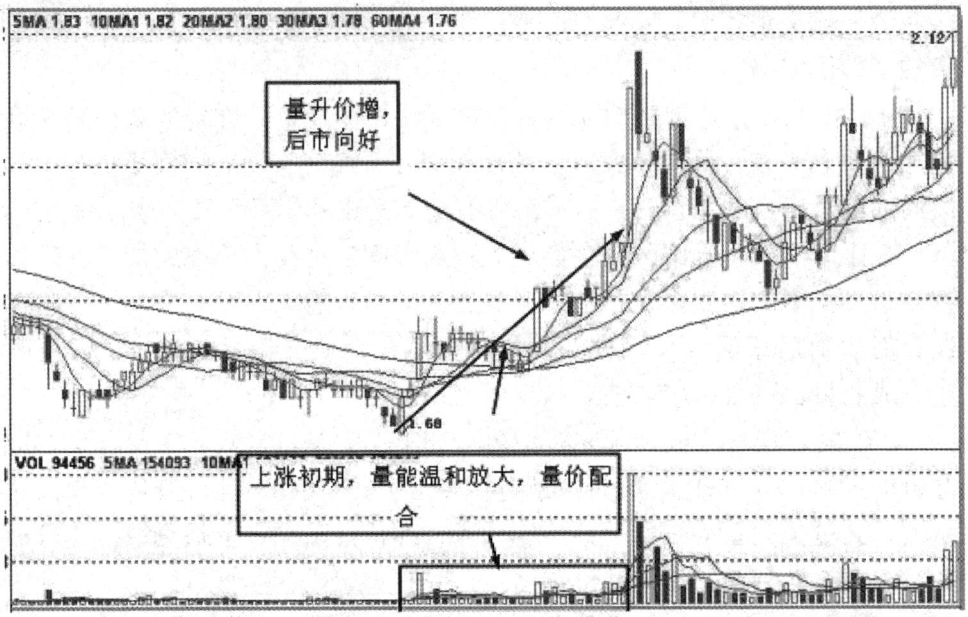

图5-48

如图5-49所示，上涨初期的回档，价跌量缩，这种量价关系亦属正常，表明持股方多有惜售心理，当前价位抛售愿望清淡，后市一般仍有上行动力。

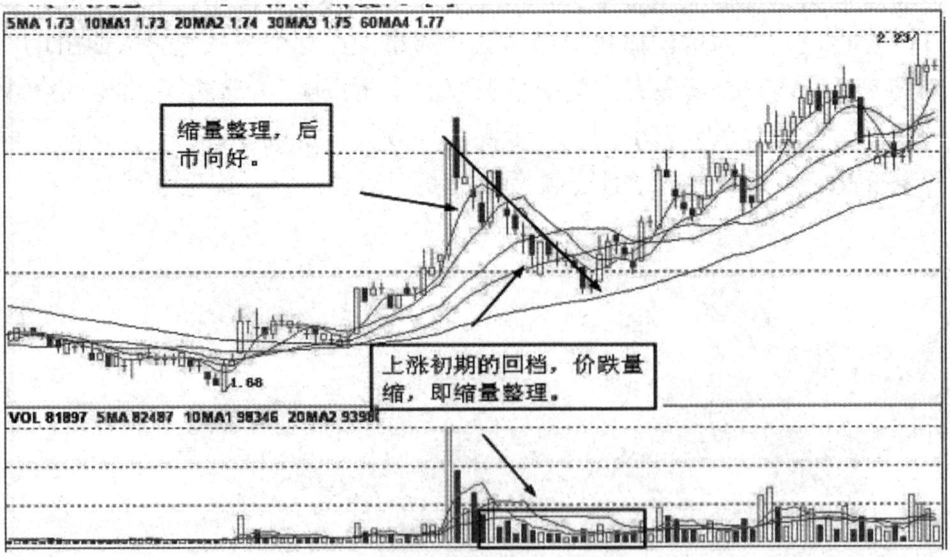

图5-49

与上涨趋势不同，下跌趋势中量价变化则较为复杂。下跌趋势初期，价跌量缩或无量空跌，都说明跌势未尽，后市不容乐观。下跌趋势不放量，一般跌势难止；但放量出现价跌量增的情况，虽属量价背离，也不一定代表下跌趋势就此结束，很多时候只是短暂反弹或下跌中继。

下跌趋势的末期，真正见大底时，一般要求量能大幅萎缩，且缩量期越长越好，缩量期间下跌幅度非常小，直至跌不动为好。地量地价才是演化出未来大黑马的先决条件，一旦此种情况下底部突然放量，即是启动上涨的迹象，千万不可错过。

如图5-50所示，17.65元处放巨量确立跌势后，图中下跌趋势初期缩量下跌，说明跌势未尽，后市堪忧。之后一旦恐慌盘涌出，极有可能引发暴跌风险。

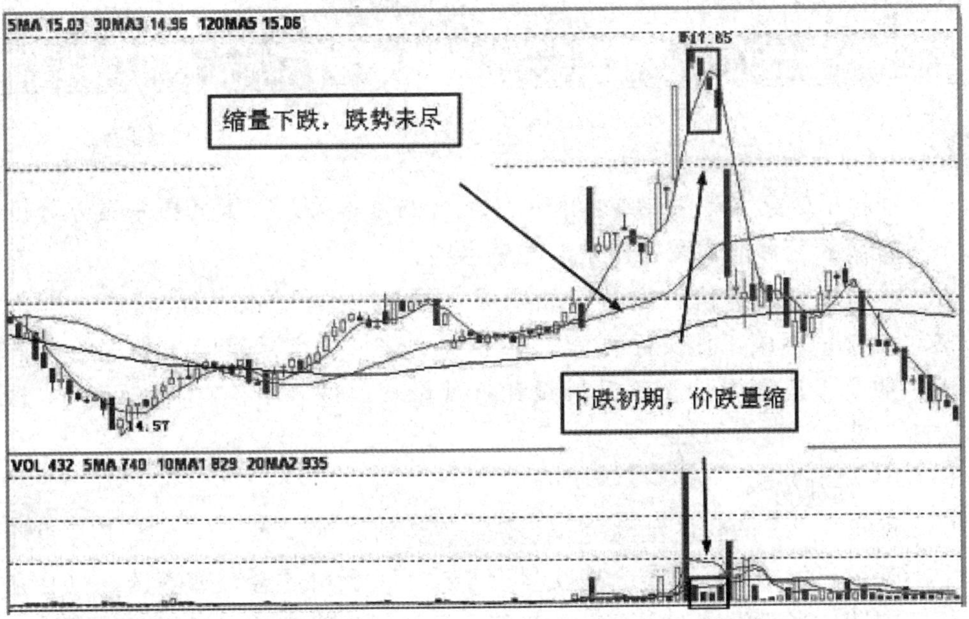

图5-50

如图5-51所示，下跌趋势中的缩量下跌，量价关系正常，后市继续看淡。之后若出现价跌量增的放量现象，则属于量价背离，短线一般会引发反弹行情。必须注意的是：下跌趋势中的价跌量增量价背离，并不一定代表下跌行情就此见底，如若介入，则需小心从事。一旦确认只是反弹，要尽快清仓走人。

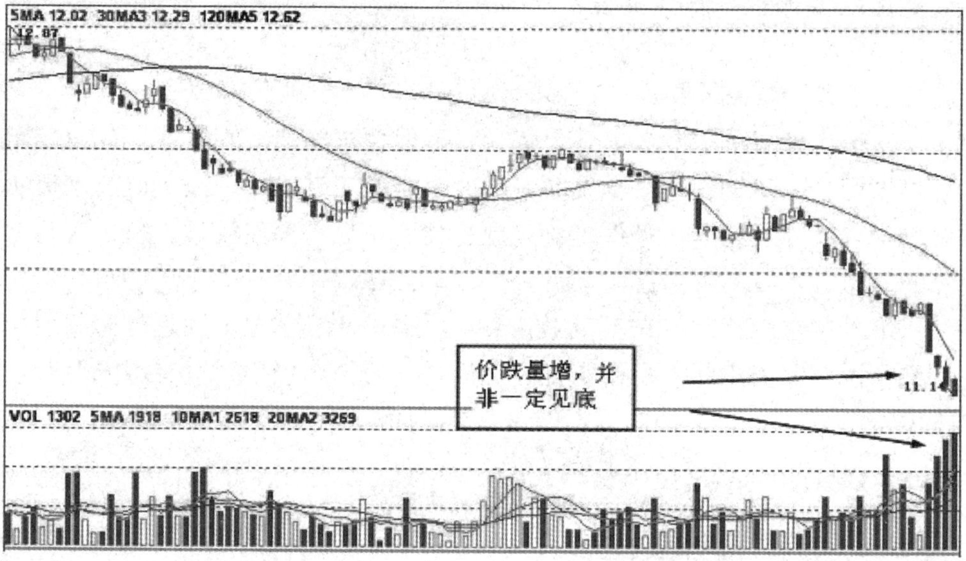

图5-51

理解了成交量产生的缘由和量价配合的基本关系，下面再来具体分析量价背离的几种形式及操作中的注意事项。

顾名思义，量价背离就是股票成交量与股票价格之间的背离，即价格与成交量不成正比关系变化。如股价上涨，成交量反而减少；股价下跌，成交量反而增加。价升量减和价跌量增，这是量价背离的两种主要表现形式。

1. 价升量减

我们知道，股价的上涨完全是资金买入推动的结果。只有当买方的资金不断报出新的买入价位，成交量逐步放大，股价才会节节攀升。在上涨行情末期，当股价继续出现新的高峰，而对应的成交量不但不跟随增长，反而逐步萎缩时，就形成了典型的量价背离。这说明广大的投资者，包括多空双方，对当前这一价位产生了犹豫心理，都在谨慎观望。此时一旦卖空成为共识，暴跌便随时可能出现。因此，上涨趋势末期出现的这种价升量缩的量价背离现象，一般都是反转下跌的前兆，应引起高度警惕。

如图5-52所示，上涨趋势中，A、B、C这三根K线，高点一根比一根高，量能一根比一根小，是极为明显的价增量缩和量价背离，随后引发了整个趋势的反转。因本图系周K线图，单根K线的量价背离亦足以引起重视。如操作级别是日线以下较小级别，对比时则以前后上涨段内的成交总量能进行对比，这样比较的结果相对更为准确。

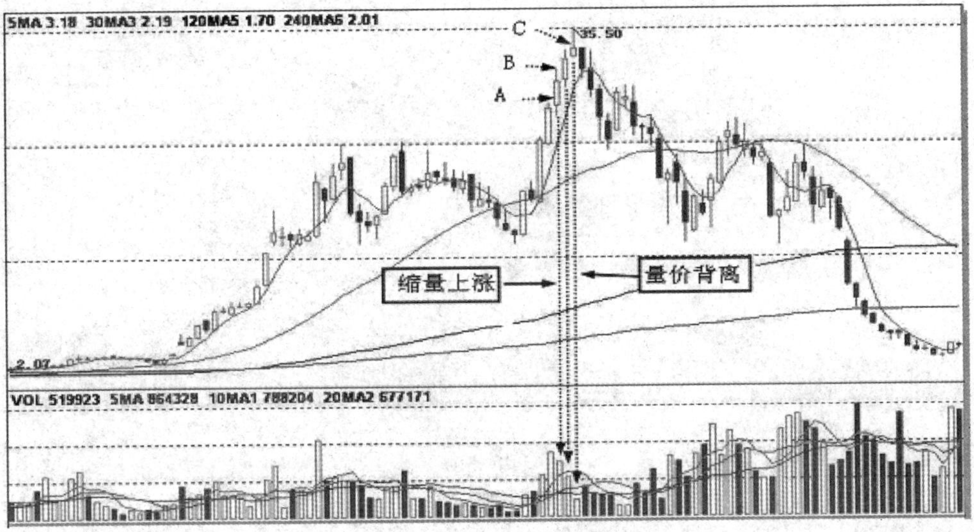

图5-52

如图5-53所示，在60分钟K线图显示的上涨趋势中，图中1、2、3上涨段价格上涨，对应的总成交量增大，表现为价升量增，是正常的量价关系。至4处股价创出新高，而成交量相比2、3处反而严重萎缩，量价背离明显，是行情反转的征兆，应当引起警觉。

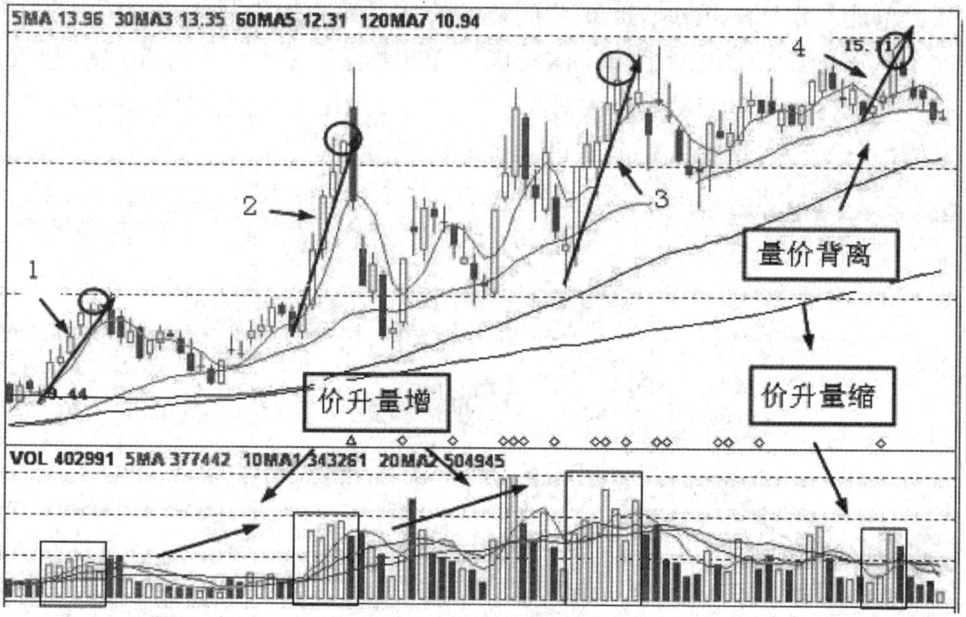

图5-53

如图5-54所示，上涨趋势中，图中1、2处价升量增，量价关系表现正常。至3处股价创出新高，成交量却反而出现萎缩，量价背离明显，是股价转为下跌的先兆，应当尽快出来以规避风险。

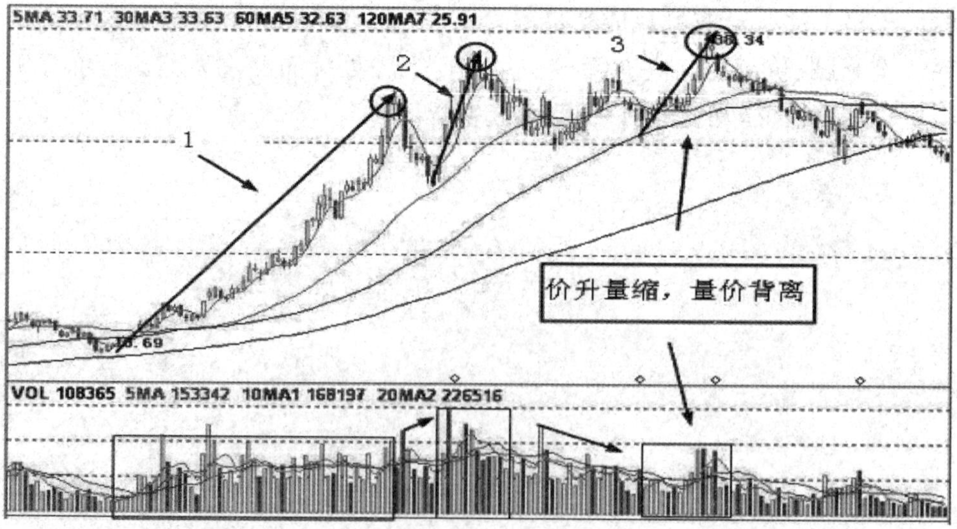

图5-54

图5-55是价升量增和价升量缩的综合图例。上涨趋势中，B段的上涨相比A段是价升量增，量价呈正比关系，不属于量价背离。C段的上涨相比B段才是价升量缩，属于量价背离。

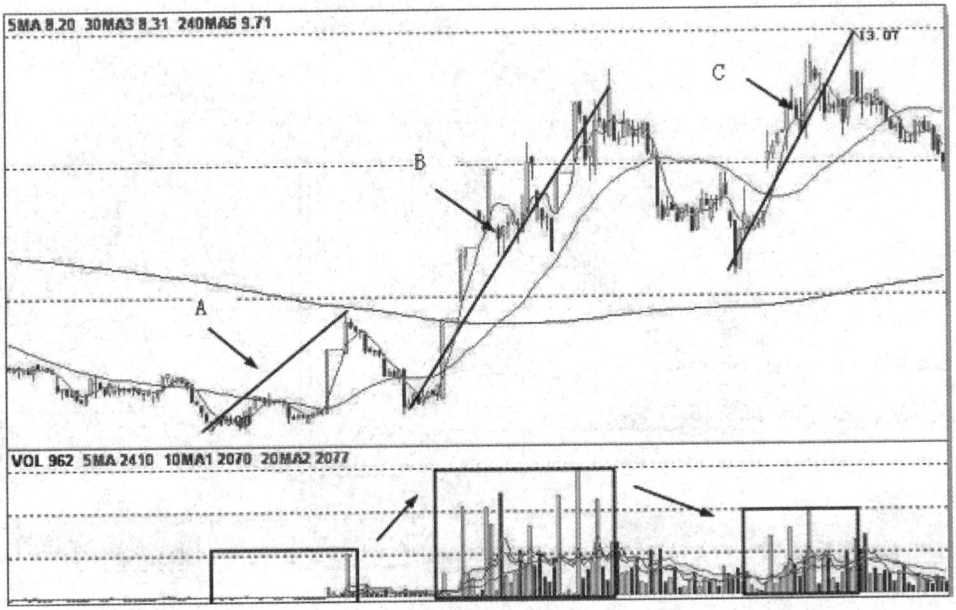

图5-55

2. 价跌量增

价升量减的量价背离只发生在上涨行情的末期才有参考价值，但价跌量增的量价背离却与之不同，它既可以发生在上涨行情的末期，又可以发生在下跌行情的任一位置，不同的行情下有不同的解读。

在上涨行情末期，当出现价升量减的量价背离后，随之再出现放量滞涨或价跌量增的现象，就真正宣告反转行情正式到来。如果说价升量减之际，空方还在观望或犹豫，价跌量增则说明卖空已成为共识，获利盘在不断涌出。高位的放量滞涨或价跌量增，更犹如吹响了敦克尔克大撤退的集结号，应当引起高度重视。

如图5-56所示，上涨趋势中，A段价升量增，量价表现正常。B段相比A段股价创新高，总体量能却出现萎缩，价增量减，表明价量背离。B段内14.08元处K线创新高，量能却相比萎缩，价增量减，表明价量背离。之后两根阴线量能放大，股价下跌，为上涨行情末期的价跌量增，是强烈的见顶信号，应当赶紧走人。

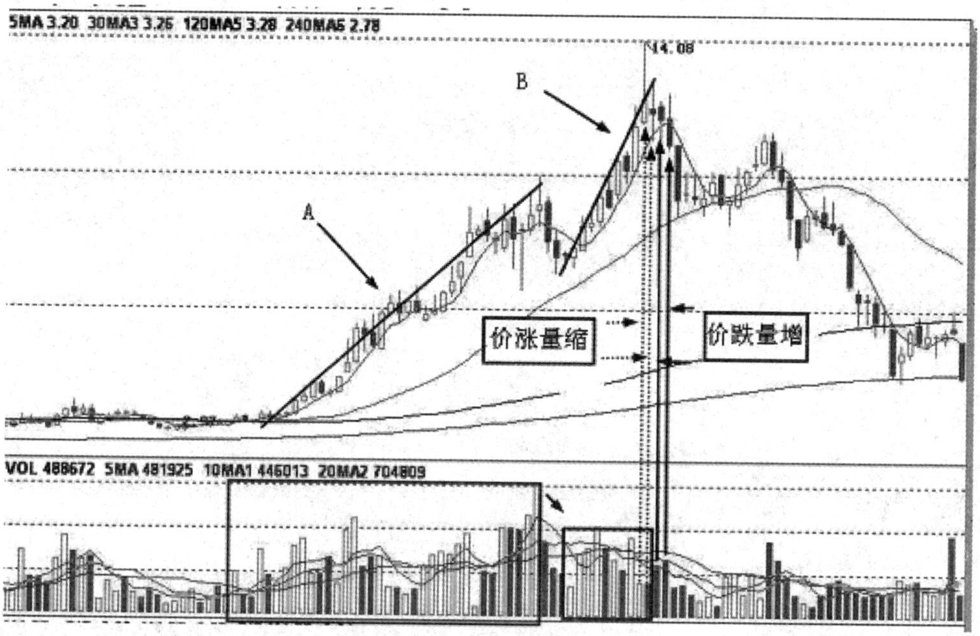

图5-56

如图5-57所示，上涨趋势中，股价在14.57元处创新高后放量下跌，为上涨趋势中缩量上涨之后明显的价跌量增，量价背离，是行情见顶的强烈信号。

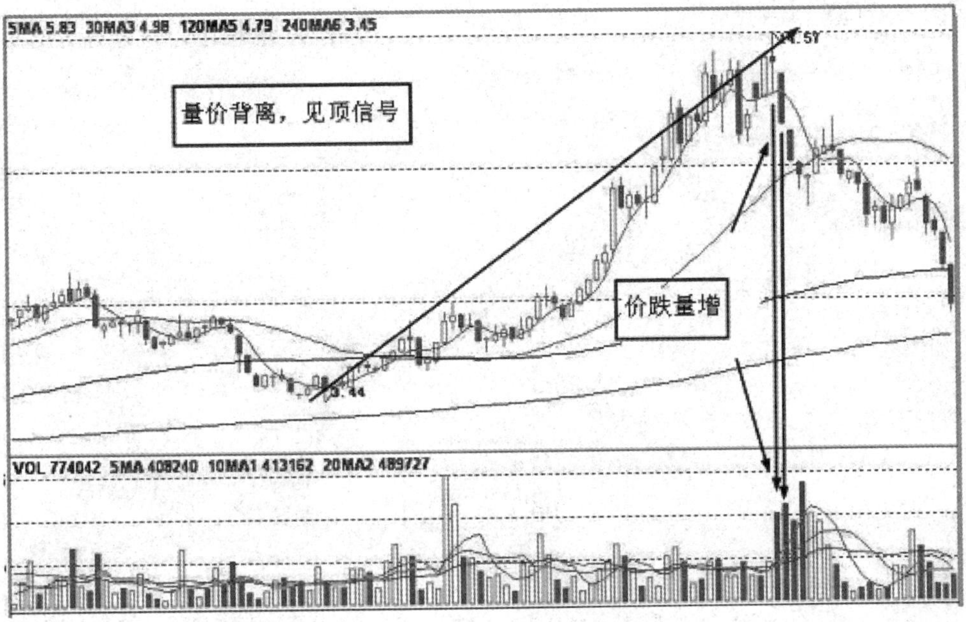

图5-57

上面几个图例分析了上涨趋势中的价跌量增现象，下面再看看下跌趋势中的价跌量增现象。

我们知道，股价之所以下跌，完全是股票卖出方不断报出新的卖出价格，推动股票价格不断降低。当股价持续缩量下跌一段时间，随后形成一个新的低谷，而对应的成交量却不再跟着低迷，反而有所放大时，这种下跌行情中价跌量增的情况，便是典型的量价背离。不过下跌行情中的价跌量增，仅说明广大投资者对当前价格的分歧加剧，有一部分买方开始介入，并不代表行情一定见底。

多空双方分歧加剧，并不等于买方一定占优势。由于前期股价跌幅过大，此时引起了一部分追跌资金的购买欲望，但这种追跌资金可能只是引发一个短暂的反弹。所以相比上涨趋势中价升量缩的量价背离，下跌趋势中出现价跌量增的量价背离，行情就此反转的概率就要小得多。如果仅仅依据这一点来买入，更宜小心谨慎，最多只能当作下跌反弹来操作。

如图5-58所示，图示处的下跌是放量下跌，价跌量增，是明显的量价背离。但引发的结果仅是一波反弹而已，趋势并未就此反转。如果据此操作的话，最多只能当作一波反弹来对待。

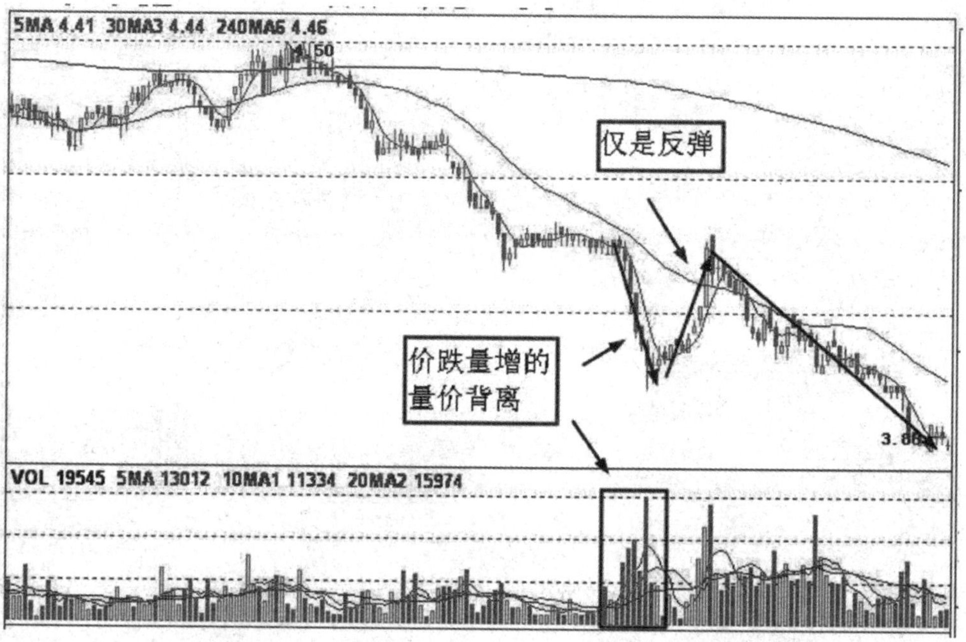

图5-58

如图5-59所示，图示处的下跌趋势中，价跌量增是明显的量价背离，但引发的仅是一波小反弹，趋势并未就此反转，行情仍未见底。对于这次量价背离，操作上最多只能当作一波短线反弹来对待。

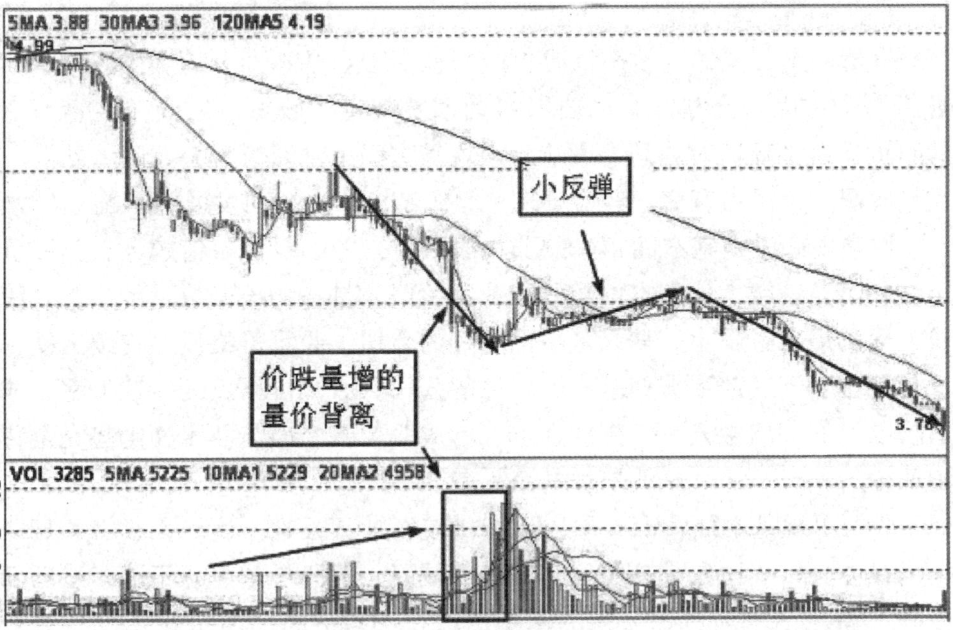

图5-59

小结：

量价背离作为操作中的一种辅助手段，分析起来较为复杂，必须结合走势形态来具体分析。对待上涨趋势末期中的价升量减，投资者须引起高度重视，尽可能提前卖出以规避风险。一旦之后出现明显的放量滞涨或量增价跌等背离现象，则必须清仓走人。而对待下跌趋势中的价跌量增，则最好保持观望，或只当一波短线反弹来看待。

第五节　非技术面背离

背离除了K线、均线、各种走势形态、各种行情指标等技术背离外，还有另外一些非技术面的背离，如基本面、政策面、消息面背离等。由于其不在K线图表分析之列，加之分析的手段更复杂，这里只附带介绍一下。

1.基本面背离

分析一个公司的基本面情况，应当包括宏观基本面分析和微观基本面分析两个方面。宏观基本面要考察国家宏观经济政策、宏观经济运行态势、世界经济环境对公司的影响，微观基本面则主要考察公司财务状况、盈利状况、市场占有率、经营管理、组织结构等对公司发展的影响。

按常理来说，基本面越好的公司股票，具备的投资价值越大，其股价上涨的潜力就越大；基本面越差的公司股票，具备的投资价值越小，其股价上涨的潜力就越小。如果基本面向好的公司，股票价格反而持续下跌，或长期徘徊于底部不涨；基本面向坏的公司，股票价格反而持续上涨，或股价已经仙女驾彩云——高高在上，形成股票基本面与技术面走势完全背道而驰的状况，那么这就是基本面背离了。

股票出现基本面背离，原因可能比较复杂，很难一概而论，必须具体情况具体分析。比如某公司原来基本面较好，但股价却总是不涨，或反而下跌，就应该重新对该公司的基本面进行细致分析，看公司情况有无变化，政策有无利空，公司有无潜在隐忧。若各方面均无问题，基本面并无重大改变，就可以增强持股或买入信心。要相信，黄金终归会有发光的时候。一旦技术面成熟，该股票演化成未来大黑马的几率会很大，股价反转上扬的日子也许就在眼前。

又比如某公司股票原来基本面较差，股价却总是不跌，或者反而上涨，就应该重新对该公司的基本面进行细致分析，看情况有无变化，政策有无利好，公司有无暗藏的尚待挖掘的潜力。若各方面均无重大改观，就可以坚定放弃的信心。这样的股票，就如同握在手里的炸弹，时刻都存在爆炸的危险，应当赶紧抛弃或远离。

股票出现基本面背离，其中有机遇，也可能有风险。对于基本面向好的股票，一定要把握逢低介入的机会，这种股票一旦技术面出现买点，就应毫不犹豫地买入；对于基本面向坏的股票，一定要逢高出局，尽早规避潜在的暴跌风险，手里握有这种股票，一旦技术面出现卖点，就赶紧走人。

基本面分析一般着重于长线投资分析，像投资大师巴菲特，拥有强大的分析团队和资源，就倾向于依据基本面来进行股价分析和长线投资，普通投资者一般不具备那样的分析实力。

进行长线投资时，依据技术面背离手段来进行长线选股，若能同时参照基本面等情况综合考察，这样选到大牛股的机会就会大大增加。比如说，对于几个技术面都出现底背离和买入条件的个股，若其中某只个股的基本面也严重背离，那么这个基本面、技术面同时背离的个股，无疑就是买入时最优先考虑的对象。

2.政策面背离

国家的宏观经济政策、国际政治和金融环境，必然会对公司股价产生一定的影响。当这些政策或金融环境对某公司的发展有利时，就会让投资者对该公司的前景产生乐观情绪，从而调动购买或持有的欲望，推动公司股票价格上涨；当这些政策或金融环境对某公司发展不利时，就会让投资者对该公司的前景产生悲观情绪，从而引发抛售或减持的欲望，推动公司股票价格下跌。

如果一个新的经济政策出来，对于某类公司存在明显利好，但公司股价却不涨反跌；或一个新政策出来，对于某类公司存在明显利空，但公司股价却不跌反升，这种现象就是政策面背离。

股票出现政策面背离现象，如同基本面背离一样，要仔细分析个中原因，如该政策对公司的利好或利空是短期还是长期性质？是显性还是隐性？如果是短期利好长期利空，或显性利好隐性利空，而股价本身又有相当涨幅，则不排除主力借利好出货的可能，这种虚假性质的政策面背离就应当引起警惕，坚决远离；如果利好是长期的，或者是隐性的，而股价本身又在底部徘徊，此时出现政策面背离，就极可能是主力故意制造的空头陷阱，目的是打压股价，收集更多廉价筹码。此类股票日后一旦启动，便会绝尘而去，让人追赶不及。因此，对于确认为政策面背离的股票，就要积极关注，勤于观察，一旦发现技术面有启动迹象，就可大胆介入，不为所动，直至获得理想的收益为止。

3.消息面背离

当一个与公司相关的消息出来后，总会或多或少对公司的股价造成一定程度的影响。利好的消息一般都会刺激公司股价上扬，利空的消息则引发公司股价下挫，此乃常理。当违背这一正常现象，出现利好消息，股价反而下挫；出现利空消息，股价反而上扬，那么这就是股价与消息面的背离了。

股票出现消息面背离，原因大致有如下几点。

（1）消息提前泄露，利好或利空已被市场消化。

任何消息出台，总会有消息灵通人士通过各种渠道或手段提前获悉。尤其是市场的主力，其与公司管理层大都有千丝万缕的联系。当消息正式公布于众时，股价也许由于主力的提前运作，已经上涨或下跌了一定空间，因此当人人都知道消息的时候，利好或利空早已被市场消化，因此市场反应平淡。这种消息面的背离，操作机会就会大大降低。

（2）消息利好或利空力度不大，又与市场大势相悖，导致出现见光死。

当消息出来以后，由于利好或利空力度不大，又与市场整体走势相悖，对当下的股票运行走势影响甚微，导致市场对于该利好或利空视而不见。比如在下跌趋势中的小利好，反映到股价上，一个高开后就会迅速低走；在上涨趋势中的小利空，反映到股价上，一个低开后便会重新走高。这种见光死的消息面背离，可利用的价值很小。

（3）市场对消息的反应要迟一步。

当消息出来以后，如果当前市场大势正处于方向不明阶段，受此影响，投资者会对消息的作用产生一定的犹疑心理；另一种情形则因消息不是特别引人注目或略带中性，投资者一下子来不及关注和了解，就会造成市场对消息迟一步才作出反应的情况。这种消息面背离情形下的先知先觉者，就可能把握到最佳的投资机会。

（4）主力暗渡陈仓施放的烟幕弹。

这种消息一般是主力故意施放的烟幕弹，其目的是骗取普通投资者上当。将欲取之，必先予之；或将欲予之，必先取之。在高位时为了出货，主力会故意施放利好消息，以吸引投资者接盘。由于主力趁机大量抛压，最终造成消息利好股价反跌的消息面背离，这种背离风险极大，不可参与。

在低位时，主力为了吸到足够便宜的大量筹码，会故意施放利空消息，让投资者造成恐慌，争相抛售。由于主力大力买入，最终造成消息利空股价却不跌反涨的消息面背离，这种情形下的背离，就有一定的参与价值，应当识别并加以利用。

4.个股与大盘背离

个股的走势大多时候是与大盘同步的。大盘涨，个股也涨；大盘跌，个股也跌。但也会出现另一种情形，就是个股走势与大盘相反：大盘涨，某些个股跌，大盘跌，某些个股涨，这就形成个股与大盘的背离。

与大盘背离的个股，在市场上总是表现出一种有别于其他个股的超强或超弱走势。

个股与大盘背离，一般在牛市顶部或熊市尾部最具有参考意义，因为这种走势能起到风向标的作用。如在牛市顶部，大盘仍在上涨，但某些个股却已开始掉头向下。这种与大盘走势相反的个股，很可能就是熊市即将到来的信号，个股下跌是整体趋势下跌的先锋军。因此在牛市末期，一旦发现有部分个股跌势确立，发生个股与大盘背离的现象，就应加以警惕，随时准备撤离。

在熊市尾部，大盘仍在缓跌中，但某些个股却已掉头向上，迈开了牛市涨升的步伐，那么这些与大盘走势相反的个股，很可能就是牛市到来的开路先锋，也即龙头股。因此在熊市末期，一旦发现部分个股涨势确立，发生个股与大盘走势背离的现象，就应当引起重视，尽早进行战略布局，准备迎接整体牛市行情的到来。

尾 声

研究背离的方法和角度多种多样，但最主要的方式还是依据技术图表进行分析，这样的分析结果更为稳定和精确。其中尤以形态背离和MACD技术指标背离的操作性最高，实用性最强。当然，若有能力综合其他各种背离方式，相互取长补短，互为印证，则会取得更加令人满意的投资效果。

投资理财类书目

序号	书名	作者	定价
1	股票投资资金管理与止损止盈技巧	雷 冰	32.00
2	谁是股市赢家	梦 兮	25.00
3	春林涨停战法	张春林	29.80
4	龙头股实战技巧	张 文 赵振国	35.00
5	均线技术分析	邱立波	38.00
6	易经演股法	第六感觉	35.00
7	现货黄金投资技巧	邢孝寒	28.00
8	系统化交易——A交易系统久赢真经	黄 根	39.00
9	缠论解析：缠中说禅技术理论图解	江南小隐	23.00
10	实战交易密码	陈志文	35.00
11	股票投资的24个关键财务指标	雷 冰	35.00
12	K线技术分析	邱立波	38.00
13	破译K线图中的密码	江南小隐	38.00
14	你最想要的投资学	张潇云 徐 刚	25.00
15	四维操盘：基于价量时空分析的实战操盘技术	邢孝寒	29.80
16	波段操作实战精解	雷 冰	35.00
17	精准判断买卖点：炒股就这一招	曹千阳	38.00
18	崩溃点战术：基于市场心理分析的交易技术	铸剑先生	39.80
19	新手炒股也赚钱：量价实战技法	帝都操盘手	29.80
20	K线综合实战分析	雷 冰	48.00
21	赢在股市24堂课	索氏门人	28.00
22	磁区理论：识别最佳买卖时机和位置的分析技术	江南小隐	38.00

23	告别亏损：从持续亏损到稳健盈利的修炼法则	冼　剑	38.00
24	顺势而为:道氏理论趋势指标交易系统	时空老人	35.00
25	炒股智赢秘诀：基于主力动向分析的操盘新法	邢　星	38.00
26	股票买卖信号	鲁周伦	38.00
27	实战技术精解	郭延明	36.00
28	超级翻倍：操作系统应用实战技巧	陈志文	36.00
29	量价实战分析	范江京	36.00
30	实战操盘之绝佳买卖时机	郝鸿雁	35.00
31	实战买卖点	范江京	36.00
32	看图炒股：股市实战操作技巧	王　剑	19.80
33	短线实战选股技巧	李意坚	35.00
34	短线实战看盘技巧	郝鸿雁	35.00
35	实战看盘	范江京	38.00
36	跟庄细节：跟庄获利实战技法	范江京	38.00
37	短线实战技法	范江京	29.80
38	擒庄实战技法——跟庄操作18招	曹明成　谭　文	36.00
39	股市K线实战技法	范江京	29.80
40	庄家手法大曝光（重印）	范江京	35.00
41	吃定庄家——八线理论锁定股市风险	曹明成　谭　文	36.00
42	持家有道——家庭理财入门	顾　诚	29.80
43	香港证券投资（引进版）	蔡国强	48.00
44	证券投资基金指南-运作模式、绩效评估与风险管理	杨　健	28.80
45	股票市场基础分析手册（重印）	杨　健	34.80